古典文獻研究輯刊

十四編

潘美月・杜潔祥 主編

第 16 冊

曾國藩家書研究

陳 如 雄 著

國家圖書館出版品預行編目資料

曾國藩家書研究／陳如雄 著 — 初版 — 新北市：花木蘭文化
出版社，2012〔民 101〕
序 12+ 目 4+252 面；19×26 公分
（古典文獻研究輯刊 十四編；第 16 冊）
ISBN：978-986-254-849-3（精裝）
1.（清）曾國藩 2. 學術思想
011.08   101003001

ISBN-978-986-254-849-3

9 789862 548493

古典文獻研究輯刊
十四編　第十六冊　　　　　ISBN：978-986-254-849-3

曾國藩家書研究

作　　者　陳如雄
主　　編　潘美月　杜潔祥
總 編 輯　杜潔祥
企劃出版　北京大學文化資源研究中心
出　　版　花木蘭文化出版社
發 行 所　花木蘭文化出版社
發 行 人　高小娟
聯絡地址　新北市永和區中正路五九五號七樓
　　　　　電話：02-2923-1455／傳眞：02-2923-1452
網　　址　http://www.huamulan.tw 信箱 sut81518@gmail.com
印　　刷　普羅文化出版廣告事業
初　　版　2012 年 3 月
定　　價　十四編 20 冊（精裝）新台幣 31,000 元

曾國藩家書研究

陳如雄　著

作者簡介

陳如雄，字普澤，台灣南投人。台灣師大國文研究所碩士、輔仁大學中文研究所博士，任教於台北市中國科技大學。治身，修習儒道及大乘菩提道世出世間法，以《學》、《庸》、《論》、《孟》及般若（《金剛經》等）、二楞（《楞嚴經》、《楞伽經》）為主。為學，重視深切實用之學，以先秦儒學、經世之學為主；並及陶（潛）、韋（應物）、寒（山）、杜（甫）之詩，王（安石）、顧（炎武）、姚（鼐）、梅（曾亮）之文。著有《曾國藩家書研究》、《曾國藩古文研究》及〈杜甫遊何氏山林詩探析〉、〈杜甫經世方針研究〉等。

提　　要

　　曾國藩家書內涵龐雜，涉及不同主題，備載其入仕後三十餘年之行事與思想，乃是探究其修己治人、開物成務之道者所必讀，故先舉述其生平之大要，以略曉其修、齊、治、平之經歷與心行，而得與其家書所云者相發明也；次略述歷代家書之源流，以見前賢護持家道、教養子孫之用心，而知家書一體於吾國歷史文化中之獨特價值也。

　　曾國藩約自卅歲起，正式從事學問之研究，憑其好學苦思之特質，及世變日亟之激發，乃漸建立其特有之治學觀；其學涵涉四部，有其獨到見識；故計由治學目的、治學津逮、治學規模三端以探之。曾氏尤於詩文、書法研索極勤，凡此之理論建樹及創作成就，實超越於其義理及考據之學，故特就其古文、詩歌、書法三者以研之。曾氏一生於事功能立、文章有成，然當其苦撐於驚濤駭浪之中，圖存於百般磨折之際，每能以堅忍之意志、深潛之氣質，絕處逢生、力挽頹勢，實與其平日重視修養者息息相關：故先述其修身之道，乃以精神之修養、生命之提昇為主；次述其養生之道，蓋以旺盛之精神，實有賴於強健之體魄，此則攸關色身之調養及鍛鍊，而亦每與內在之修飭相表裏。此論曾氏家書與其修業、進德之要旨。

　　曾國藩自三十歲後長年在外，忙於治軍、從政，然其對家庭之關懷、子弟之教養，卻面面俱到，無微不至，數十年如一日，長期提示居家、處世及作人之道；其於齊家之理念及方法，闡述綦詳，無論家道興衰之幾、防微杜漸之道或惜福以保長遠之策，體察深切、指點清晰，影響殊鉅；故先總其家道興衰之理，次申其家道長遠之策。曾氏本為純粹之文人，既未精研政治，亦未專攻兵學，入仕後目睹世局已壞，國勢日衰，風氣澆薄，百姓疾苦；乃研討實務、實學，困知勉行，思索問題之所在，尋覓解決之方案，逐漸養成一代領導人物之器識，及治人、治事、治政、治軍之能力；故計由治政及治軍二端，探索其經世之理念及方策。此論曾氏家書與其齊家、經世之要義。

　　曾國藩之家書，題材包羅萬象，舉凡修省、治學、研藝、齊家、經世之術諸端，莫不涉及。本書惟就其大處略行爬梳歸納，謹述書中要點如上；復以體現華夏文化之特色、彰明教育平正之精神、顯示為學研藝之見識三端，略總其家書之要趣以殿焉。

目

次

序　言

　　曾國藩於檔案之分類整理與歸位保管之重視，為古來人物之所罕見；其相關文件、奏稿、書函、日記等等，皆錄有副本寄家收藏，故至今有極完整之巨量材料存世。然昔人所見曾氏之家書及其他著作，除詩文之外，大皆為選本之類，故於其行事、為人之全面認知與判斷，實有其限制。今日則可閱覽其家書之全豹，而其全集亦已整理面世，更可資相互之對照及擴大其理解；而因此或亦可見其游疑矛盾之態度、冷酷殘忍之心跡，及其言行之自相乖違、見識之或有舛誤者，亦不免現於世人之前；或皆與其本人性格、時代限制之相關，而為吾人研究分析宜所知。言而無徵，任意美化前人，固是不當，然亦亟須擺脫政治意識型態之干擾，不再刻意扭曲前人之言行，故宜以知人論世之精神，對其成長環境、家庭教育、學思歷程、師友交遊、生平經歷及當日之時空背景、世道人心等等，均作深廣、客觀之探索，冷靜分析、嚴謹歸納，始可獲致較確實、平正之理解。就其家書之寫作而論，因大皆發諸親情之天性及自然之關愛，每出於對家人之臨機對應，真情流露，信手寫出，較不講究文詞之藻飾、布局之精巧，故保有更多真切之心意、樸實之感情，反易顯示其本懷，而較具閱讀之價值。曾氏家書內涵之廣博，主題之豐富，可資探討者極多；而拙著僅就其大處略行爬梳歸納，其中未能深論者所在皆有，未曾觸及之議題亦尚有之，實未足以言周延之研究也。曾氏性好讀書，亦善於苦思而力索，故其早歲任職京官時，已能見其有關進德修業、為人處世之識力；而其中晚年時，更每處於風雨患難、危疑震駭之中，際遇非常，經歷亦非常，而其反思及體會亦非常；故其家信之內涵廣博、主題豐富，固非出諸書齋中之臆想，其中頗多其平生困知勉行、苦思力索之所得者，然若謂其

「字字皆得之閱歷而切於實際」（梁任公語），則亦誇大其辭耳。就實踐面而言，曾氏家書之於修省、治學、研藝（詩文及書法）、齊家、經世之術各端，確見若干之特識，尤以研藝及齊家之道二端，前者爲其平生嗜好之所在，後者則其長期之所極關注者：無論自原理或方法觀之，皆有其平正可取之處；則余之所引論者，亦頗可資取用矣。有益世道人心之典籍，如《論語》、《易經》、《老子》、《孟子》、《大學》、《中庸》等書，本皆簡潔懇切，要言不煩，不事塗飾，而却元氣淋漓，義理雋永，直指根本切要處，足資好學有爲之士之冷靜思索、沈潛踐履焉。然則，余之所述者亦云辭費矣。

余於大學畢業當年，入天德黌舍（後易名奉元學院），追隨安仁居士（愛新覺羅・毓鋆，人稱毓老或毓老師）三載，學習經子典籍，如《四書》、《易經》、《孫子兵法》、《春秋繁露》、《人物志》等書。授課之中，吾　師每本其深廣之學識、閱歷及長期之觀察、研索，評點天下大勢，臧否中外名流顯宦，與讚歎慈航法師、廣欽老人、李炳南居士等人之修行；所論之人與事，大皆其親聞親見親歷者，故有其第一手之觀察，及其深達之見識。吾　師又以感念母德故，費十載之光陰，敬繪　觀世音菩薩聖像千尊，並恭印其母拜經之版本《妙法蓮華經》結緣，以致風木之思也。余入黌舍時，吾　師時年八十，而精神矍鑠，元氣充沛，聲若洪鐘，夜半方歇，而三時即起，故每笑云「汝等起身時，吾已幹半天活矣」；長年汲取海內外情勢之資訊，關懷世局、研判時事，如於中華民國將退出聯合國後之形勢之判斷—「漢賊不兩立」政策之異議建言，及蘇東波風潮發生之數年前—斷言蘇聯迅即解體之不足爲奇；而要以始終念念於華夏文化命脈之傳續、國族之前景、青年之教育，欲爲寶島保留華夏文化之元氣、培植經世致用之士君子耳，可謂學而不厭、誨人不倦者也。以先生之高壽、襟抱及其生命氣象而言，當時實可謂吾　師之中壯年耳；若就其剛健之精神、生命之活力、學習之熱忱、淑世之胸志觀之，則其平生始終處於青少年之時期，何有中壯老年之謂哉？其間所學雖少，所詣蓋淺，然以余剛拙之性、平凡之資，亦得略識處世立身之大本及進德修業之正軌也。其後就學台灣師大國研所，始正式研讀曾國藩之著作，至今已約廿載。多年來學殖荒落，思蹇筆拙，欲成精要特識之作者，亦云難矣。然陸放翁詩云：「花開款款寧爲晚，日出遲遲正是晴」。惟本諸「不忙不慌，盈科後進，勿忘勿助，細水長流」之趣，蘄修進之不已，以無愧於師教也。

華夏文化之精義，曰仁而已矣；孔子之崇高人生理想，亦曰仁而已矣。

近思《禮記・大學》所云：「一家仁，一國興仁；一家讓，一國興讓；一人貪戾，一國作亂；其機如此。此謂一言僨事，一人定國。堯舜帥天下以仁，而民從之；桀紂帥天下以暴，而民從之；其所令反其所好，而民不從。是故君子有諸己而后求諸人，無諸己而后非諸人。所藏乎身不恕，而能喻諸人者，未之有也。故治國在齊其家」。《禮記・樂記》亦云：「好惡無節於內，知誘於外，不能反躬，天理滅矣」；「故德煇動於內，而民莫不承聽；理發諸外，而民莫不承順。故曰致禮樂之道，舉而錯之天下，無難矣」；所言反躬自省、律己以嚴、修身齊家、以家化國、以禮樂化天下之道，有本有源，體用兼備，何等剴切明達、眞確正大：凡此實皆不外乎《論語》仁者，己立立人、己達達人及《禮記・中庸》「誠者，非自成己而已也，所以成物也」之旨，而爲吾　師一生之所踐履與教誨者也。然吾深感華夏文化最簡淺而實深切之眞理，即「種瓜得瓜，種豆得豆」之語耳，然此人人悉知之語、悉解之言，亦最易爲人所忽略漠視，蓋以其太平常、太現成、太實在也。然宇宙間、三界內之因緣果報之理，實甚深極甚深、甚廣極甚廣，以佛法大乘菩提道而言，亦須至如夢觀成就之十迴向位菩薩，其禪定證量及實相智慧已達某一境界時，方克眞信因果、眞知部分因果，而尚非眞知一切因果也。故即使人間之才智至高者，亦難稍曉其理，然因果之存在，猶如人須在空氣中生活、魚蝦須在水中生活，而却未曾特別注意空氣與水之具體存在一般；亦猶如取食桃、梅而從未見過其樹之人，亦絕不否定其爲桃樹、梅樹所生一般。朱柏廬有云：「一飲一啄，莫非前定」；因果之道，吾國自古有之，非爲釋家所專有者也。故有識之士懍於歷歷之見聞，則不能不信其有、或不敢否定其有，亦惟知其然而不知其所以然也；然因而一生居仁由義，按天理良心行事，不盜名欺世，無敗俗亂紀之行，其於世道人心之維繫，敗德亂行之防閑，社會淳風良俗之建立，實攸關世間理亂、人類禍福，極具重大之意義與作用者也。

以吾國古代素所重視之齊家之道而論，古來有識之士，其器識較爲閎遠、理智較爲冷靜、於世情較能洞隱燭微者，則其言行亦較爲深切豁達、不同流俗，雖不言因果，而其所作所爲，每不悖於因果之道也。《老子》九章曰：「持而盈之，不如其已。揣而銳之，不可長保。金玉滿堂，莫之能守。富貴而驕，自遺其咎」。五十八章曰：「禍兮福之所倚，福兮禍之所伏，孰知其極」？古來門第太盛、功名太高者，其能家道長旺而不疾敗速墮者幾希？然《左傳》亦曰：「禍福無門，唯人所召」（襄公二十三年）。善處功名富貴者，無論持家

應世、待人接物，若能謙愼退讓、寬厚溫平，無凌人之氣焰，無驕慢之態度，則亦庶可高而不危、危而不蹶矣。凡事超出常情太多，如大名大利極富極貴即是，此乃芸芸眾生所難擁有者，而擁有者若不知謙抑節制，即易因滿而傾、因驕而敗，斷非爲人處世、安身立命之道，斷非教導子女自立自強之理，斷無家道可保久長之事也。《老子》四十四章復曰：「名與身孰親？身與貨孰多？得與亡孰病？甚愛必大費，多藏必厚亡。知足不辱，知止不殆，可以長久」。觀曾國藩之齊家思想，要以不忘寒素之家風，耕讀傳家爲尚；孝友爲本，倫常不乖；平時勤儉謙和持家，用費則略足即可，不事積銀置產：此皆知足、知止之義。子弟則督其習勞習苦，用心讀書明理，毋陷驕奢傲惰，冀其品格端正、能自樹立，此即「可以長久」之道。夫不積錢財，不買田產，乃其早歲入宦時，即已立志持守不移者，在其則終身不易其道，行其「不如其已」之旨；而於常人則每每反其道而行，汲汲於「莫之能守」之物，忙碌一生，轉瞬皆空，對其子孫亦未必有利焉。《漢書‧雋疏于薛平彭傳》載，或建議疏廣購置田宅，廣答云：「吾豈老悖不念子孫哉？顧自有舊田廬，令子孫勤力其中，足以共衣食，與凡人齊。今復增益之以爲贏餘，但教子孫怠墮耳。賢而多財，則損其志；愚而多財，則益其過。且夫富者，眾人之怨也；吾既亡以教化子孫，不欲益其過而生怨」。可見其思慮之深、意量之遠也。曾氏咸豐五年八月二十日致諸弟書謂：「仕宦之家，不蓄積銀錢，使子弟自覺一無可恃，一日不勤，將來有饑寒之患，則子弟漸漸勤勞，知謀所以自立矣」。即本於疏氏之旨；而實皆源於孔子「愛之，能勿勞乎？忠焉，能勿誨乎」之義也（《論語‧憲問》）。其道光廿九年三月廿一日致諸弟書又曰：「蓋兒子若賢，則不靠宦囊，亦能自覓衣飯；兒子若不肖，則多積一錢，渠將多造一孽，後來淫佚作惡，必且大玷家聲。故立定此志，決不肯以做官發財，決不肯留銀錢與後人。若祿入較豐，除堂上甘旨之外，盡以周濟親戚族黨之窮者。此我之素志也」。此述其個人志事、爲官原則，及其教育兒女之理念。同治五年十二月六日致澄弟書復曰：「家中要得興旺，全靠出賢子弟。若子弟不賢不才，雖多積銀積錢積穀積產積衣積書，總是枉然。子弟之賢否，六分本於天生，四分由於家教」。齊家首重子弟之教養，載耕載讀，不驕不佚，使其習勞勤學，務求成才，然態度曠達；居家以錢少產薄爲妙，舉家克勤克儉、各有所務，即保有生旺氣象；凡事惜福守樸、知所節制。則家道之深固久大，亦可蘄矣。疏氏、曾氏固是達官顯宦，一得急流勇退、一則求退不得，而皆致其令終焉；

至如鄭燮則由知縣，轉爲一介平民藝術家，以書畫糊口，其與弟書亦云：「試看世間會打算的，何曾打算得別人一點，直是算盡自家耳」！故心存仁厚，悄悄焚去前代家奴契券，不與對方，不遺子孫，欲爲人間養些仁心、眞氣也；而其爲官，亦見其眞性情、眞肝膽，其〈無題〉詩云：「衙齋臥聽蕭蕭竹，疑是民間疾苦聲。些小吾曹州縣吏，一枝一葉總關情」。是爲難能而可貴者也。凡此爲人處世、安身立命之極關鍵處，而爲常人所忽視、甚或反其道以行者，亦爲吾　師平日之所常啓示。《禮記・中庸》曰：「君子素其位而行，不願乎其外。素富貴，行乎富貴；素貧賤，行乎貧賤；素夷狄，行乎夷狄；素乎患難，行乎患難。君子無入而不自得焉」。此乃何等堅實平正之生命涵養，何等弘毅雄強之生命氣象；何以致此？即《禮記・大學》所云「君子無所不用其極」而已，謂無論作任何事，皆能以最高手法，盡善盡美，全力作好；此與「君子無入而不自得」之語，皆爲吾　師之所恆言及致力者；實有其深義焉。故每教以爲學作人，務須厚植實力、按理作事；凡人苟欲自立自達、有其獨到成就者，絕無悖離仁義、違道以行及僥倖可得、憑空能致之理：蓋皆本其百年沈浸經子典籍之體會，復以不凡之閱歷與深廣之經驗而發者也。

尤幸者，民國八十八年，即九二一大地震當年，余以宿世莫知之善根因緣，幸値大善知識蕭平實居士出世宏法，得以修習大乘菩提道。夫娑婆世間，自古迄今，證悟法界實相、自心如來者，本極其罕遇難得；即使有之，其亦每視時節因緣而或隱或現，而其所親證之無爲法般若慧，不論何等超卓之世間智者、著作等身之佛學專家，亦難以稍識其證境也；故當不宜弘傳第一義諦法之時節因緣，如土城廣欽老人住世之多年，凡夫亦僅見僅知其以淨土法門度化世人，惟具隻眼者，方識其所示之眞實義第一義諦也（請參見《宗門法眼》公案拈提第二輯）。芸芸凡夫每以禪定爲禪、以定爲悟，不知禪爲般若智慧、第一義諦，乃無爲法、無境界法、無所得法，與禪定實有天壤之異；既乏正確之基本知見，又毫無看話頭之工夫，爲博取一時之名聞利養，而致造大妄語業而不知，或知之而不改；故數百年來號稱「證悟者」處處皆是、時時均有，然世間豈有百萬將軍一個兵之理乎？達摩祖師即云：「諸佛無上妙道，曠劫精勤，難行能行，非忍而忍，豈以小德小智、輕心慢心，欲冀眞乘，徒勞勤苦？」而今有緣者於秉受禪淨雙修、六度並行之教導下，若能眞誠踐履，循序漸進，具足因緣；復經歷精進禪三之鉗錘與勘驗，得令具備信、定、慧、知見、福德之諸少慢學人，親證實相般若，日遊本地風光。其難値罕遇

之因緣，實甚稀有珍貴者也。吾　師證得甚深緣起，並以其道種智，揭櫫佛法之二主要道：佛菩提道及解脫道，示人以佛法之根本宗旨及其清晰之道次第，使學人目標正大、有路可循，不致錯解　世尊本懷、誤入歧途；平日待人則寬和敦厚，從無厲色疾言，日夜忙於撰述勝妙之法義，以一、二月出書一冊之速，而示之於世人者，始終亦惟其內心所證者三分之一耳，洵難測其深廣之般若道種智也。昔聞吾　師於台中禪淨班將結業前，開示六度諸法之相融互攝時，已頗驚其智慧之深閎、說法之無礙、義理之通達；又數聞吾　師之於公開說法後，無論面對任何無奇不有之疑惑或質難，莫不迅即切入問題之核心，給予學人深入淺出、簡要切用之回答，不假思索、自在無礙，益深訝其心懷之慈悲寬闊、態度之從容自信、智慧之源源流注、利人之深切著明；近聞吾　師於《法華經・從地踊出品》「忍辱心決定」一語，計以五、六小時稱性而談，而將佛菩薩道五十五階位之修證歷程（亦已涵攝二乘解脫道），清晰敷演、真切開示，無異將佛菩提道之修學次第完整舖陳於世，示人以修行明確之目標及其要徑，更慕感其道種智證量之深廣難知也。

多年以來，吾　師秉以無比寬和之性、慈悲之懷，蹈難忍之辱、履極險之行，為人所不願為、作人所不敢作、言人所不能言，卻始終理直氣平、和光同塵、取人為善、與人為善，一向不以人廢言、不掩人之片善，然卻厭棄鄉愿之心態，絕不以佛法賣人情、姑息養奸，是為真正之大悲、大智、大勇也；蓋以當今佛教雖似興盛熱鬧，而實早已呈現極大之衰亡危機，此即普遍寄身於佛教中之惡取空及常見外道法，乃為否定出生宇宙萬有之法界實相，及不知不證三界萬法之本體如來藏者：前者，即以斷滅見之一切法空為般若，不知所謂一切法空乃以第八識自心如來為前提而言者也；此則將令一切佛法修行皆成戲論，終身勤修而毫無所成；一般哲人之於一貫萬有之本體，能知其有而無力體證之，然則此類無因論、斷見論外道者，其智實遠不如一般哲人或哲學系之學生也；乃因彼等之所不能知、不能證，遂否定七識意根、八識如來藏本心之存在，而高倡大乘非佛說，而堅執種種意識心之變相為真實義，棄絕自家本有之無盡藏、生命實相，如《楞嚴經》卷一云：「緣所遺者，由諸眾生遺此本明，雖終日行而不自覺，枉入諸趣」（按：意謂眾生於探究諸緣之時，惟於所觀察之種種因緣上用心，每將能出生諸緣之常住真心遺漏，故由此而遺漏其常住真心之本來光明；因不知此本明妙心之存有，更未能證實其所在，故眾生之意識覺知心及其一切所為—雖終日在其中運行受用而毫

不自覺，而繼續長處於無明之中，不免世世輪迴於五趣六道，枉受長劫之苦而不知也。一參見《楞嚴經講記》第二輯）；彼等不知自家本有之無價寶，而如乞兒之沿街哀討者，堅執虛妄之意識生滅心之種種變相以為實，自害之不足，且害人於無窮者，此即宗喀巴以迄達賴及印順之惡取空系統也。後者，即佛教廣存之常見外道論者，彼等墮於意識境界，錯認意識心為真實心；此則將令修行墮入常見外道法中，而以有生有滅、一世僅存之意識心為真實有、為常住法，乃致成就未得言得、未證言證、未悟言悟之大妄語業而不覺，即台灣佛教之諸大山頭及藏密紅白花教者也：是皆斷喪佛法之根本，而其中尤以前者之惡取空之戕害佛法血脈為巨也。然本識如來藏阿賴耶識，乃為一切有情本自具足、不生不滅、不增不減之真實心，乃為宇宙萬有之本源，即是歷代禪師辛勤尋覓參究之證悟標的一而未必能觸證者，即是古今宗教家、禪學家、藝術家、哲人智士所畢生竭力探索之無死無生涅槃境界一而每每誤會一場者；而平實居士僅以三十餘日，略舉三十餘端，即於所完成之《真實如來藏》一書中，施以種種之理證、教證、事證，確示其真實存在之故及其真實可證之理，蓋能知其真實有而能證其真實有，能知其然又能明其所以然者，實能發人之所不能知、言人之所不能言者，實為一切哲人、智士及欲知生命實相、昇華心智者所必讀之鉅著也。吾　師因不忍聖教衰及亟欲救護眾生故，乃以堂堂之陣、正正之旗，針對完全往下沈淪、悖離佛法之六識論惡取空者宗喀巴一達賴喇嘛與印順先生二大集團，及佛教界盤根錯節之膚淺化、庸俗化、商業化、外道化、政治化之各大常見法勢力，如星雲、證嚴、惟覺、聖嚴及藏密紅白花教等團體，不得不出以金剛作略、作獅子吼，蓋若不摧邪、無以顯正，若非震聾發瞶、無以警醒痴迷也。惟有不計利害、破除情面，力斥邪知邪見，不畏藏傳喇嘛「密」教之抹黑抹紅及台灣各山頭龐大勢力之抵制，方克正本清源，回歸　世尊本懷；以此荷擔如來家業，續　佛慧命。凡有所言，莫不引經據典、有依有憑，公諸天下、以供檢驗，並接受十方之質疑問難，可謂明人不作暗事、坦蕩磊落之至；然惟作法義之辨正，不行人身之攻擊；蓋欲令了義正法能垂諸久遠、利益人天，及不忍眾生之受誤導、深憂佛法之遭扭曲耳；可謂推倒一世之大師、開拓萬古之胸襟矣。凡有所為，莫不出諸正念悲心，無關名利，不涉意氣，可謂「寬以居之，仁以行之」（《易經・乾文言》），汲汲以救護佛門四眾之為念，深恐其惑於邪知邪見、遭遇大害或墮於惡道之不及，尚何有絲毫之意氣之爭及瞋念之作哉？讀者幸取《狂

密與真密》、《勝鬘經講記》等書平心以研之，並與《大藏經》對照比勘之，則知佛法被濫用、錯解之嚴重矣，則知佛法之不絕如縷之堪憂矣，則知末法時代之宏揚大乘菩提道之甚稀有難能矣。

世事紛擾，人心惶惑不安，世人每思獲遇善知識，修學正法，以安其懷、以定其心；然國人有善良之天性，卻以未具正知見故、未有擇法眼故，每惑於世俗表相佛教及藏傳喇嘛「密」教誇大不實之宣傳，無視其膚淺化、庸俗化、商業化、外道化、政治化之事實，不解聖教之所開示：「佛法背俗：世之所珍，道之所賤；道之所貴，世之所賤」；而盲目迷信之，熱烈趨向之，勇猛奔赴無底之陷阱焉。渾不知世間醫生皆知意識之有斷續之理，而芸芸六識論者卻執取生滅無常之意識以為真，欲求大菩提果或解脫果而適得其反，是遠不如心理學者之尚能略曉潛意識之存有也。尤為可怖及可悲者，渾不知針對素有神秘面紗、封閉特性之眾多宗教團體，更當以冷靜之理智觀察之、查證之，而於以雙身法為根本教理、與純淨佛法正道毫無關連、遠不如無知凡夫、毫無實證可言之藏傳喇嘛「密」教本身，及不識其是否為商業化、外道化、喇嘛化之各大佛教勢力，卻不假思索，遽而投注財力、虛耗光陰以迷信之、狂趨之，似此而僅失其鉅大之財產者，猶為至小之事耳。大乘菩提道乃是世出世間法，本諸人人皆具之真心如來藏，不離生滅法而修常住法，不離世間法而修出世間法，不離有為法而修無為法；有緣者幸遇菩薩道正法弘揚之時節因緣，修學第一義諦法，若能福慧雙修，兼顧法與次法，改過遷善，去染除習，循序漸進，自能建立其正確知見，養成動中定之工夫，而不為瞎師所誤導、邪人所摧殘，乃是深化人生境界最有效之途徑，提升生命品質最積極之大道，體證生命真相最徹底之不二法門；而精進六度、因緣具足者，一旦水到渠成，亦能親證本來自在清淨涅槃，亦即本識如來藏，「夜夜抱佛眠，朝朝還共起」；因之而出生實相般若慧，無論識字或不識字者，不待人教，已能粗識佛學教授或十方大師所不證不解之般若諸經真實義；且證此自心如來已，當下即在不生不滅、不垢不淨、不增不減之涅槃寂靜之中，雖阿羅漢亦難以與之對語。自此以正知見、慈悲心、般若慧，不再為漫天蓋地、荒淫不實之喇嘛「密」教之邪見惡法（按：實則本即毫無秘密可言、毫無密義可言；自《狂密與真密》一書面世，其可怕面目、駭人真相，更完全攤諸陽光之下，而絲毫不能遁形），及表相佛教之膚淺化、庸俗化、外道化、商業化、政治化之熱鬧假相所迷眩、欺蒙、誤導，而亦不忍廣大眾生之被迷眩、欺蒙、誤導

而欲救護焉。故大乘菩提道，乃是最能利己益人、淨化世間，最爲剛健入世、且又無爲出世之無上大法也。故有識之學人，宜知能教人實證了義正法之道場，方爲大道場、眞道場：蓋其傳法者，乃有眞修實證、證實相般若之菩薩勝義僧也；其所宏傳者，乃三乘菩提之勝妙大法也；其所共修者，乃知大菩提果之眞實有及能證得證之菩薩眾也。而舉世之各大道場或藏傳喇嘛「密」教之集會場所，無論寺院之何等高廣富麗，徒眾之至數十百萬之多，聲名之遍聞海峽兩岸、乃至五大洲之遠，若無力令人親證三乘菩提者，皆是微不足道之小道場、假道場耳。而以實際理地視之，又何有眞假道場、大小道場之存在乎？然自現實世間而言，則凡思進入佛法修行之門者，卻務須心存高度警覺、愼重其事，善加審辨、冷靜抉擇，方克得遇正法及善知識，而得免誤入歧路、陷於窮途也。當今資訊發達，若無緣受學大乘菩提道或二乘解脫道，亦當平心靜氣，宜先就各方名師之所說與《大藏經》之聖教比勘鑒審，依法不依人，愼擇明師，切記「佛法背俗」，愼勿惑於「大師」之虛無名氣、寺院之高廣假相、和平獎之虛僞面具，而迷信崇拜、毫無理智、感情用事、一頭栽入，庶免誤入邪徑、多劫難返；務宜謹據現成之廣大材料、眾多例證，細加思索，客觀查證，何以歷年來宗教斂財騙色之事件層出不窮，而見諸報章媒體者，僅惟冰山之一角耳！豈可毫無戒愼警惕，而無視於眾多失足長恨者之悲劇乎？人身難得，若無意修學佛道，而能攻讀孔孟之書，亦知如何安身立命，不失人格，居仁由義，心安理得，俯仰無愧，成爲世間之正人君子，而無淪落三途之虞，亦是莊嚴而有意義之人生之極佳抉擇也。

　　今歲爲曾國藩誕辰二百周年，正值海峽兩岸逐漸昂首世界之際，而先進國家者則或惶惶乎有將衰先盡之勢，可謂時移勢易、今非昔比，然吾國數千年來即是強盛之文化大國、禮義之邦，本無足異者；而回顧經歷百多年歲之衰頹落後，飽受列強之欺凌侵略，其中尤以日、俄、英、法諸國，最爲奸惡凶殘，吾國實可謂歷經三千年來未有之大變局、大危局、大亂局，至淪爲次殖民地，國將不國，屢瀕危亡矣；外患固已窘迫不堪，而自太平天國之亂、軍閥割據混戰，以迄國共互殘、「文化大革命」，百年間內戰、內鬥、內亂、內爭迭起，自相屠戮殘殺，規模之大、戰況之慘、死傷之多、手法之酷、破壞之鉅、時期之長，更乃毫無道理、愚昧至極者也。夫內憂外患之交相衝擊，固是生靈塗炭，國力耗盡；好異逐奇、無識無本之人，更乃喪失民族之自信，「尊西人若帝天，視西籍如神聖」（鄧實克 1904 年語）；每每盲目崇洋自輕，

棄毀自家之文化，或至喪心病狂之地步，是猶未開發之國家之遠不如，蓋其亦斷無此任意自毀文化、勇於數典忘祖之愚行也。故於今更當痛定思痛、居安思危，尤宜深幸徹曉者，今日當海峽兩岸均喘息略定之際，亦爲我華族立基小康、邁往仁政、進趨大同、利益人類之最佳契機，更當慎加把握、毋失其時者也。歷代先聖先賢之智慧，固是豐富深閎，猶如採擷不盡之寶庫；而當今資訊發達，有識之士之宏論讜言，亦皆盡現於在位者之眼前；當知今日亦各是兩岸政經形勢最爲關鍵之轉型時期，不論神州或寶島之在位當權者，皆宜開誠布公，廣納雅言，深謀遠慮，大開大閤，以謀吾華族之久安、國家之長治也。曾國藩家書之重要內涵，大皆本其長期進德修業及經綸世務之所得；吾人閱覽之餘，固可見其進德之知過能改之品格，修業之有志有恒之精神，行事之冷靜沈達之特質，爲官之負責清廉之操守，理家之平正深遠之眼光，持世之成己成物之襟期：具見其勤勉之精神、獨到之閱歷、深閎之見識，而足資來者安身立命、經綸世務之參酌也。自廣義而言，曾氏之全部家書，皆屬齊家之道也；其於華夏之齊家文化史中，自有其重要之地位。而由其家書之實際內涵視之，則可析之治學、研藝、修養、齊家、經世諸端；再約而言之，即己立立人、己達達人、成己成物之道也。總而言之，曾氏平生之修身行事、謀國輔民之道，尤以其晚年十三、四載期間之言行，若以「臨事而懼，好謀而成」一語形容之（《論語・述而》），可謂適當；而孔子「人無遠慮，必有近憂」之語（《論語・衛靈公》），曾氏亦是出色之踐履者：凡此亦確能成就若干之事業，產生若干之影響；以今日觀之，不論於個人之安身立命、處世爲人，或對在位者之修己治人、安邦淑世，皆猶有其令人覃思深省者也。

　　《論語》載：子貢曰：「如有博施於民而能濟眾，何如？可謂仁乎？」子曰：「何事於仁，必也聖乎！堯舜其猶病諸。夫仁者，己欲立而立人，己欲達而達人。能近取譬，可謂仁之方也已」（〈述而〉）。己立立人，己達達人，博施濟眾，其事自古罕能，確爲不易；然而捨此途之外，又有何者可懸爲經國濟民、以躋淳淑之世之首務乎？厚爵高官，大富大貴，惟如過眼之雲煙，轉瞬已成空幻，若不能善用在位之際，爲移風易俗、利益國族盡心盡力，而反肇禍國殃民之大惡，貽貪婪枉法之罪行，豈非至愚者哉？故切盼上至有國者，下至秉有一命之士，皆知勤學好思，多法前哲往賢之善言懿行；爲政不在多言，言必切中時弊、有裨世道人心，且能本諸「臨事而懼，好謀而成」之趣，立言質樸而不虛妄，行事正大而不媚俗。苟時時以淑世爲志、蒼生爲念，處

處以廉明自許自勵、服務邦國人民爲幸，其孤懷曠識，雖一時難獲人人之理解，然得以導國步以穩健致遠，致斯世於清嘉康泰，護黎民以靜好平安者，是皆眞正利益群生、有功社會，而爲於國於民不愧不怍之賢者；然此亦惟自心之公、意之誠、身之修、人格之挺立、器識之深耕、學養之厚植而已，豈有他途哉？若乎自予其智、愚弄人民、分化族群、造謠誣衊、貪私無恥、怙惡不悛者，皆終不免爲舉世所厭棄，而肇惡業於未來也。「虛心竹有垂頭葉，傲世梅無仰面花」之聯語（按：本鄭板橋「虛心竹有低頭葉，傲骨梅無仰面花」），乃安仁居士初至台灣時所書，以物喻人，托物言志，實其平生器識閎深、操守堅貞之寫照也。孟子曰：「賢者以其昭昭，使人昭昭；今以其昏昏，使人昭昭」（〈盡心下〉）。吾　師每浩然歎之，百年來之執國政、掌大權者，率多好以其昏昏、使人昭昭之輩，則國族之欲得邦固民寧，而免諸災禍動蕩者，亦難矣！安仁居士年少時，即赴日學習富強自立之道，平生歷經十七政府，早歲活動政壇，亡國、復國、亡國，閱盡世變滄桑、宦海風雲、人事起伏，每慨歎「一個私字害盡天下蒼生」，雖處長年之軟禁、監視，卻薄考試院長而不爲，蓋以襟期高遠、自有重大之人生旨趣也；故一生律己慕嚴，行事廉明，剛健豁達，大氣旁礴，可謂「不易乎世，不成乎名。遯世无悶，不見是而无悶；樂則行之，憂則違之，確乎其不可拔」（《易經・乾卦・文言》）。隻身在臺，深居簡出，私人講學多載，弘揚儒道、實學，述而不作，不倡高調，絕去名利，以不爲文、不講演、不寫碑銘序跋三事自惕，是猶顧亭林「無關於經術政理之大則不作」之趣也（〈與人書〉）。平生教學之大旨：重視人格之挺立，致力經典之踐履，揀擇諸子百家之長處以爲己用，擷取古人古籍之智慧以爲今用，要以活化經典、傳承文化、經世致用、培育人才爲首務也，故至今其門生分布於產學政商教媒等各領域，而有別於一般碩學宿儒之弟子之偏爲文教中人也；年逾百歲，猶誨人不倦、諄諄化導，以育成一批有爲之士、正人君子之爲念，洵爲有爲有守、任重道遠之弘毅之士也。

　　多登北嶺，遙望雲天。谷燕疾歸，感流光以易去；前塵往事，緲嵐靄之若無。然於澆競之濁世，而不敢稍忘修進者，良師、明師惠我實多，爰略述因緣如上。

民國百年辛卯冬至后

普澤書於南投埔里鎮

例　言

一、本書以《曾國藩家書研究》爲題，其中之序言、例言及結論三端，若能
　　先閱讀之，則於曾國藩立身行事之大要、本書之大旨及作者撰述之用心，
　　宜能略得其意趣矣。《禮記・大學》云：「物格而后知至，知至而后意誠，
　　意誠而后心正，心正而后身修，身修而后家齊，家齊而后國治，國治而
　　后天下平」。自廣義而言，曾國藩之全部家書，皆屬齊家之道，其於華夏
　　之齊家文化史之中，自有其重要之地位；而由實際之內涵言之，則可析
　　之治學、研藝、修養、齊家、經世諸端；再約言之，即己立立人、己達
　　達人、成己成物之道也。曾氏家書數量龐大，內容廣博，頗能見其治學、
　　研藝及修、齊、治、平之經歷及成果，自成一體用兼備之規模，可資深
　　入之研究；然爲使論理、敘事更臻周延可徵，偶亦引用其日記、文集、
　　雜著、批牘、書函、奏議以輔翼之，而無礙其家書之獨立價值也。

一、本書對曾國藩之稱謂，於各章各節首次出現時，以「曾國藩」稱之，其
　　後則以其字「滌生」稱之。古人有名有字，一般爲對人自稱以名，友生
　　則彼此相稱以字也。

一、本書爲避免注解之過煩，凡文中引用曾氏之家書時，一概直書其寫作之
　　時間及對象，不另作注；文中引用常見、易得之經子典籍，亦直書典籍
　　及篇章之名，而不另作注。引用曾氏其他之著作及一般著作時，則於各
　　章首次引用時，詳明其出處。文中括弧處內有「按」字者，爲本人所作
　　之補充說明也。

一、本書引用曾國藩之著作，以嶽麓版《曾國藩全集》爲主，文海及世界版
　　之《曾文正公全集》爲輔；以成書較早故，於此三全集均已及之也。其

他曾氏著作之版本極多，亦視需要引用之，如曾氏書函主要引自清季何天柱輯《三名臣書牘》：以其選錄曾氏重要書牘極多，復可與胡林翼、左宗棠之重要信函相對照也。

一、本書引用書籍之出版時間，概以民國之紀元為主，欲知其相對之西元年代者，加以一九一一即可，如民國六十年者，即西元一九七一年也。所以採用民國之紀元者，惟求其形式上之統一耳，蓋不論採何種之紀元，若置諸悠悠宇宙間，均不過如一瞬之即逝耳。又，書中所引曾氏家書、日記等文字之月日，為古代所用夏曆之月日，非西元通用之月日也。

一、本書以淺顯之文言為之，蓋順乎平日為文之習慣耳。夫語體文之辭彙無時不變，日新月異，變化無窮；歷經百數十年之後，固不如文言文之能致遠且易理解；然非謂本書有何重大之價值也。

一、本書序言於各段間之銜接及其前後之呼應處，自有其意義焉，宜略明各段之旨趣及其間之關連如后：首段略言曾國藩家書之特色及其最為平正可取之所在。二、三、四段，略述余受學安仁居士之感想與體驗，亦與首段相呼應也：二段略言毓師之為人之風格、生命之氣象、淑世之本懷；三段言安仁居士之何以為安仁也，及略述對華夏文化之精旨之體會；四段回歸本書之主題，故以先賢齊家之道為例，略示華夏文化之深義，亦有助於對曾氏其人其家書之理解也。五、六、七段言余從平實居士修學第一義諦法之心得與領會，實於第二段中已略啟其幾：五段略明證悟實相般若之甚難稀有及對平實居士證量之管窺；六段言平實居士之何以為平實也，蓋其破邪顯正之所言所行，皆本諸悲心正念及道種智，汲汲以救護佛門四眾而為念，無絲毫之意氣之爭及嗔念之有也；七段略述當前佛教之重大危機，凡欲修行者所面臨之陷阱及宜所深思慎擇處，並略示何者為最能利己益人、淨化世間及最為剛健入世、且又無為出世之無上大法，段末則回至現實人生及三、四段之旨趣，略言從人生如何自立之不同抉擇也。八、九兩段回顧吾國族之近世滄桑，略示兩岸均臨重大轉型之關鍵時機，及凡柄國者宜所關注及充實者，而與一、二、三、四段相呼應焉，亦未外於五、六、七段之世出世間法之義也；七段兼示曾國藩平正深遠之言行之所在及其意義焉，八段兼言安仁居士百年之學行、閱歷及其所務之大者，蓋欲綰合華夏經世致用思想之精義，以為來者之參酌者也。末段以感懷感激為殿焉。

一、本書歷經多次重大之增刪校改，而宜再深入探討者猶多，或因囿於曾氏家書自有其獨立之價值及特色，不宜作過多之演繹；或因個人學養之不足，無力作更深廣之探討。其中猶存諸多浮泛之論者，有俟乎日後之充實之；修改次數愈多，益彰個人學殖之淺、才識之陋耳。

第一章　緒　論

　　曾國藩平生孜孜於學、苦思力索，以困知勉行之精神，進德修業，培養器識，深化實力，奠立其安身立命、輔世濟民之基石；並本諸自立立人、自達達人之義，將其修身、齊家、治國、平天下之思索歷程及實務體驗，不斷發爲文字，以勉己勵人。《曾國藩全集》中之家書一項，數量龐大、內涵豐富、識解獨到、文字樸實，備載其入仕後之種種行事與思想，時間則長逾三十餘載（道光二十年～同治十年，西元 1840 年～1871 年），乃是探究其修己治人、開物成務之道者所宜讀；故先舉其生平之大要，以略知其修、齊、治、平之經歷與心行，而得與其家書所云者相發明也。吾國賢哲自古重視家教，故次述歷代家書之源流，以見前賢護持家道、教養子孫之用心，而略知家書一體於吾國歷史文化巨流中之獨特價值也。

第一節　生平述要

　　曾國藩，字伯涵，號滌生，湖南湘鄉（今雙峰縣）人。生於清仁宗嘉慶十六年十月十一日（西元 1811 年 11 月 26 日），薨於清穆宗同治十一年二月四日（西元 1872 年 3 月 12 日），春秋六十有二。曾氏祖籍衡陽，世業農，清初有名孟學者，遷居湘鄉荷塘都之大界里。孟學四傳至玉屛，字星岡，遷居白楊坪，乃滌生之大父也。玉屛爲人，「溫良博愛，物無不盡之情」；〔註 1〕凡事皆備具規模，曾氏家道之基，實植於其手。滌生之父諱麟書，字竹亭，積苦力學，應童子試十七次，四十三歲始中秀才；事親以孝聞，子媳內外長幼皆

〔註 1〕　《曾國藩全集・詩文・大界墓表》（嶽麓書社，長沙，民國 83 年），頁 329。

受感化。麟書與妻江氏育有五男四女：男以國藩居長，四弟國潢字澄侯，六弟國華字溫甫，九弟國荃字沅甫，季弟國葆字季洪；大姊國蘭，二妹國蕙，三妹國芝，季妹早夭。滌生之家世，自其祖曾玉屏以降，守禮敬儒，耕讀傳家；敦親睦鄰，排難解紛，見重於鄉黨。滌生自幼薰沐於此一孝友積善、勤儉殷實之家，復以稟性之素樸篤厚、不慕虛華；兩者融合，影響其一生之思想及行事殊鉅。

綜觀滌生生平，可略分為四大時期：

一、青少時期

自嘉慶十六年（西元 1811 年）起，至道光十八年（1838 年）止（一歲～二十八歲），除幼年階段外，此乃滌生求學與應考時期。

滌生五歲稟學於庭，為讀書伊始，六歲以陳雁門為問字師。七歲，其父開課於家塾「利見齋」，稟學其間者凡八年；九歲，讀《五經》畢。十五歲，其父設館同族家塾「錫麟齋」，乃受讀《周禮》、《儀禮》、《史記》、《文選》等書。十九歲，其父設館石魚之百魯菴，滌生從之。二十歲，肄業於衡陽唐氏家塾，師事汪覺菴。以上為其私塾求學之大要。其間讀書主要作應試之用，然其長年所讀諸書，本已深印腦中，熟稔之至；入仕後，復經其深研細究、結合實務歷練後，則又有其施用之機會及獨到之體驗，而成為其一生修齊治平之重要憑藉也。滌生其後學問及事業有成，實肇基於其父多年嚴格之教導，嘗曰：

> 自八歲侍府君於家塾，晨夕講授，指畫耳提，不達則再詔之，已而三覆之。或攜諸途，呼諸枕，重叩其所宿惑者，必通徹乃已。[註2]

其侍讀之久、受教之深可知，道光二十二年九月十八日致諸弟書曰：

> 予生平於倫常中，惟兄弟一倫，抱愧尤深。蓋父親以其所知者盡以教我，而我不能以吾所知者盡教諸弟，是不孝之大者也。

滌生因家學長期之傳授，以及自身之勤勉苦讀，乃奠立其學問之初基。

二十一歲，入本邑漣濱書院，冬月肄業；山長劉象履頗賞其詩文，以為大器。二十三歲，中秀才，其間歷時九載，投考七次，頗為艱辛，足見其愈挫愈勇、奮戰不懈之倔強性格。二十四歲，肄業嶽麓書院，山長為歐陽厚均。嶽麓乃有宋四大書院之一，朱熹、張栻等大儒曾講學於斯；三湘子弟之英特

[註2] 同註1，《詩文·台洲墓表》，頁331。

者，輒負笈其間，滌生時竟以詩文聞名，其文才與器識，已嶄露頭角。是歲，中第三十六名舉人，十一月晉京會試，遂結束其書院之求學生涯。

二十五歲，其自學生涯始於斯年，《年譜》稱：「會試不售，留京師讀書，研窮經史，尤好昌黎韓氏之文，慨然思躡而從之，治古文詞自此始」。〔註3〕二十六歲，會試仍不售，乃出都赴江南，途中向友人借貸百金，經金陵購《廿三史》歸里，勤讀幾一年。二十七歲，欲上京會試，而「無以為資，稱貸於族戚家，攜錢三十二緡以行，抵都中，餘三緡耳」，〔註4〕可見其寒苦之窘狀。二十八歲，會試中第三十八名貢士，殿試三甲第四十二名，賜同進士出身；朝考一等第二名，改翰林庶吉士。

以上乃滌生二十八歲前之求學生活。身處窮鄉僻壤，訊息閉塞，本乏師友之攻錯、交流，聞見不廣；且多年攻讀，要以博取功名為首務，無暇他顧。求學之目的，即在求應試之成功；而欲應試之順遂，惟有長時困守舉業，用心攻研場屋無用之學。其間雖以擅詩文名，而實尚未得治學之門徑。頗值一提者，乃滌生應試之過程，除小考七次、會試三次始售外，餘悉頗為坦順，終以甚佳之名次入翰林院；此於滌生一生學識之成就及事業之開展，關係極大。道光二十四年五月十二日致諸弟書曰：

> 吾謂六弟今年入泮固妙，萬一不入，則當盡棄前功，壹志從事於先輩大家之文。年過二十，不為少矣，若再扶牆摩壁，役役於考卷截搭小題之中，將來時過而業仍不精，必有悔恨於失計者，不可不早圖也。余當日實見不到此，幸而早得科名，未受其害。向使至今未嘗入泮，則數十年從事於吊渡映帶之間，仍然一無所得，豈不靦顏也哉！此中誤人終身多矣。溫甫以世家之子弟，負過人之資質，即使終不入泮，尚不至於饑餓，奈何亦以考卷誤終身也？……總之，吾所望於諸弟者，不在科名之有無，第一則孝弟為瑞，其次則文章不朽。諸弟若果能自立，當務其大者遠者，毋徒汲汲於進學也。

入泮即中秀才之意。滌生自幼即志在功名，所謂「當日實見不到此」，不異其自白也。及入京師，眼界漸寬，方漸識學問之滋味，知科舉之誤人。然觀其所言，則猶似以辭章為主，可見其學所詣尚淺，然已脫離場屋無用之文之噩夢矣。凌霄一士論曰：

〔註3〕　《曾文正公全集‧年譜》（世界書局，台北，民國74年），道光十五年，頁3。
〔註4〕　同註3，《年譜》，道光十七年，頁3。

在科舉時代，由此進身者，號為正途；而欲學識之通博，除少數例外，殆非少年科第不可。以困於場屋之時，所致力為惟所謂「舉業」，咕嗶吚唔，視為專務，罕能分其心力，以從事於有用之學；迨通籍始可拋卻此一塊敲門磚，為精神上之大解放；苟暮年登第，幾於終身與舉業為緣，他務多難深造矣。國藩……成名之際，正在英年，玉堂養望，為清而不要之官，乃於其間與京官之賢者，如唐鑑、倭仁、吳廷棟、何桂珍、邵懿辰、劉傳瑩輩遊，研性理，講實學，文譽才名，漸著於時，非復埋頭舉業時之故我矣。少年科第之有造於國藩，良非淺尠也。〔註5〕

滌生入翰林院時，正值年富力強、精神抖擻之際，求知慾旺盛，理解力成熟；又得良師益友之切磋砥礪，重重夾持，乃得以用心進德修業，於義理、詩文、實學、省察之道等，皆得研析、體證，致力改過遷善、涵養心性之工夫；且其為學富有苦思力索之特質，漸能「務其大者、遠者」，自此立定閎偉志抱、淑世襟期，逐漸培養器識，強化學術，因此累積名望，厚植實力，奠立其一生學識及事業之基礎。

二、京官時期

道光十九年十一月，滌生省家後北上，次年正月入都，自道光二十年（西元 1840 年）至咸豐二年（1852 年）止（三十歲～四十二歲），其間除道光二十三年充四川正考官外，均供職北京，又可分為二階段：

（一）翰苑時期

道光二十年至道光二十七年，為翰苑養望階段，生活清閒，得以專心治學，其〈致劉孟容書〉云：

自庚子以來，稍事學問，涉獵於前明、本朝諸大儒之書，而不克辨其得失。聞此間有工為古文詩者，就而審之，乃桐城姚郎中鼐之緒論，其言誠有可取。於是取司馬遷、班固、杜甫、韓愈、歐陽修、曾鞏、王安石及方苞之作，悉心而讀之；其他六代之能詩者，及李白、蘇軾、黃庭堅之徒，亦皆泛其流而究其歸；然後知古之知道者，未有不明於文字者也，能文而不能知道者或有矣，烏有知道而不明

〔註5〕《曾胡譚薈》（凌霄一士撰，文海出版社，台北，民國 63 年），頁 3。

文者乎？〔註6〕

庚子即道光二十年，滌生甫年三十，是其正式步入學術研究之始。初從詩古文入手，而於學術之道，則尚茫無所歸、無有所得；迨道光二十一年，長沙府善化人唐鑑入京，始向其請教「檢身之要，讀書之法」。〔註7〕唐鑑學宗閩、洛，爲當時理學大師。「專以義理之學相勗，公遂以朱子之書爲日課，始肆力於宋學矣」。〔註8〕是時與滌生往復討論，商榷古今，以理學、實學、省察修飾工夫相砥礪者，有倭仁、吳廷棟、何桂珍、竇塤、邵懿辰、陳源兗等人。爲更潛心於性命之修養、習染之消除，滌生每於日記中痛切反省，「力求改過，多痛自刻責之言」；〔註9〕並於三十二歲時，立定課程十有三條以自惕：一曰主敬，二曰靜坐，三曰早起，四曰讀書不二，五曰讀史，六曰寫日記，七曰日知其所亡，八曰月無忘所能，九曰謹言，十曰養氣，十一曰保身，十二曰作字，十三曰夜不出門。〔註10〕三十四歲時，復撰〈五箴〉自警：一曰立志，二曰居敬，三曰主靜，四曰謹言，五曰有恒。〔註11〕三十五歲時，命其書舍曰「求闕齋」，能知所當警、自察缺失，蓋其學問、閱歷已略有所進，故於其青年時期，即以盈滿爲戒也。〔註12〕

滌生於日新又新、努力遷善進德之餘，復醉心於經史及辭章之學，若先秦兩漢典籍、詩文大家專集，均爲其汲汲攻讀之列。道光二十四年十一月廿一日致諸弟書曰：

> 自七月起，至今已看過《王荊公文集》百卷，《歸震川文集》四十卷，《詩經大全》二十卷，《後漢書》百卷，皆朱筆加圈批。

道光二十五年三月五日致諸弟書曰：

> 古文選本，惟姚姬傳先生所選本最好，吾近來圈過一遍。……吾於五七古學杜、韓，五七律學杜，此二家無一字不細看。外此則古詩學蘇、

〔註6〕《三名臣書牘》（何天柱輯，北一出版社，台南，民國63年）卷一，頁3。
〔註7〕同註3，《日記・問學》，頁1。
〔註8〕《年譜》，道光二十一年，頁5。
〔註9〕《年譜》，道光二十二年，頁5。
〔註10〕道光二十二年十二月二十日致諸弟書。又見於《曾國藩全集・日記》，道光二十二年十二月七日所記，其次序則爲：敬，靜坐，早起，讀書不二，讀史，謹言，養氣，保身，日知所亡，月無忘所能，作字，夜不出門，共十二條；名稱與次序略異，當以家書爲準。
〔註11〕《年譜》，道光二十四年，頁6。
〔註12〕《年譜》，道光二十五年，頁6。

> 黃，律詩學義山，此三家亦無一字不看。……今年已批韓詩一部，正
> 月十八批畢。現在批《史記》已三分之二，大約四月可批完。

可見其閱讀勤奮、範圍漸廣，此實因其時間充裕，復多師友相輔互勉，故能
「日以讀書爲業」（道光二十五年七月十五日稟父母書），一心攻讀經史及詩
文要籍也。

三十六歲時，滌生病肺熱，乃攜段注《說文解字》一書，僦居城南報國
寺休養，得與劉傳瑩以莫逆交；進而將學問之門徑，延伸至小學之領域。然
劉氏精考據、好深思，復思返本務要，從事於君子根本之學，故曰：

> 劉公謂近代儒者，崇尚考據，敝精神、費日力而無當於心，恒以詳
> 說反約之旨，交相勖勉。……公（按：此指曾國藩）嘗謂近世爲學
> 者，不以身心切近務，恆視一時之風以爲程而趨之；不數年風尚稍
> 變，又棄其所業以趨於新。如漢學宋學詞章經濟，以及一技一藝之
> 流，皆有門戶，更迭爲盛衰，論其原皆聖道所存。苟一念希天下之
> 譽，校沒也之名，則適以自喪其守，而爲害於世。〔註13〕

因治學漸有心得，又得與師友切磋，故於當日之學風已知其趨向，而漸建立
志學之所在，故常與劉氏「討論務本之學，而規切友朋，勸誡後進，一以此
意爲兢兢焉」。〔註14〕故滌生初雖敬事唐鑑爲師，以理學爲宗，然非惟知閉門
思過，遠離現實；而接觸小學之後，亦能取爲己用而不流於隘；而終能用心
於經世致用之學，注重當前問題之探討，及歷代實學之研索。道光二十二年
十月廿六日致諸弟書云：

> 君子之立志也，有民胞物與之量，有內聖外王之業，而後不忝於父
> 母之生，不愧爲天地之完人。故其爲憂也，以不如舜、不如周公爲
> 憂也，以德不修、學不講爲憂也。是故頑民梗化則憂之，蠻夷猾夏
> 則憂之，小人在位賢才否閉則憂之，匹夫匹婦不被己澤則憂之，所
> 謂悲天命而憫人窮，此君子之所憂也。若夫一身之屈伸，一家之饑
> 飽，世俗之榮辱、得失、貴賤、毀譽，君子固不暇憂及此也。

雖其所言內涵猶嫌空泛，然觀其胸宇襟抱，早立修身明道之心、淑世濟民之
志；宜其致力讀書進德之外，復不忘於留心人才、注意實務也。蓋於是時，
滌生於學術、修省、實務等各端，已爲後日事業之開展，深化其學養、預儲

〔註13〕《年譜》，道光二十六年，頁7。
〔註14〕《年譜》，道光二十六年，頁7。

其實力也。

（二）侍郎時期

道光二十七年大考，滌生名列二等第四名，升授內閣學士兼禮部侍郎銜，二十九年正月升授禮部右侍郎，其後數年，歷任禮、兵、工、刑、吏五部之侍郎。各部侍郎與尚書，皆部中負責之官員，已為中央政府大員，得以參議朝政大事，道光二十九年二月六日稟父母書曰：

> 從前閣學雖兼部堂銜，實與部務毫不相干。今既為部堂，則事務較
> 繁，每日須至署辦事。……幾於刻無暇晷。

滌生勤於供職，戮力從公，「每綜部務，悉取則例，博綜詳考，準以事理之宜，事至剖斷無滯」。〔註15〕惟就經綸世務、裨益國計民生言之，終其道光朝之所行所為，並無重大表現；復以厭惡官場習氣，政治清明難望，不免懷抑沮之感，萌歸田之思。道光二十九年十月四日致諸弟書曰：

> 吾近於官場，頗厭其繁俗而無補於國計民生，惟勢之所處，求退不
> 能。但願得諸弟稍有進步，家中略有仰事之資，即思決志歸養，以
> 行吾素。

然時移勢異，迨道光病逝，咸豐繼統，時局益壞，滌生乃屢陳政見，迭獲注目。初以禮部侍郎奏〈遵議大禮疏〉，引經據典，考古準今，疏對甚晰，深得咸豐嘉許。未幾，咸豐下詔博採讜言，乃復奏以〈應詔陳言疏〉，陳述用人之道曰：

> 今日所當講求者，惟在用人一端耳。方今人才不乏，欲作育而激揚
> 之，端賴皇上之妙用。大抵有轉移之道，有培養之方，有考察之法，
> 三者不可廢一。……以臣觀之，京官之辦事通病有二：曰退縮，曰
> 瑣屑；外官之辦事通病有二：曰敷衍，曰顢頇。……有此四者，習
> 俗相沿，但求苟安無過，不肯振作有為，將來一有艱鉅，國家必有
> 乏才之患。〔註16〕

此痛斥當時吏治之腐敗委靡、毫無作為，並詳論用人之道及考察之法；並建議咸豐舉行逐日進講，廣開言論，乃一有識有膽之作也。

道光三十年十二月十日（西元 1851 年 1 月 11 日），洪秀全、楊秀清等人起事於廣西省桂平縣金田邨，其勢漸壯，一發不可收拾，清軍進剿連連失利；其距鴉片戰爭（1840）之敗辱未久，是為外患內憂交迫迭至之時，國族

〔註15〕《年譜》，道光三十年，頁 10。
〔註16〕《曾文正公全集‧奏稿》（世界書局）卷一，頁 3。

已面臨前所未所之危機。滌生時任兵部右侍郎，乃於咸豐元年三月奏〈議汰兵疏〉曰：

> 天下之大患，蓋有二端：一曰國用不足，一曰兵伍不精。兵伍之情狀，各省不一，漳泉悍卒，以千百械鬥爲常；黔蜀冗兵，以勾結盜賊爲業；其他吸食鴉片，聚開賭場，各省皆然。大抵無事則游手恣睢，有事則雇無賴之人代充，見賊則望風奔潰，賊去則殺民以邀功。章奏屢陳，諭旨屢飭，不能稍變錮習。至於財用之不足，內外臣工，人人憂慮。自庚子以至申辰，五年之間，一耗於夷務，再耗於庫案，三耗於河決，固已不勝其浩繁矣。乙巳以後，秦豫兩年之旱，東南六省之水，計每歲歉收，恆在千萬以外，又發帑數百萬以賑救之，天下財產安得不絀？宣宗成皇帝每與臣言及開捐一事，未嘗不咨嗟太息，憾宦途之濫雜，悔取財之非計也。〔註17〕

以爲財政與軍政密不可分，兵貴精不貴多，兵愈多則力愈弱，餉愈多而國愈貧，故主張量爲裁汰，痛加訓練；並行大閱之典，以振軍氣。裁兵省銀，專備救荒，塞開捐以清仕途，整頓財政、端正吏治，財政、軍政方克有濟。

對當時天下之大患，滌生於用人、財政、兵事三者詳抒讜論，皆具獨到見識之作，然却未獲採行，眞乃「書生之血誠，徒以供胥吏唾棄之具，每念及茲，可爲憤懣」。〔註18〕眼見內憂外患紛起，國事日壞、大局傾頹，不願尸位素餐，思欲倡以率直敢爲之風氣，一掃爲政者畏葸退縮之惡習，決心不計個人之利害得失，乃於咸豐元年四月廿六日，奏上〈敬陳聖德三端，預防流弊疏〉，以諫諍之姿、切直之語，指出咸豐之三弊：一爲苛於祭祀、儀禮之細節，「於小者謹其所不必謹，則於國家之大計，必有疏漏而不暇深求者」，如發往廣西之員，即安排失當、取敗難免也；二爲「頤情典籍、游藝之末」，流於「徒尙文飾」，鮮察言之實意，徒飾納諫之虛文也；三爲「娛神淡遠，恭己自怡」，「亦恐厭薄恒俗，而長驕矜之氣」。〔註19〕最後言若不重直臣，專取諧媚頓熟者，其「斷不敢出一言以逆耳而拂心」；「而稍有鋒芒者，必盡挫其勁節，而銷鑠其剛氣，一旦有事，則滿廷皆疲苶沓泄，相與袖手，一籌莫展而

〔註17〕同註16，頁10。

〔註18〕同註6，〈覆胡蓮舫〉，頁9。書中稱「天下有三大患：一曰人才，二曰財用，三曰兵力」，頁10。

〔註19〕同註16，頁13-14。

後已」。〔註20〕此實一言辭激烈之逆鱗之作，乃非庸碌不仁者所能爲也。

　　同年十二月十八日，復奏〈備陳民間疾苦疏〉，謂「國貧不足患，惟民心渙散，則爲患甚大」。復揭民間之疾苦者有三：「一曰銀價太昂，銀錢難納」，「官吏之浮收，差役之濫刑，眞有民不聊生之勢」；「二曰盜賊太眾，良民難安」；「三曰冤獄太多，民氣難伸」。〔註21〕蓋深知民生疾苦之根源、不能已於言者也。次日，復奏〈平銀價疏〉，主張「貴錢賤銀，以平銀價，而甦民困」。〔註22〕皆爲膽識兼備之作。

　　滌生出身民間、親歷寒苦，以重視親情與鄉誼故，雖遠居京師、高居部堂大員，而與家鄉親友之聯繫密切、交流無間，故於其家書中，頗見其於家鄉民生之凋敝、親戚之慘狀，關切極深，知之甚詳。一則由一鄉一地之衰落、某姓某家之悲辛，而能見微知著；再則以其中央大員之高度，較悉各方之情狀，足資綜觀大局：故能確知社會動亂之緣由，百姓痛苦之所在；平日復留意世局，鑽研實務；故於風暴罩頂、大局將頹之際，乃以連續之奏疏，抒其智慮，既能掌握問題、言中時弊，復能申其解決之道、紓困之方，識解深刻，言論剴切，而漸著時譽，爲其後功業之開展，奠其初基。

三、征伐太平天國時期

　　咸豐二年（西元 1852 年）六月，命典江西鄉試，行次安徽，丁母憂回籍，年末即赴長沙幫辦團務。自咸豐三年（西元 1853 年）辦團練起，至同治三年（1864 年）克復金陵止（四十三歲～五十四歲），其間除咸豐七年二月丁父憂回籍，至翌年六月復出之外，均在營中擘劃軍事，與太平天國作戰。

　　在京時，滌生即留心時事，深曉綠營軍之衰朽腐敗，不堪一擊，力主裁汰冗兵；又徹悉地方團練不足成事，難以抗衡有組織、有紀律之太平軍。故當其奉旨興辦團練之時，惟有另行訓練新軍，成就勁旅，方能克敵致勝。其〈敬陳團練查匪大概規模摺〉曰：

　　　　自軍興以來，二年有餘，時日不爲不久，糜餉不爲不多，調集大兵
　　　　不爲不眾，而往往見賊逃潰……，從後尾追。其所用兵器，皆以大
　　　　炮、鳥槍遠遠轟擊，未聞有短兵相接，以槍鈀與之交鋒者。……今

〔註20〕同註 16，頁 14。
〔註21〕同註 16，頁 15-17。
〔註22〕同註 16，頁 17。

> 欲改絃更張，總宜以練兵為要務。……但求其精，不求其多；但求
> 有濟，不求速效〔註23〕

正規軍既徒耗資源、毫無作為，惟有改弦易轍、訓練精兵，以禦大敵。

滌生訓練之湘軍，乃合陸師、水師二者而言。咸豐二年（西元 1852 年）十二月，太平軍占領武漢，湖南處境日危，長沙人心惶惶；滌生本擬在家守制，友人郭嵩燾知其胸懷澄清天下之志，乃勸其宜毋拘古禮，乘時以出；「於是始治兵於長沙，命羅澤南、王鑫等領湘勇三營，仿明戚繼光束伍成法，逐日操練，是為湘軍創立之始」。〔註24〕咸豐三年（西元 1853 年）七月，湘軍出境援贛，由羅澤南、郭嵩燾率軍馳救南昌，此為湘軍陸師出湘作戰之始。郭氏以為東南水鄉，太平軍據有水路，必與其爭長江之險，補陸師之不足，乃能制敵。經江忠源致書滌生，力勸廣置砲船，以為肅清江面之用；乃於衡州訓練水師，命彭玉麟、楊載福統之，是為湘軍水師創建之始。

湘軍之能取代國家之正規軍，戰勝弱敵，敉平太平軍者，實以滌生具備較淵博之學識、堅強之意志，較穩健之領導能力、卓越之開創精神，乃能另起爐灶，再肇新局。在滌生精心擘畫下，湘軍具備如下之特色：

甲、官兵素質優良：慎選營官，以志同道合、質直而有血性、忠義而知
    兵陣之儒生為將。士兵則以樸實壯健之鄉農為尚，不取浮華之輩，
    擯斥滑弁游卒及市井無賴。

乙、編制整齊：陸師五百人、水師三百八十人為一營，人人各有所司，
    以發揮其作用。

丙、訓練嚴格：陣法技擊，固要逐日操習，以裁汰體弱、藝低、油滑者；更
    重精神紀律，反覆強調愛民，不擾百姓，並使其相激相勵，忠義奮發。

丁、向心力強固：湘軍乃由湘勇脫胎而成，營制概由滌生規畫，糧餉大皆
    自籌，與朝廷無直接關係，乃其私有之軍隊。官兵有同鄉同里同族之
    關係，特具宗族及鄉土觀念，故能齊心相顧，團結互助，「人懷忠憤，
    如報私仇，千磨百折，有進無休。終殄元惡，盡復名城」。〔註25〕

戊、待遇較優：餉銀不裕，不足以養將士之廉、作兵勇之氣。每月陸勇
    發餉四兩二錢，水勇三兩六錢，遠高於綠營之待遇。

〔註23〕同註 16，頁 22。
〔註24〕《曾文正公事略》（王定安撰，文海出版社，台北，民國 63 年）卷一，頁 15。
〔註25〕同註 1，《詩文·江忠烈公神道碑銘》，頁 287。

滌生初在長沙練兵，與提督鮑起豹意見不諧，營兵與勇兵時生械鬥。乃於咸豐三年（西元 1853 年）三月，移師衡州，豈知此舉竟使湘勇由地方團練，變爲底定太平天國之主力，其作戰之過程，略可分三期以述之：

（一）兩湖保衛戰

咸豐四年（西元 1854 年），滌生四十四歲，乃其武功事業正式展開之一年。因安徽巡撫江忠源及湖廣總督吳文鎔相繼敗歿，太平軍三佔漢陽、漢口，圍攻武昌，湖南震動。正月底，滌生率陸師水勇一萬餘人，從衡州起程，浮湘而下。首先，發佈〈討粵匪檄〉，以衛道、保民爲出發點，激烈批判太平軍之罪狀，其大旨依序爲：甲、爲廣大生靈報仇，痛斥太平軍之殘忍慘酷，以地域觀念打動長江流域之人；乙、爲保衛名教而戰，痛斥太平軍之破壞禮義人倫、詩書典則，以名教觀念打動士人；丙、爲受辱之神祇雪恨，痛斥太平軍之毀污廟宇、破壞信仰，以神道觀念打動一般鄉民。其中以第二點尤爲重要，類似湘軍之中心思想也。

二月，太平軍進攻湖南，長沙大震。三月，湘軍與太平軍角逐於湖北，先失利於岳州；四月，復慘潰於靖港。滌生憤極，投水自盡，爲章壽麟援出。幸而塔齊布、楊載福、彭玉麟率軍攻占湘潭，水陸大勝，此乃湘軍初興之首捷也。七月，收復岳州，保固湖南，進圖湖北。八月，湘軍攻陷武昌、漢陽。出師未及一載，已將湘、鄂略定。十月，湘軍大破太平軍於田家鎮、半壁山，直下江西九江，前師已抵湖口，而水師一隊誤入鄱陽湖，爲太平軍石達開所封鎖，而內湖外江隔絕。十二月，太平軍夜襲九江之湘軍水師，滌生座船陷於敵手，文件盡失，再次投水自殺，被救起逃入羅澤南營中，狼狽至極。

咸豐五年（西元 1855 年）正月，石達開再下漢陽、漢口、武昌，武漢至天京盡入太平軍之手。滌生困守南昌，湘軍首尾不能相顧，消息隔絕，形勢危殆。兩軍即將決戰，太平天國竟於咸豐六年（西元 1866 年）十月，因激烈內訌，楊秀清、韋昌輝、秦日綱等重要領袖相繼死難，石達開出走，精銳幾盡，元氣大傷。太平天國乃喪失其底定東南之極佳戰機，湘軍遂得以重整旗鼓，全面反撲。十一月，湖北湘軍攻陷武昌、漢陽。自此胡林翼於武漢設立重鎮，爲湘軍之後方基地，「不啻蕭何之守關中」。〔註 26〕保鄂平吳，形成湘軍其後對抗太平軍之基本戰略。

〔註26〕《清代通史》（蕭一山撰，商務印書館，台北，民國 74 年）卷下，頁 166。

（二）兩江爭奪戰

咸豐七年（西元 1857 年）二月，滌生丁父憂回籍。是年，湘軍則漸振聲威。胡林翼出鄂督師，進圍九江。九月初，彭玉麟率內湖水師，楊載福率外江水師，內外進攻，李續賓率陸師自湖口山後夾擊，終克湖口，相互阻絕三年之水師，自此得以會合作戰。湘軍乘勝追擊，咸豐八年（西元 1858 年）四月，李續賓、楊載福率水陸兩軍攻陷九江。九江為江西重鎮，皖、鄂咽喉；湘軍自此控有長江，已奠下規取兩江之基礎。五月，詔起滌生辦理軍務。八月，抵江西河口，接統湘軍，胡林翼則丁母憂回湘。是月，陳玉成、李秀成再破江北大營。十月，全殲李續賓部湘軍精銳六千餘人，李續賓、曾國華殉難；此役使湘軍名將凋零，士氣大喪。十一月初，胡林翼趕赴武昌，整頓湘軍；咸豐九年（西元 1859 年）起，與滌生雙騎並出，合攻安慶；太平軍陳玉成則轉戰皖南，一則進窺浙江，一則鞏固天京。雙方大戰於太湖、潛山一帶；十二月，會戰於太湖，歷時三月餘，陳玉成因後援斷絕敗走。此役乃湘軍重振聲威之重大關鍵，「既有助於安慶圍軍，更有益於兩湖後路。且湘系聲望日隆，承擔全局信心更壯」。〔註27〕

咸豐十年（西元 1860 年）閏三月，太平軍再破江南大營，張國樑、和春死之。長江下游精華區盡入太平軍之手，清廷大驚。及蘇州失守，清廷環視宇內，除仰仗妾身未明之湘軍外，已無計可施。四月，乃命滌生署理兩江總督，賞加兵部尚書銜；六月，抵祁門駐紮，是月實授兩江總督，兼欽差大臣，督辦江南軍務。至此，始擁有軍政實權，而結束其七八年來身居客軍之苦楚，得以統籌全局，施展抱負。面對糜爛不堪之廣大江南，滌生以先求穩定為宗旨，一則保薦左宗棠、李鴻章、沈葆楨分任浙、蘇、贛三省軍務，再則聚集大軍圍攻安慶。太平軍陳玉成、李秀成等亦力圖振作，以解安慶之圍；雙方鏖戰年餘，咸豐十一年（西元 1861 年）八月一日，曾國荃克復失守九年之安慶，屠殺極酷，令人髮指；徽、贛均被收復。湖北之太平軍餘眾，亦為胡林翼、彭玉麟所平，東南大局之控制權，已漸移湘軍手中。

（三）金陵圍困戰

咸豐十一年八月廿一日，滌生由東流移駐安慶坐鎮，進行對太平天國最後之決戰。九月初日，曾國荃率軍沿江而下，月底攻陷巢縣附近之東關，與太平

〔註27〕《清季軍事史論集‧胡林翼之志節才略及其對於湘軍之維繫》（王爾敏撰，聯經出版事業公司，台北，民國 74 年），頁 148。

軍隔河對峙。因兵力不足，乃返湘招募兵勇。同治元年（西元 1862 年）二月，國荃返回前線；五月三日，旋駐雨花台，展開對金陵之圍攻。李秀成自蘇常調大兵回援，施以反包圍，雙方血戰四十六日；湘軍疫癘大起，死亡過半。十月初五日，李秀成退兵，轉攻江北。同治二年（西元 1863 年）元月，滌生赴天京城外，巡察湘軍各處營盤，以定進退大計。九月，湘軍陸續攻陷城外要隘，天京逐漸合圍。同治三年（西元 1864 年）正月，湘軍攻陷天保城，進紮太平門、神策門外，天京完全合圍；五月三十日，攻陷地葆城。六月十六日，湘軍攻陷天京，大肆燒殺搶掠，慘絕人寰；太平天國敗亡。是月廿四日，滌生赴江寧視察；同日，賞加太子太保銜，賜封一等侯爵，開有清三百年「文臣封侯」〔註28〕之先例。然滌生哀矜勿喜，其〈修治金陵城垣缺口碑記〉云：「窮天下力，復此金湯。苦哉將士！來者勿忘」。可想見其衷心之沈痛。因面對清廷之猜忌，政途之險惡，滌生亟思急流勇退，遠離宦海；而為清廷所不允。七月十三日，下令裁撤金陵內外湘軍之半二萬五千名；十月，曾國荃回湘養疴。十一月，補行江南鄉試，會考江南優貢，以期再興文風，重振教化。

四、晚　年

　　自同治四年（西元 1865 年）起，至十一年（1872 年）逝世止（五十五歲～六十二歲），為滌生晚年，初為軍旅生涯，後為政治生涯。

（一）剿　捻

　　太平天國敗亡之際，其崩潰之隊伍與北方之捻眾結合，迅速發展，並獲致連續之勝利。捻眾專採飄忽馳驅之戰術，出沒於豫、鄂、蘇、魯一帶。同治四年（西元 1865 年）四月，將僧格林沁軍一萬一千餘人，全殲於山東曹州，僧王斃命，京師震動；清廷連發五道諭旨，急令滌生趕赴山東督剿。滌生辭卻不得，乃於八月四日抵徐州坐鎮。鑑於僧王窮追不捨而覆沒之教訓，並針對捻眾以騎兵為主、擅長流動戰與游擊戰之特點，提出以靜制動、重鎮設防之戰略，思以固定之點線，圍困捻眾：即駐重兵把守安徽臨淮、山東濟寧、河南周家口、江蘇徐州，「一處有急，三處往援，有首尾相應之象，無疲於奔命之虞」。〔註29〕次則結合查圩工作，即於亳州、蒙城、宿州及有捻之區，修

〔註28〕《桐城吳先生（汝綸）文・詩集》（吳闓生編，文海出版社，台北，民國 63 年），〈曾文正公神道碑〉，頁 884。
〔註29〕《年譜》，同治四年，頁 160。

築墟寨，清查戶口，實行保甲連坐法，以拔除捻眾之來源，並杜絕其補給。後以四鎮圍堵無效，改採堤牆防河之策：即東沿運河，西沿沙河、賈魯河設防，北則於黃河北岸重點駐兵，思阻捻眾進入山東、豫西，而於運河、沙河間消滅之。然捻眾機動靈活，多次懲創清軍；是年秋，並突破開封、朱仙鎮間之堤牆，東走山東，防河之策又告失利。滌生以督師年餘無效，復為言官所劾，乃奏請開缺。清廷改由李鴻章任欽差大臣。十一月初，奉旨回江督本任。李鴻章繼承及發展其堤牆防河之法，終致勝利。

（二）專任總督

1、回任江督

剿捻未竟其功，滌生乃於同治六年（西元1867年）三月，返回江寧；五月，補授體仁閣大學士，仍留任兩江總督。滌生於圍攻天京期間，早思退隱；及剿捻失利，益思遠離宦海。同治六年六月六日致澄弟書曰：

> 人以極品為榮，吾今實以為苦惱之境。然時勢所處，萬不能置身事
> 外，亦惟有做一日和尚撞一日鐘而已。

亂世為官不易，朝廷多疑，又年老多病，諸多痛苦，欲退不能。然滌生本敬業之人，回任後，仍勉力推行政務，考覈吏治，舉凡勸農課桑、修文興教、振窮戢暴、獎廉去貪；以及整頓鹽務、開墾荒地、鑄造軍械、仿製輪船等，莫不手訂章程，具備規模。

2、調任直督

同治七年（西元1868年）四月，改授武英殿大學士；七月，調任直隸總督。八年（西元1869年）元月底至保定，即致力於飭吏、練兵、治河三要務。

直隸吏治敗壞，積獄太多。官吏、僚屬「玩上則簸弄是非，虐民則毫無忌憚，風氣之壞，竟為各省所未聞」，以為「非剛猛不能除此官邪」，〔註30〕乃大力整飭吏治，崇優汰劣；同時加緊清訟，歷時一年餘，共註銷咸豐初年至同治七年舊案一萬二千餘起，具結新案二萬一百二十一起，「多年淹滯塵牘，為之拂拭一清」。〔註31〕練軍方面，因直隸營務廢弛，亟須整頓，滌生奏以湘軍之軍制，全面取代綠營軍制，採訓練湘軍之法選練六軍，其後練軍果有成效，他省亦仿而行之，營務為之一振。河工方面，因永定河、滹沱河長

〔註30〕同註16，卷四，頁867。
〔註31〕同註16，卷四，〈直隸清訟請獎摺〉，頁902。

年失修，常泛濫為患，滌生先完成永定河之修治；後因辦理天津教案，而中斷其治理滹沱河之計劃。

同治九年（西元 1870 年）五月廿三日，天津教案發生，天津民眾以為迷拐幼孩匪徒，有牽涉教堂情事，毆斃法駐天津領事豐大業及外人二十名，焚毀教堂等外國機構多處，群情洶洶，天津大擾。時滌生正病重請假之中，清廷急命其赴津查辦。六月三日，預留遺書予二子，細密規劃身後相關事宜，以備不測；隨後力疾赴津。滌生以為公道所在，不容泯滅；國族安危，不可兒戲。故不獎士民義憤，蓋以粵、捻初平，斷言當時中國之兵力，不宜與列強搆釁，又慮四國（法、俄、英、美）合縱，變生不測，於是力主和平，一面查辦為首滋事之人，一面力拒帝國主義者無理之要求。津民不曉其用心，大怨之；朝中大臣亦群起掊擊。滌生之抱疾處理津案，其精力、腦力、心力，固有其不濟之處；其行事眼界、國際知識，亦有其時代限制。然其一意保全和局、以弭釁端，亦能調遣軍力備戰，以作後盾，已是當日中外形勢下，所能採行之較平穩之舉措；其後因外國侵略者之威逼脅迫，及清廷亟能早日委曲解決之壓力下，而致犧牲偏重，有損主權；尤以撤除天津道、府、縣三級官職一事，更遭致社會極大之譴議，其身心深受傷害。然大體而言，忠臣謀國，思慮較為深遠，苦心孤詣，亦有非局外人所能知者也。其〈覆陳津案各情片〉曰：

> 時勢雖極艱難，謀畫必須決斷。伏見道光庚子以後，辦理夷務，失在朝和夕戰，無一定之至計，遂至外患漸深，不可收拾。……津郡此案，因愚民一旦憤激，致成大變，初非臣僚有意挑釁，倘即從此動兵，則今年即能倖勝，明年彼必復來，天津即可支持，沿海勢難盡備，朝廷昭示大信，不開兵端，此實天下生民之福。……以後仍當堅持一心，曲全鄰好，以為保民之道；時時設備，以為立國之本。二者不可偏廢。〔註32〕

可知滌生於大局較具定見，有其較長遠之思慮；且於中外情勢雖未全盤掌握，而實已較一般朝官清楚；深知時局艱辛，隱患方長，國本不固，遑論其他？故亟能先行穩定情勢，保全大局，其後則加強國防實力，以為立國長久之計；而不肯鼓動民粹，孟浪將事。然其事後，亦不免因辦理過柔受責，而神明內疚不安。當時清廷為平息眾怒，故於津案未全了結前，即調其為兩江總督，

〔註32〕同註 16，卷四，頁 923。

以李鴻章爲直隸總督兼北洋大臣，總結此案。

3、再回任江督

津案之後，滌生頗以「外慚清議、內疚神明」自責，身心俱受重創。同治九年八月，兩江總督馬新貽遇刺身亡，清廷令其回任坐鎮，閏十月二十日，抱疾回抵江寧。滌生右目失明，左目昏蒙，精神衰憊，體弱多病，已如風中殘燭，然仍勉力撐持，自云「揆諸古人鞠躬盡瘁之義，一息尚存，不敢稍耽安逸」。〔註33〕政治方面，首先整理鹽政，因楚岸淮南之鹽，常爲川鹽侵佔，人民無法得利；乃與湖廣總督李瀚章商定，楚鹽與川鹽分岸行銷，各岸設招商局，各省設督銷局，於瓜州建總棧，商民稱便。教育方面，同治十年（西元 1871 年）七月三日，與李鴻章會奏，由陳蘭彬、容閎選派聰穎子弟，前赴泰西各國肄習技藝，此乃中國有留學生之始，可謂開風氣之先、影響重大之舉。爲學方面，仍勤勉不輟，晚年披讀有《閱微草堂筆記》、《資治通鑑》、《宋元學案》、《理學宗傳》及多種書籍，溫習《易經》、《論語》、《孟子》、《古文辭類纂》等書；日記則「自咸豐八年六月起，至於易簀之日，猶書前一日日記，未嘗間也」，〔註34〕可見其恒毅。

同治十一年（西元 1872 年），滌生病情益重。正月廿三日，「病肝風，左足麻木，良久乃愈」；〔註35〕二月初一之日記，自歎「精神散漫已久，凡遇應了結之件久不能完，應收拾之件久不能檢，如敗葉滿山，全無歸宿」。〔註36〕蓋自知油盡燈枯，不久於世，故於二月二日，告二子以「喪事宜遵古禮，勿用僧道」。〔註37〕四日戌時，端坐廳堂三刻而逝。

第二節　古代家書源流概述

華夏之文明起源甚早，數千年來，文化發達。中國人素重歷史精神之傳續，又重家庭關係之健全；我國之家族，各姓氏皆有完備之家譜、族譜，即爲重視歷史精神及家庭關係之表現。我國人平時即講求倫紀關係之端謹、和諧，故形成五倫以維繫社會之正常運作；而五倫中之「父子有親」、「夫婦有別」、「長幼

〔註33〕同註 16，卷四，〈恭請陛見摺〉，頁 932。

〔註34〕《年譜》，同治十一年，頁 160。

〔註35〕同註 24，卷四，頁 302。

〔註36〕《手書日記》冊六，頁 3494。

〔註37〕同註 24，卷四，頁 304。

有序」等，均屬家庭倫理之範疇，而爲吾國之家庭所無時或忘者。故居家時或有家訓維持，相別時則以家書聯繫，以維繫家庭之運作、情志之交流。

一、古代家書之價值

　　華夏自古爲重視歷史文化、道德修養之民族，先秦儒家經世致用之剛健精神、修己治人之深閎思想，更乃傳延數千年來之重大資產。《禮記・大學》云：

> 古之欲明明德於天下者，先治其國；欲治其國者，先齊其家；欲齊其家者，先脩其身；欲脩其身者，先正其心；欲正其心者，先誠其意；欲誠其意者，先致其知；致知在格物。物格而后知至，知至而后意誠，意誠而后心正，心正而后身脩，身脩而后家齊，家齊而后國治，國治而后天下平。

若此修身齊家、以家化國之淑世精神，其中脩身乃是爲人處世、經國濟民之根本，身脩而後方克齊整其家，家庭之健全維繫、和諧運轉，乃爲經綸世務之始點，其重要性可知矣。吾國古代之家庭，規模較爲龐大，素來重視人格教育、品德修養、安身立命、作人處世、思想文化等各種內蘊，蘄能約束傳家風範之建立，訓勉子孫端正人格之養成，及維繫家道之健全發展與延續，故而形成繁榮而獨特之「齊家」學問；而歷代之家書，以其豐富之思想內涵，及其重大之教養意義，即爲「齊家」之道之其中一環，深具教育及文化之價值也。

　　古人安土重遷，家庭爲重；若遇遊子離鄉背井，親情不減反增。因古代交通不便，缺乏通訊設備，無論遊子之思念家人，或家人之惦記遊子，家書遂成傳遞消息、互報平安、交流情思之首要工具，而由之獲得莫大之安慰。李紳詩曰：「開拆遠書何事喜？數行家信抵千金」。〔註38〕此爲其於他鄉接獲家信之喜悅。平日如此，若逢戰火漫天、山河破碎之亂世，能獲家書一封，則彌覺珍貴矣。杜甫詩曰：「烽火連三月，家書抵萬金」。〔註39〕於此可窺知家書在古人心中之地位。

　　又因傳統之中國，學校教育欠普及，故家庭或家族，遂成主要之教育場所，負有教導之責者即爲家長。故古來家訓之學發達，而家書每亦深具教育

〔註38〕　《李紳詩注・端州江亭得家書二首》（王旋伯注，上海古籍出版社，上海，民國74年），頁136。

〔註39〕　《杜詩錢注・春望》（錢謙益箋注，世界書局，台北，民國54年），卷九，頁206。

之功能，且較諸嚴謹固定之家訓，更具靈活之特性、機動之效力；故歷代以子弟晚輩爲對象之家書，實亦屬廣義之家訓：除交流情志、互通訊息、傳授生活常識及謀生技藝外，要以教導子弟作人之道、處世之方、爲學之法，培養正確之人生觀、堅實之學識，及陶冶高尚之品德、健全之人格爲主。茲於各代略舉一二，以見其梗概也。

二、兩漢至唐之家書

中國之家書，起源甚早。兩漢時期，漸有質量可觀、極具價值之家書名篇傳世。

西漢孔臧〈與侍中從弟安國書〉，討論今古《尚書》，勉以讚明道業；〔註40〕〈與子琳書〉，勗其子積學力行，示以「遠則尼父，近則子國」，以爲立身借鏡。〔註41〕東方朔〈誡子書〉，言處世以尚中爲明：「優哉游哉，與道相從」；「與物變化，隨時之宜」，〔註42〕頗得莊子之旨。劉向〈誡子歆書〉，引董子「弔者在門，賀者在閭」、「賀者在門，弔者在閭」之說，示其子當心存憂懼以敬事，勿以驕奢而招禍。〔註43〕東漢馬援〈誡兄子嚴、敦書〉，以「好議人長短，妄是非正法」爲戒，務須謹以擇交，勿涉浮薄。〔註44〕張奐〈誡兄子書〉，教以處世恭謙，有過知改。〔註45〕秦嘉、徐淑，夫妻情深意篤，所遺〈重報妻書〉、〈答夫秦嘉書〉、〈又報秦嘉書〉，頗見其情摯意深。〔註46〕三國王修〈戒子書〉，以「言思乃出，行詳乃動」，示接物勵己之道。〔註47〕諸葛亮〈誡子書〉，強調修身、養德，以靜、以儉；及時自勵，力學廣才，毋貽後悔；世傳「非澹泊無以明志，非寧靜無以致遠」之警言。〔註48〕

晉末詩人陶潛〈與子儼等疏〉，回顧一生之坎坷際遇，及說明其歸田之

〔註40〕《歷代名人家書》（孔臧等著，學生書局，台北，民國65年），頁1。
〔註41〕同註40，頁2。
〔註42〕同註40，頁2。
〔註43〕同註40，頁2～3。
〔註44〕同註40，頁3。
〔註45〕《歷代名人短牘》（曹鵝雛編著，正中書局，台北，民國58年），頁31。
〔註46〕《歷代書信選》（朱清華、麻守中選注，中國青年出版社，北京，民國78年），頁28～33。
〔註47〕同註45，頁56。
〔註48〕《諸葛亮文譯註》（梁玉文、李兆成、吳天畏譯註，巴蜀書社，成都，民國77年），頁187。

緣由；勉以相互團結，和睦共處，並示以古時「兄弟同居，至於沒齒」及「七世同時，家人無怨色」之例。〔註49〕又史載詩人爲彭澤令時，不以家累自隨，送一力予其子，致書曰：「汝旦夕之費，自給爲難。今遣此力，助汝薪水之勞。此亦人子也，可善遇之」。〔註50〕可想見詩人之仁厚心懷、溫摯性情，遂傳千古至文。南朝鮑照〈登大雷岸與妹書〉，描繪途中佳景，及旅途艱辛，客懷愁苦；以雄麗之筆，抒寫山川景物，寄寓胸中奇情，風格獨具。〔註51〕中唐李翱〈寄從弟正辭書〉，告以窮達有時，不足爲憂，「其所憂者何？畏吾之道未能到於古之人爾！其心既自以爲到且無謬，則吾何往而不得所樂，何必與夫時俗之人，同得失憂喜而動於心乎」？〔註52〕頗承韓愈以道爲歸、岸然獨立之氣概。此期尚有鄭玄、殷褒、姚信、羊祜、王微、雷次宗、徐勉、王筠、閻姬與宇文護母子、韋世康、薛濬、李華、李觀、元稹、舒元輿等人，均有家書名篇傳世。

三、兩宋至明之家書

兩宋以降，家書保存益多。司馬光〈訓子康書〉，詳言崇儉去奢之道，並論德由儉生，侈則惡大，而「由儉入奢易，由奢入儉難」之佳言以傳。〔註53〕歐陽修〈與十三姪書〉，本諸〈瀧岡阡表〉之仁篤，告以爲官「守廉守貧，愼行刑」之義。〔註54〕蘇軾晚歲際遇坎坷，遠竄海隅，而不易曠達之懷。其〈與千之姪書〉曰：「萬事委命，直道而行，縱以此竄逐，所獲多矣」；〔註55〕〈與元老姪孫書〉曰：「老人與過子相對，如兩苦行僧耳。然胸中亦超然自得，不改其度」。〔註56〕黃庭堅〈與益修四弟強宗書〉，謂「世間逆順境界，如寒暑晝夜必至之理」，〔註57〕要在獨立不懼，自我作主；與東坡並立天壤，具見一代詩哲風標。南宋朱陸，並爲千古大哲，朱子〈與長兒書〉，誨以修德及交友之道：居處須居敬，言語宜得當，「凡事謙恭，不得尙氣凌人，自取恥辱」；又謂「大凡敦厚忠信，

〔註49〕同註40，頁10。
〔註50〕《南史》（李延壽撰，中華書局，台北，民國55年）卷七十五，頁2上。
〔註51〕同註46，頁63～69。
〔註52〕同註40，頁24。
〔註53〕同註40，頁29～31。
〔註54〕同註40，頁32。
〔註55〕同註40，頁34。
〔註56〕同註40，頁35。
〔註57〕同註40，頁36。

能攻吾過者，益友也；其諂諛輕薄，傲慢褻狎，導人爲惡者，損友也」。〔註58〕陸子直下承擔道業，警策之語，震聾發聵，其〈與致政兄書〉曰：「君子所爲，不問其在人在己，當爲而爲，當言而言」；〔註59〕〈與姪孫濬書〉曰：「道非難知，又非難行，患人無志耳」！〔註60〕又曰：「仁者必有勇：顏子聞一日克己復禮之言，而遽能請問其目，可謂大勇矣。汝能以其隱然不可搖撓之勢，用力於此，則仁智勇三德，皆備於我，當知爲仁由己、而由人哉之言，不我欺也」。〔註61〕具見大哲壁立千仞之氣概、昂然天壤之風範。

金朝韓玉因功受忌，卒被誣害，其〈臨終遺子書〉曰：「此去冥路，吾心皓然。剛直之氣，必不下沈」，正氣懍懍，長遺兩間。〔註62〕明初薛瑄〈戒子書〉，分辨人禽，謂「人之所以異於禽獸者，倫理而已」。〔註63〕有明大哲王守仁〈寄諸弟書〉，倡改過，明本心，謂「本心之明，皎如白日，無有有過而不自知者，但患不能改耳。一念改過，當時即得本心，人孰無過？改之爲貴」。〔註64〕明季國事蜩螗，忠烈之臣率多悲壯之作、熱血之文。如盧象昇陣前〈寄訓子弟書〉，誨以「名須立而戒浮，志欲高而無妄」。〔註65〕左懋第〈自燕京寄弟書〉，自期「不幸而有意外之加，則惟有一死以報君命，效宋之文天祥作地下遊，留正氣於千古耳」。〔註66〕瞿式耜〈寄子書〉之言其發願及其大效：「若世界不翻轉，吾誓不還鄉，且支撐過去，以待他日仍湊榮歸之數，不亦可乎？兩三年中，生死久已置於度外，學問大進，骨力愈矯，膽氣愈雄，即文筆亦滔滔滾滾，愈有波瀾」。〔註67〕此外如支大綸、楊繼盛、史桂芬、夏完淳、史可法、黃道周、鄭成功等人，類多正氣之作、感人之章。

四、清代之家書

清世距今未遠，書籍保存爲多。舉凡學者、哲人、文士、詩家、書畫家、

〔註58〕同註40，頁38。
〔註59〕同註40，頁40。
〔註60〕同註40，頁43。
〔註61〕同註40，頁45。
〔註62〕同註40，頁46。
〔註63〕同註40，頁47。
〔註64〕《王陽明全集》（王守仁撰，上海古籍出版社，上海，民95年），頁172。
〔註65〕同註40，頁65。
〔註66〕同註40，頁65。
〔註67〕同註40，頁88。

小學家、賢臣、名將，俱有質量可觀之作傳世。明清之際，如大學者顧亭林〈與公肅甥書〉，言為官宜持「以道事君、不可則止」之原則（按：見《論語‧衛靈公》），實與其目睹民不聊生、當權者橫行鄉里有關，故謂欲正朝廷以正百官，宜以激濁揚清為首務，具見其正直無私之人格、憂國哀民之思想；其所言至今仍懍懍有生氣，可資在位者之警惕。又其〈與三甥書〉，言晚年定居陝西華陰之故，欲為行「天下大事」擇一可進可退之形勝之地，其中深入述及當地風土人情、物產及險要形勢，足見其不思故鄉、謀復明室之志，可謂「烈士暮年、壯心不已」。大哲王夫之尚立志，重孝友，警嗜欲，其曰：「立志之始，在脫習氣。習氣薰人，不醪而醉，其始無端，其終無謂。袖中揮拳，針尖競利，狂在須臾，九牛莫制，豈有丈夫，忍以身試」？〔註68〕立志之要，在力去庸俗習氣，而以俗人為針尖小利爭競鬥毆者為戒鑑。又〈授攷書〉曰：「先人孝友之風墜，則家必不長」。〔註69〕〈與幼重姪書〉曰：「莊子曰：其嗜欲深者，其天機淺。一切皆是嗜欲，非但聲色臭味也」。〔註70〕均見其護持家道之心、勉勵子姪之情。李顒〈寄子書〉，欲以死明不臣之志曰：「不意為虛名所累，繪弋屢及，倘見逼不已，惟有一死」。〔註71〕蓋與朱舜水、傅青主、顧亭林之以死相辭，絕不仕清廷，同其冰心皎志也。

　　陸隴其〈與三兒宸徵書〉，揭以主一無適之敬字工夫，示以應事及為學之道曰：「當應事時，則一心在事上；當讀書時，則一心在書上。自不患其相妨。不可怠惰，亦不可過勞，須要得中」。〔註72〕陳宏謀〈寄四姪鍾燦書〉，以力戒浮華、處處學問為教，其言曰：「天下惟誠樸為可久耳。吾家世守寒素，豈可忘本？讀書見客，事事檢點，即學問也」。〔註73〕鄭燮身居官場，不易本色，仁厚為懷，明理豁達。其〈與弟書〉曰：「愚兄為秀才時，檢家中舊書簏，得前代家奴契卷，即於燈下焚去，並不返諸其人，恐明與之，反多一番形迹，增一番愧惡。自我用人，從不書券，合則留，不合則去」。〔註74〕又曰：「以人為可愛，而我亦可愛矣。以人為可惡，而我亦可惡矣。東坡一生，覺得世

〔註68〕《薑齋文集》（王夫之撰，三民書局，台北，民國87年），頁230。
〔註69〕同註68，頁448。
〔註70〕同註68，頁228。
〔註71〕同註40，頁99。
〔註72〕同註40，頁106。
〔註73〕同註40，頁113。
〔註74〕《鄭板橋家書評點》（鄭燮撰，嶽麓書社，長沙，民國93年），頁2。

上沒有不好的人，最是他好處。……人有一才一技之長，一行一言之美，未嘗不嘖嘖稱道」。〔註75〕復言治學之道，務須踏實深入，方能有得，警策深切，發人深省，其言曰：「讀書以過目成誦爲能，最是不濟事，眼中了了，心下匆匆。……千古過目成誦，孰有如孔子者乎？讀《易》至韋編三絕，不知翻閱過幾千百遍來。微言精義，愈探愈出，愈研愈入，愈往而不知其所窮。雖生知安行之聖，不廢困勉下學之功也」。〔註76〕自清初至清末，其他重臣佳作、名家宏篇，不勝枚舉矣。

以上略述二千年來家書之源流。由於家書之對象爲至親家人，目標明確，或敘事，或議論，或互通消息，交流思想感情，大皆有爲而發，情感直率眞實，言之有物；且不拘形式，文隨心意，行所當行，止所當止，自由活潑。以致書之對象而言，可略分爲二類：一曰家書類，可以長輩或平輩分之，前者如稟祖父母、稟父母、稟叔伯父母、稟舅姑父母、稟岳父母等均是，後者如致兄弟姊妹、堂表兄弟姊妹及夫妻往還書函均是。二曰家訓類，包含子孫姪甥；因對象爲晚輩，常寓督勉訓誡之意，故或名之曰家訓；實亦爲家書之一類。

就家書之文體言之，大皆以散文爲主要之形式。或有以駢文爲之者，如鮑照之〈登大雷岸與妹書〉。或有以詩詞代書者，如秦嘉之〈贈婦詩〉，鮑令暉之〈古意贈今人〉，杜甫之〈宗武生日〉、〈又示宗武〉，白居易之〈江南送北客因憑寄徐州兄弟書〉，李商隱之〈夜雨寄北〉，蘇軾之〈辛丑十一月十九日，既與子由別於鄭州西門之外，馬上賦詩一篇寄之〉、〈沁園春〉（赴密州早行馬上寄子由）〉，陸游之〈示子遹〉及〈漁家傲〉（寄仲高），王夫之〈示姪孫生蕃〉等均是，亦具書信之功能。然就一般之抒情、敘事、議論而言，究以散文之形式稱便也。

五、曾國藩家書之刊本

清道光至同治間，湘鄉曾國藩以篤厚之情意，通暢之文字，練達之閱歷，懇摯之態度，深遠之器識，通達之學問，發而爲一篇篇家書，保存近一千五百通之多，其數量之大，涵蓋之廣，內涵之富，影響之遠，允稱千古罕有矣。滌生本有意編撰家訓以傳家，其事未果；然其本人之家書，實深具家訓之性質，且能脫離《顏氏家訓》以降專著家訓之附庸地位，以散文書信體而獨立

〔註75〕同註74，頁17～18。
〔註76〕同註40，頁37。

於世，擺脫說教之窠臼、嚴肅之面貌，內容多元，思想務實，形式活潑，影響更見廣大；近代書信體家訓，尚有其他傳世之作，如《林則徐家書》、《左宗棠家書》、《胡林翼家書》、《彭玉麟家書》、《李鴻章家書》、《張之洞家書》、《嚴復家書》、《梁啓超家書》、《傅雷家書》等，皆較親切懇摯，能與時代接軌，可資探究近代家庭教育、思想風潮之參酌也。

曾國藩家書之印行，初刊於其死後七年，即光緒五年，由長沙傳忠書局刊行，共收有家書七百七十四封，雖非滌生家書之全部，然因乃過去傳世通行之唯一版本，至今仍有保存、參考之價值；台北文海出版社於民國六十三年影印行世，嘉惠士林。此間世界書局出版之《曾文正公全集》，收有家書七卷三百十八封，家訓一卷一百二十封，共計四百三十八封。世界版之家書本，即以傳忠書局原刻本為底本，稍予節略、修正，分類重編，並加以斷句、分段。民國七十五年，台北黎明文化事業公司刊行《曾國藩家書》四冊，共收一千四百五十一封；同年（西元 1986 年），湖南省嶽麓書社刊行《曾國藩全集·家書》二冊，共收一千四百五十九封。此二版本，均未區分家書、家訓，而按寫作之時間先後排列。嶽麓版家書，乃薈聚存世所見資料，重行訂勘，明其出處，書後並附人名及內容分類索引，頗便於研究，乃目前較完整之版本；若能合以《曾氏三代家書》、《鍾叔河評點曾國藩家書》（曾國藩往來家書全編。計收曾國藩家書一千五百六十封）二書，對照研析，則於曾氏家族成員之互動情狀、生活概況、齊家大略、思想歸趨、處世理念等端，更見其明確周延而不失頭緒矣。

第二章　曾國藩家書與治學觀

　　曾國藩自稱：「僕早不自立，自庚子以來，稍事學問」。〔註1〕庚子即道光二十年，滌生時已三十，始正式從事學問之研究。蓋其生逢帝制末期，身處湖南之鄉野，經歷長期寒窗，專爲考試而苦讀，故無暇過問世務，亦未識學問之門徑。逮至科舉成名，供職人文薈萃之京師，眼界漸開，復得與師友切磋琢磨，力學苦索，漸知爲學之方法與標的，始步入學術研究之領域；而時值世變日亟，國事不寧，故亦漸留心時事，注意實務。凡此皆使其立定宏志，困知勉行，趨向經世致用之學，逐漸眼光闊大，識解深入，而成其較爲務實、較具系統之治學觀。本章計分三節，以述其治學之目的、方法與規模。

第一節　治學目的

　　清廷以異族入主中原、統治中國，猜疑甚重，防範綦嚴；其對學術之禁錮及士人之摧殘，歷代爲最，清初文字之獄迭興，株連之禍極慘，士人被迫趨向故紙堆中求生避禍，從事考據訓詁之學，遂置國計民生、社會現實於書齋之外。歷代之科舉取士，本爲皇家盡令英雄頭白之長計，至清時更變本加厲：一則以功名之虛榮，腐蝕士人之銳氣，二則以嚴試文章之程式，銷損士人之性靈；前者即以進士授予官制，後者即爲八股程式之加嚴。故易令士人欠缺閎放高遠之志，惟知隔絕塵世，閉戶讀書，書本之外無學問，文字之外無世界；對政治之良窳，天下之興亡，國族之安危，社會之淳薄，不敢過問，不知過問，亦無能過問矣。

〔註1〕　《曾國藩全集‧書信‧致劉蓉》，頁5。

一、格物誠意、能知能行

　　曾國藩早期亦埋首科舉，逮其步入仕途，始放觀外在世界、接觸現實問題，而漸知有清學風之空洞無實，士人之麻木昏昧。蓋因欠缺明確之治學目的，自亦難具不凡之抱負、正大之理想、卓越之見解；學不能致用，則於己無益、於世無補也。道光二十三年六月六日致澄弟沅弟季弟書曰：

> 今人都將學字看錯了。若細讀〈賢賢易色〉一章，則絕大學問即在家庭日用之間。於孝弟兩字上盡一分便是一分學，盡十分便是十分學。今人讀書皆爲科名起見，於孝弟倫紀之大，反似與書不相關。殊不知書上所載的，作文時所代聖賢說的，無非要明白這個道理。若果事事做得，即筆下說不出何妨！若事事不能做，并有虧於倫紀之大，即文章說得好，亦只算個名教中之罪人。

所謂學，即能將書中聖賢所言之理，履踐於家庭日用之間，使全家和樂融融、共同成長；而非言行相違，能知而不能行，或不問世事，惟知終日閉戶與書爲伍之謂。人人能盡心孝悌，而使倫紀健全，家庭和洽，即是學也。《論語・學而》記子夏之言曰：

> 賢賢易色；事父母能竭其力；事君能致其身；與朋友交，言而有信。
> 雖曰未學，吾必謂之學矣。

宋翔鳳《樸學齋札記》曰：「陽湖劉申受謂賢賢易色，明夫婦之倫也」。〔註2〕夫「事父母能竭其力」，乃明父子之倫；「事君能致其身」，乃明君臣之倫；「與朋友交，言而有信」，乃明朋友之倫；復加「長幼有序」一倫，則人倫之道備矣。《孟子・滕文公上》亦曰：「學則三代共之，皆所以明人倫也」。滌生之釋「學」，實遙契先秦儒家之旨也。道光二十二年九月十八日致諸弟書曰：

> 吾輩讀書，只有兩事：一者進德之事，講求乎誠正修齊之道，以圖無忝所生；一者修業之事，操習乎記誦詞章之術，以圖自衛其身。

三代之時，社會淳樸，人事簡單，教以明人倫，盡孝悌，即得學之大旨矣。後世社會日漸龐雜，人事紛紜，學術多方，故學之範圍亦隨之擴大，然要以人倫孝悌爲大本。夫講求誠正修齊之道，操習記誦詞章之術，德術駢進、內外兼顧，修身治人、成己輔物，實能因應時勢變化之需要，亦可光大華夏文化之精神也。

〔註2〕　《論語集釋》（程樹德撰，藝文印書館，台北，民國54年），頁28。

　　《大學》修己治人之教，有三綱八目之說，滌生則將治學之目的，初步整合爲格物、誠意二端，加以融通互用，以之涵蓋修己治人之道，貫徹知行合一之旨。道光二十二年十月廿六日致諸弟書曰：

　　　　蓋人不讀書則已，亦即自名曰讀書人，則必從事於《大學》。《大學》之綱領有三：明德、新民、止至善，皆我分內事也。若讀書不能體貼到身上去，謂此三項與我身毫不相涉，則讀書何用？雖使能文能詩，博雅自詡，亦只算得識字之牧豬奴耳！豈得謂之明理有用之人也乎？……若以明德、新民爲分外事，則雖能文能詩，而於修己治人之道實茫然不講，朝廷用此等人作官，與用牧豬奴作官何以異哉？然則既自名爲讀書人，則《大學》之綱領，皆己身切要之事明矣。其條目有八，自我觀之，其致功之處，則僅二者而已：曰格物，曰誠意。格物，致知之事也；誠意，力行之事也。物者何？即所謂本末之物也。身、心、意、知、家、國、天下皆物也，天地萬物皆物也，日用常行之事皆物也。格者，即物而窮其理也。如事親定省，物也；究其所以當定省之理，即格物也。事兄隨行，物也；究其所以當隨行之理，即格物也。吾心，物也；究其存心之理，又博究其省察涵養以存心之理，即格物也。吾身，物也；究其敬身之理，又博究其立齊坐尸以敬身之理，即格物也。每日所看之書，句句皆物也；切己體察，窮究其理，即格物也。此致知之事也。所謂誠意者，即其所知而力行之，是不欺也。知一句便行一句，此力行之事也。
　　　　此二者并進，下學在此，上達亦在此。

讀書固屬學問之事，然行止坐臥，作人處世，莫不有學問體現其中，故貴能融治學與待人接物、經綸世務而爲一，始可落實爲有用之學，於事有濟，於世有益也。所謂格物，即「致知之事」；格者，「即物而窮其理」；物者，「即所謂本末之事也」，其範圍至廣，天地萬物、日用常行之事皆屬之。故格物者，涵括自淑淑人、立身行世之全體大用，事事皆探究其所以然，皆要求其切合實際，獲致成效。若居家國天下，則使人民各安其所，近悅遠來，人饑己饑，人溺己溺，將家國天下視爲己分內事，戮力以赴；推而至於爲農爲圃爲工爲商，各行各業，皆能各思慎其職而敬其事，此即格物之事也。所謂誠意，乃「力行之事」，不欺不詒，就其所知全力以行之，毫不遲疑，毫無間斷，以底於成。故知格物與誠意，乃知行合一之義，能知能行，即爲眞學問、眞事業。

蓋冶《大學》修、齊、治、平之道於一爐，而頗爲簡當明切、易知能行也。滌生治學之精於思索、善作歸納者，於此已可見其梗概也。

滌生於治學目的之平正見解與明確掌握，頗見其對先秦儒學之深入探究，既能絪合典籍之精神及實務之需要，亦且顯示其重實踐、重倫常之特性。具見其早歲即已善能苦思力索，故於治學有其獨到之見識也。而當時頗多士人心中，「讀書皆爲科名起見」，則彼之所謂學問，勢將目光陋隘，嚴重脫離現實，與滌生所見，宜判若天壤也。

二、一衷於禮、經世致用

經世致用，乃我國優秀儒者之共同抱負，自先秦至清季，代不乏人。尤以遭逢亂世之際，更思尋覓解難紓困之方，救亡圖存之策。先秦孔、孟、荀諸聖哲固爲如此，而明末顧（炎武）、黃（宗羲）、王（夫之）、顏（元）等大儒亦莫不皆然，如顧炎武即云：

> 君子之爲學，以明道也，以救世也。〔註3〕

滌生生平最重亭林之學行，故稱：

> 我國學者，以顧亭林爲宗；國史儒林傳，褒然冠首。吾讀其書，言
> 及禮俗教化，則毅然有守先待後、舍我其誰之志，何其壯也！〔註4〕

又日記載其須爛熟之十書，即有「經濟之學，吾之從事者，二書焉，曰：《會典》，曰：《皇朝經世文編》」。〔註5〕入京任官後，目睹世衰民困、世變日亟，乃益留心國事，深知經世之學之重要。《年譜》曰：「公少時器宇卓犖，不隨流俗。既入詞垣，遂毅然有效法前賢，澄清天下之志」，〔註6〕故而「詳覽前史，求經世之學」；〔註7〕升任內閣學士後，更「於朝章國故，如《會典》、《通禮》諸書，尤所究心」；〔註8〕「其在工部，尤究心方輿之學，左圖右書，鉤校不倦，於山川險要、河漕水利諸大政，詳求折中」；〔註9〕四十一歲任職刑

〔註3〕 《顧亭林文集・與人書二十五》（顧炎武撰，三民書局，台北，民國89年），頁411。

〔註4〕 《詩文・聖哲畫像記》，頁250。

〔註5〕 《曾文正公全集・日記・問學》（世界書局），頁6。

〔註6〕 《曾文正公全集・年譜》（世界書局），道光十八年，頁3。

〔註7〕 《年譜》，道光二十一年，頁5。

〔註8〕 《年譜》，道光二十八年，頁8。

〔註9〕 《年譜》，道光三十年，頁10。

部，「於經世之務，及在朝掌故，分彙記錄，凡十有八門」。〔註10〕凡此皆見其頗留心根本之學、經世之務。歷經長期之研析探究，滌生總結其義曰：「古人無云經濟之學、治世之術，壹衷於禮而已」；〔註11〕又曰：「古之學者，無所謂經世之術也，學禮焉而已」；〔註12〕又曰：「先王之道，所謂修己治人，經緯萬彙者，何歸乎？亦曰禮而已矣」〔註13〕故經世之學即禮學也。禮之目的即在經世，經世必藉由研究及發抒經典之深旨，始可得其本、顯其效，滌生治學之目的即在此。

滌生思想之本源，要以受傳統淑世精神之影響為主，亦與受湖湘經世學風之薰陶相關；自其正式治學之未久，即已確立其關注國計民生、重視經世致用之旨趣，實不外於湖湘學風以義理、經濟為主之精神也。乾嘉以降，漢學考據之風盛行一時，為當日學術之主流，然於湖南學界之影響極微，其學人均以程朱理學為宗，且注重經世致用，探討有用之學、關懷社會民生，當時如嚴如熤、魏源、賀長齡、陶澍等，皆為經世派之學者、大員，影響湘省學風極大。魏源《皇朝經世文編》刊行後，三湘學人均誦習成風、有用世之志，即為滌生研讀之重要書籍之一。其餘學人如王文清、羅典、歐陽厚鈞、鄧顯鶴、賀熙齡、唐鑒等，亦均既宗程朱理學，復重經世致用者；滌生求學嶽麓書院時，歐陽厚鈞即以堅定德性、明習時務為施教方針，既重義理教育，復非空談心性，其他如左宗棠、胡林翼、郭嵩燾、劉蓉諸賢，亦皆出其門下。在書院時，滌生雖學未定型，然必已略受薰蒸；其於三十餘歲時，即已確立為治學之重大旨趣，實非無因也；而湖湘之學風所具三大主軸：即性理哲學、經世致用、躬行實踐，亦皆為其平生之所繼承、踐履、發揚焉。中晚年時期，滌生學養益加深閎，湖湘之學之精神，亦已融攝於其經世之禮學中。

禮之義深矣、大矣，乃涵蓋身心內外之道，舉凡世間萬事，皆有禮意存焉。近代大儒錢穆曾抒其義曰：

> 禮者，體也。主於中屬於內者為心，見於外則為體。故禮必隨時隨地隨事而有變。心則一，無變。然必合內外乃成體，乃為一，而必多變，而變必歸於一。故孔子之教，可謂之禮教。中國之政治，亦可謂之禮

〔註10〕《年譜》，咸豐元年，頁12。
〔註11〕《年譜》，道光二十八年，頁8。
〔註12〕《詩文・孫芝房侍講芻論序》，頁256。
〔註13〕《詩文・聖哲畫像記》，頁250。

治。即中國之文學，亦必有禮之意義存其間。禮即此人文大體。

中國古代政教合一，居上位者負有化民成俗之大任，故錢氏復申其義曰：

> 禮之外貌在敬，而禮之內涵則在教，寓教於敬，從人心所歡處誘之
> 教之，是則中國之禮意。此之謂政教合。

禮之內涵蓋世間萬事，非僅政治而已；而修飭己身、重視德行，乃自天子以
至庶民皆所當務，故一切之人皆當以修身爲根本，皆當自爲人之道始，爲人
之道乃通於爲君之道、治人之道者也；此即儒家政治思想之精義。錢氏曰：

> 中國重禮治，一切人事皆重禮，政治只其一端。爲君爲臣爲民同爲
> 人，斯君道臣道民道同一道。大學之道，即在教人以爲人之道，即
> 上通於爲君之道，故曰：自天子至於庶人，一是皆以修身爲本。治
> 道即人道。……中國傳統政治之主要精神乃在此。〔註14〕

可知禮之內涵之深厚、精神之閎遠，實爲吾國數千年文化之重心，舉凡作人、
處世、教育、文化、政治、文學、生活、藝術等等，皆未能離於禮者也。滌
生飽讀經史、關注實務、善於思索、有意用世，宜其將禮學歸結爲修己治人、
輔世濟時之根本之學也。

滌生言經世之學，壹衷於禮，實承繼吾國文化博大、務實之精神也。《大
學》於大人之學（按，朱子云：「大學者，大人之學也」），素有三綱八目之明
確系統，而滌生對其中「格物」、「誠意」二目之特予重視與詳加闡析者，蓋
以此涵蓋三綱八目之精義，非爲獨立其外或刻意之簡化者也：實已含攝下學
上達、修己治人之道，亦能直承先秦儒家剛健恢閎、積極淑世之精神者也。
滌生爲踐履先王要道、聖賢精神，並致力經世濟民、救弊扶衰故，乃將經世
致用之思想，與治學之目的相綰結：即治學務求落實、有用，既宜明其義理
之所在；更當實踐力行，以之自立立人、自達達人，輔時濟民、經世致用；
此即其「格物」、「誠意」並重，知行合一之治學旨趣也。

第二節　治學津逮

曾國藩爲官後，長年在外，雖在戎馬倥傯之間，政務繁劇之際，仍勤於
讀書研究，並時以親身之經驗，授其朋僚生徒、諸弟子侄，其所揭示之治學

〔註14〕以上三段引文，出於《現代中國學術論衡》（錢穆撰，東大圖書公司，台北，
民國79年），頁17及頁191～192。

方法，親切樸實，頗可供治學者之參考。夫治學乃終身之事，若欲於學問上獲致成效，必先講求方法；方法確切可行，則學者之目標明顯、途徑清晰，易於著力，而不致茫無所措，一味瞎摸硬碰，徒費光陰與精力，難以致效也。由於滌生凡事皆求盡其在我、明其所以然，其治學經驗，乃由不斷苦思、實踐而來，頗可資借鑒者如下：

一、有志有識有恒

　　滌生於治學之道，首揭「三有」之說，道光二十二年十二月二十日致諸弟書曰：

> 士人讀書，第一要有志，第二要有識，第三要有恒。有志則斷不甘為下流；有識則知學問無盡，不敢以一得自足，如河伯之觀海，如井蛙之窺天，皆無識者也；有恒則斷無不成之事。此三者缺一不可。

其中之「有識」，固為治學有得之要素，然因其有待乎長期之培養鍛冶，不可驟幾也。故滌生於治學之入手工夫處，特重有志、有恒二事。治學貴有志，足見其入手處，即已眼光遠大；有恒其事雖不易，然欲所學深入，學術有成，又非其不可也。故自早年以迄晚歲，滌生均以有志、有恒自惕勉人。

　　滌生晚年於〈勸學篇示直隸士子〉文中，揭示為學之道曰：「立志以植基」，「以立志為本」，「志之所向，金石為開，誰能禦之」？〔註15〕亦以立志為治學之大本。「有志」者心有存主、有定向，則易安於所學，意氣沈穩，奮前不已，故「不甘為下流」。滌生所言之「志」，乃正大堅卓之志，其日記曾曰：「讀書之志，須以困勉之功，志大人之學」。〔註16〕道光二十三年正月十七日致諸弟曰：

> 讀經、讀史、讀專集、講義理之學，此有志者萬不可易者也。聖人復起，必從吾言矣。然此亦僅為大志者言之。若夫為科名之學，則要讀四書文，讀試帖、律賦，頭緒甚多。

「志大人之學」與從事「科名之學」，其間之異則不啻天壤之別。故為學之初，務須立堅卓、正大之志，至於遂志與否，盡人事而聽天命，得志則行其道於民，不得志則修身立於世；無論在朝在野，皆可致力於正人心而端風俗，此方為士人大事，治學正途。故人之才幹雖殊，要不可不立志；立志，則自立閎遠之志始。同治元年四月廿四日諭紀澤紀鴻書曰：

〔註15〕《曾國藩全集‧雜著》，頁443。
〔註16〕《日記‧問學》，頁1。

人之氣質，由於天生，本難改變，惟讀書則可變化氣質。……欲求
變之之法，總須先立堅卓之志。

若能立志，即使氣質駁雜，亦可藉讀書而變化之。故有志者希聖希賢，書中
聖賢之言，皆吾之言；書中之事，皆份內事，「早夜以思，去其不如舜、不如
周公者，而求其所以為舜、為周公者」，〔註17〕行住坐臥，不忘己志，朝乾夕
惕，奮勉不懈，方不失為有志之士也。

立志固屬緊要，然能否力踐己志，則更屬關鍵。立志後如或作或輟，時
停時續，一暴十寒，怠惰遲疑，則與無志者何異？故務須念茲在茲，秉持所
志，「毋望其速成，毋誘於勢利」，〔註18〕真積力久，終遂其志。故滌生極重
「有恒」之工夫。恒心出自決心，有決心者，將其所志貫徹到底，終生不易，
即恒毅之士也。故志之真確與否、能踐履與否，端視乎有無恒心以為斷也。
道光二十四年十一月廿一日致諸弟書曰：

欲別立課程，多講規條，使諸弟遵而行之，又恐諸弟習見而生厭心；
欲默默而不言，又非長兄督責之道。是以往年常示諸弟以課程，近
來則只教以有恒二字。

治學之有無成就，不在廣立課程，且以種種規條繩縛之；貴在有恒而已耳。
同信又曰：

學問之道無窮，而總以有恒為主。兄往年極無恒，近年略好，而猶
未純熟。自七月初一起，至今則無一日間斷。每日臨帖百字，鈔書
百字，看書少亦須滿二十頁，多則不論。……雖極忙，亦須了本日
功課，不以昨日躭擱而今日補做，不以明日有事而今日預做。

「有恒」之原則，即今日事，今日畢，不補做，不預做；讀書「只要有恒，
不必貪多」（道光二十八年五月十日致澄弟沅弟季弟書），「但每日有常，自有
進境，萬不可厭常喜新，此書未完，忽換彼書耳」（咸豐元年十月十二日致諸
弟書）。

滌生或以有常一語，為勉人自立自達之首務也。同治元年四月四日諭紀
澤書曰：

人生惟有常是第一美德。余早年於作字一道，亦嘗苦思力索，終無

〔註17〕《韓昌黎文集校注・原毀》（馬其昶校注，漢京文化事業公司，台北，民國74
年）卷一，頁13。
〔註18〕同註17，卷三〈答李翊書〉，頁98。

所成。近日朝朝摹寫，久不間斷，遂覺月異而歲不同。可見年無分老少，事無分難易，但行之有恆，自如種樹養畜，日見其大而不覺耳。爾短處在言語欠鈍訥，舉止欠端重，看書能深入而作文不能峥嶸。若能從此三事上下一番苦工，進之以猛，持之以恆，不過一二年，自爾精進而不覺。言語遲鈍，舉止端重，則德進矣。作文有峥嶸雄快之氣，則業進矣。

行事有常，即有恆也；因其平常、平實，故凡人皆能行之，然亦最難行之，蓋難於守常也、難於持之久遠也。此以有常為人生第一美德，藥其長子三事之病；其函中所指示者，蓋可歸納為進德修業二端，亦屬廣義之學矣。滌生以其親身之體驗，勉子以有恆，於德業之不足處痛下苦工，即以厚重進德、以陽剛藥弱，如能進之以猛、持之以恆，則一二年即能奏其效也。足見其知子之深刻、喻子之確切也。

　　滌生之言治學，以「有恒」輔以「有志」，困知勉行，貫徹始終，則不患識之不立、學之無成矣。

二、看讀寫作並進

　　滌生之治學方法，最為具體者，乃看、讀、寫、作四者並進。咸豐八年七月廿一日諭紀澤書曰：

> 讀書之法，看、讀、寫、作四者，每日不可缺一。看者，如爾去年看《史記》、《漢書》、韓文、《近思錄》，今年看《周易折中》之類是也。讀者如《四書》、《詩》、《書》、《左傳》諸經、《昭明文選》、李杜韓蘇之詩、韓歐曾王之文，非高聲朗誦，則不能得其雄偉之概；非密咏恬吟，則不能探其深遠之韻。譬之富家居積，看書則在外貿易，獲利三倍者也；讀書則在家慎守，不輕花費者也。譬之兵家戰爭，看書則攻城略地，開拓土宇者也；讀書則深溝堅壘，得地能守者也。看書與子夏之「日知所亡」相近；讀書與「無忘所能」相近。二者不可偏廢。至於寫字，真行篆隸，爾頗好之，切不可間斷一日。既要求好，又要求快。余生平因作字遲鈍，吃虧不少。爾須力求敏捷，每日能作楷書一萬則幾矣。至於作諸文，亦宜在二三十歲立定規模，過三十後，則長進極難。……少年不可怕醜，須有狂者進取之趣，這時不試為之，則後此彌不肯為矣。

此將看、讀二者之作用及其施行之道，詳爲指示；並就寫、作二者，以自身寫字吃虧之經驗，與作文務必及時立定規模之體會，親切道出。同治十年十月廿三日致澄弟沅弟書曰：

> 又曾以爲學四字勗兒輩：一曰看生書宜求速，不多閱則太陋；一曰溫舊書宜求熟，不背誦則易忘；一曰習字宜有恒，不善寫則如身之無衣，山之無木；一曰作文宜苦思，不善作則如人之啞不能言，馬之跛不能行。四者缺一不可。蓋閱歷一生，而深知之、深悔之者，今亦望家中諸侄力行之。

此爲晚年所言，對象不同，而所論大旨略同，卻倍顯簡切。其與友人論學，亦申其義曰：

> 吾意學者於看、讀、寫、作四者，缺一不可。看者涉獵宜多宜速；讀者，諷詠宜熟宜專。看者，「日知其所亡」；讀者，「月無忘其所能」。看者如商賈趨利，聞風即往，但求其多；讀者如富人積錢，日夜摩挲，但求其久。看者如攻城拓地，讀者如守土防隘。二者截然兩事，不可闕亦不可混。至寫字不多則不熟，不熟則不速。無論何事，均不能敏以圖功。至作文則所以淪此心之靈機也。心常用則活，不用則窒；如泉在地，不鑿汲則不得甘醴；如玉在璞，不切磋則不成令器。今古名人，雖韓歐之文章，范韓之事業，程朱之道術，斷無久不作文之理。張子云：「心有所開，即便札記，不思則還塞之矣」。小兒於每三八課期，敬求先生督令作文。〔註19〕

其中除寫字一項，今日已不通行毛筆外，其餘三項均屬治學之要務，而其所言亦足資今日治學之參酌也。

　　滌生將看書、讀書截分爲二事。看書宜求速、求博，庶免於陋；讀書宜求熟、求精，以致其久；惟速能臻博大，惟熟可致專精。看者，能攻者也；讀者，能守者也。治學須先爛熟若干重要經典於胸中，俟後涉獵群書，則可駕輕就熟，易於以簡馭繁矣。至於作文，則不外一鼓作氣，苦思勤作，於年青時立下規模。不作則心思窒塞而不靈；當趁精力旺盛之際，於各體一一講求練習，宜苦思猛進，不避醜陋，務在三十歲前奠立其規模也。治學之看讀寫書四端並重，爲滌生由少至老，諄諄教誨其子弟、友生者也。

〔註19〕《三名臣書牘・覆鄧寅皆》卷一，頁75。

三、專精一業、專攻一學

　　治學已奠立初步之根基，復須進而專精一業，專攻一學，學問方有進境，以為獲致一定成就之資。因人生惟數十寒暑，面對浩如煙海之典籍，學術之途復繁雜多端，故須於廣博之基礎上專精一門，深入鑽研，其於〈聖哲畫像記〉一文中，力陳治學散心泛騖之病，要在慎擇典籍以專攻之，方有下手處，方有得力處；故其教子弟，總以專精為主。道光二十一年八月三日稟父書曰：

> 四弟、六弟考試，不知如何？得不足喜，失不足憂，總以發憤讀書為主。……溫經須先窮一經。一經通後，再治他經，切不可兼營并騖，一無所得。

此其於治學之始，即已堅定其「專」字訣之治學理念。道光二十二年九月十八日致諸弟書曰：

> 求業之精，別無他法，曰專而已矣。諺曰：「藝多不養身」，謂不專也。吾掘井多而無泉可飲，不專之咎也。諸弟總須力圖專業。……若志在窮經，則須專守一經；志在作制義，則須專看一家文稿；志在作古文，則須專看一家文集。作各體詩亦然，作試帖亦然，萬不可以兼營并騖，兼營則必一無所能矣。……凡專一業之人，必有心得，亦必有疑義。

欲學有所成，最忌兼營并騖，分散精力，學殖薄淺，則於學問之精深處，必將難以契入也。道光二十三年正月十七日致諸弟書曰：

> 讀書之道，有必不可易者數端：窮經必專一經，不可泛騖。讀經以研尋義理為本，考據名物為末。讀經有一耐字訣：一句不通，不看下句；今日不通，明日再讀；今年不精，明年再讀。此所謂耐也。讀史之法，莫妙於設身處地，每看一處，如我便與當時之人酬酢笑語於其間。不必人人皆能記也，但記一人，則恍如接其人；不必事事皆能記也，但記一事，則恍如親其事。經以窮理，史以考事。舍此二者，更別無學矣。……吾以為欲讀經史，但當研究義理，則心一而不紛。是故經則專守一經，史則專熟一代，讀經史則專主義理。此皆守約之道，確乎不可易者也。若夫經史而外，諸子百家，汗牛充棟。或欲閱之，但當讀一人之專集，不當東翻西閱。如讀昌黎集，則目之所見，耳之所聞，無非昌黎。以為天地間，除昌黎集而外，更別無書也。此一集未讀完，斷斷不換他集，亦專字訣也。

貪多務得，泛泛讀之，必因難以領略，而一無所得，此即「掘井多而無泉可飲」，常人治學之始，每易患此病，因乏中心之目標及明確之門徑，而致漫無邊際，雜亂無主，所閱再多，終難有精深之心得，終生亦難有專長之業也。滌生之所謂專一經、專一史、專一家文集，非是教人專守一書之外，不閱他書；實則其常主多閱群書，以免太陋。此所謂專，乃指精益求精，不可一知半解，須先將一經、一史、一集精通爛熟，甚或終生以之為研究之主軸，如此方能得其精蘊，建立專業，而得真受用也。

　　滌生之所謂「專」，包含二義：一曰專業，一曰專心。專業即專攻一門而不泛騖，「經則專攻一經，史則專熟一代」，集則「讀一人之專集，不當東翻西閱」，均謂之專；而須以研尋義理為本，考證名物為末。能專業，能致其精，始有成果，「如練兵然，必練成可以赴湯火、蹈白刃者，始謂之精」。〔註20〕專而致精，即治學有得之效也。所謂專心，即以全副精神，所有心思，均專注於一書之上，念茲在茲，不紛不擾，不浮不躁，絕不見異思遷，「如讀昌黎集，則目之所見，耳之所聞，無非昌黎。以為天地間，除昌黎集而外，更別無書」。此即莊子所云：「用志不分，乃凝於神」（《莊子‧達生》）。專心致志，聚精會神，「一部未完，不可換他部，此萬萬不易之道」（道光二十四年三月十日致溫弟沅弟書）。滌生「此項見解，至老不變，實與當時博雅考訂之學，絕然異趣」。〔註21〕此即「專而約」之讀書方法，然其注意者則為「身心國家大道理」（道光二十二年九月十八日致諸弟書），而求能與書中之理相縮結、相發明也；學能專精，又能博大，亦即「約」而能「大」、「博」能返「約」，基礎穩固，復有專精，故既有裨於其將來事業之開展，又促成其治學成效之堅實深入也。

　　在「專」字訣之外，復以「耐」字訣輔之。為學時若逢遇難關，即逕加放棄，則永難有成矣。凡重要之典籍，其內容必有若干困難，力加克服、打通關節之後，方能繼續前進；故惟有「一句不通，不看下句；今日不通，明日再讀；今年不精，明年再讀」，方克逐一突破困難，獲致進境。故看書之先，即須慎擇欲閱之書，發憤攻讀，無論遭遇何種問題，或以興趣有時轉弱，皆須耐心讀畢，一書未完，不易他書；蓋因有此良好習慣之養成，不再心浮氣粗、遇難輒止，始可吸納一書之精華，為我所用也。

〔註20〕《曾國藩治學方法》（胡哲敷撰，中華書局，台北，民國72年），頁123。
〔註21〕《學籥‧近百年來諸儒論讀書》（錢穆撰，三民書局，台北，民國58年），頁94。

四、明瞭為尚、不求強記

大凡治學之時，讀書頗多，而所記甚少，或苦於記憶，乃一般學者共有之現象。勤奮有恆之人，以耐心迎難而進，循環往復，日久則理解力漸深，所學亦終漸貫徹通達，而有助於記憶也。然若出於逞強，或為名心所驅，亟思勉強蠻記，則絕難堅持以之，必因厭心速生而放棄矣。滌生於此體察深切，識解開通。咸豐五年二月廿九夜致諸弟書曰：

> 紀澤兒讀書記性不好，悟性較佳。若令其句句讀熟，或責其不可再生，則愈讀愈蠢，將來仍不能讀完經書也。請子植弟將澤兒未讀之經，每日點五六百字教一遍，解一遍，令其讀十遍而已，不必能背誦也，不必常溫習也。待其草草點完之後，將來看經解，亦可求熟。若蠻讀蠻記蠻溫，斷不能久熟，徒耗日工而已。

同年三月廿六日致諸弟書又曰：

> 紀澤兒讀書記性平常，讀書不必求熟，且將《左傳》、《禮記》於今秋點畢，以後聽兒之自讀自思。成敗勤惰，兒當自省而圖自立焉。

針對紀澤悟性佳、記性差之資質，滌生以開明、理智之觀點，主張順其自然之性讀書，只須時常翻閱，並稍加講解，日久自可於不知不覺中獲致進益。如一味要求其蠻讀強記，必將戕其天性，愈讀愈蠢，滅其興緻，損其健康也。故讀書以有無恒心，能否真知實解，能否培養活潑意趣，方為緊要也。咸豐元年十月十二日致諸弟書曰：

> 季弟看書不必求多，亦不必求記，但每日有常，自有進境，萬不可厭常喜新，此書未完，忽換彼書耳。

咸豐五年五月廿六日致諸弟書曰：

> 凡讀書有難解者，不必遽求甚解。有一字不能記者，不必苦求強記，只須從容涵泳。今日看幾篇，明日看幾篇，久久自然有益。但於已閱過者，自作暗號，略批幾字，否則歷久忘其為已閱未閱矣。

此為指導其諸弟讀書之道，一則讀書當日日行之，求其常而不求多求記，以有恒為要，日久則見其效也。二則讀書遇困難處，不急於求通求解，當以從容涵泳、繼讀前進為要也。咸豐九年六月十四日諭紀澤書曰：

> 爾讀書記性平常，此不足慮。所慮者第一怕無恒，第二怕隨筆點過一遍，並未看得明白。此却是大病。若實看明白了，久之必得些滋味，寸心若有怡悅之境，則自略記得矣。爾不必求記，却宜求個明白。

咸豐十年二月廿四日諭紀澤書曰：

> 余所見友朋中，無能知漢賦之意味者，爾不能記憶，亦由於不知
> 其意味。此刻不必求記，將來若能識得意味，自可漸記一二。余
> 自來記性極壞，近老年反略好些，由於識得意味也。時文亦不必
> 苦心孤詣去作，但常常作文。心常用則活，不用則窒；常用則細，
> 不用則粗。

此皆謂讀書須持之以恒，從容涵泳，日日有常，但不必遽求甚解強記。由於
常讀勤思，心智活潑深細，久而久之，漸能「識得意味」，自然有助於記持不
忘也；及至心中有怡悅之境，則識得書中眞味也。

故讀書當求自然怡適，寬然無累，無好名之心糾繞其中，日久自有進境，
既有裨於養身修心，且或能略記若干也。咸豐五年七月八日致諸弟書曰：

> 植弟前信言身體不健。吾謂讀書不求強記，此亦養身之道。凡求強
> 記者，尚有好名之心橫亙於方寸，故愈不能記；若全無名心，記亦
> 可，不記亦可，此心寬然無累，反覺安舒，或反能記一、二處，亦
> 未可知。此余閱歷語也，植弟試一體驗行之。

滌生以上所論，確有其透闢、精當之處。讀書難記之故，大約以自身根基粗
淺，驟然接觸較深奧之典籍，理解且不易得，矧能熟記之乎？又或因讀書時
浮躁不寧，心欠專注，復乏耐性，走馬看花；故於書中之內涵，未能仔細領
會、完全貫通也。若能心境寬舒，從容理解書中內涵，得其條理，識其大要，
而不忙於求多求速、求記求名，亦不止於一知半解，草草讀去，則自能漸識
書中之趣味，甚且廢寢忘食，陶醉書中，「寸心若有怡悅之境」矣。

人非機器，世上過目不忘者乃極罕見，且記憶有其一定之限度，一味蠻
讀硬記，既傷身心健康，又礙學習吸收。滌生以理解輔成記憶之法，乃其研
讀經典之心得，既能獲一定之效果，且易得讀書之樂趣也。故治學貴能力袪
浮氣、名心，從容涵泳，時加翻閱，反覆覽讀，以識其要旨，獲其趣味，即
可於日積月累、自然而然之中，漸有進境也。

五、抄書摘記、分類筆錄

上述以理解輔成記憶，猶未足以替代全盤之讀書方法；與此同時，滌生
以為欲加深記憶、強化理解，尚須於平日讀書時，多做摘抄工作，分類整理，
並筆錄心得、體會及疑難未解者。滌生常自憾於平生書寫遲鈍，抄錄箚記太

少。實則，滌生之一生成果不可謂少，如《經史百家雜鈔》二十六卷，共收文七百十一篇；《經史百家簡編》，共收文四十八篇；《十八家詩鈔》二十八卷，共收古今體詩六千五百九十九首；《求闕齋讀書錄》二卷；《孟子要略》一卷；曾國荃有手鈔《鳴原堂論文》，乃由滌生指導批閱而成。其教子弟讀書，亦重摘抄分類之工夫。咸豐八年十月廿五日諭紀澤書曰：

> 凡漢人傳注、唐人之疏，其惡處在確守故訓，失之穿鑿；其好處在確守故訓，不參私見。……朱子《集傳》，一掃舊障，專在涵泳神味，虛而與之委蛇。然如〈鄭風〉諸什，注、注疏以為皆刺忽者固非，朱子以為皆淫奔者，亦未必是。爾治經之時，無論看注疏，看朱傳，總宜虛心求之。其愜意者，則以朱筆識出；其懷疑者，則以另冊寫一小條，或多為辨論，或僅著數字，將來疑者漸晰，又記於此條之下，久久漸成卷帙，則自然日進。高郵王懷祖先生父子，經學為本朝之冠，皆自札記得來。吾雖不及懷祖先生，而望爾為伯申氏甚切也。

此言研讀《詩經》之要，謂漢唐人注《詩》有得有失；而朱子之《詩經集傳》中，能將《詩》引入文學領域，「涵泳神味」，以賞玩之，較為真實；然謂〈鄭風〉諸什，皆為淫奔之詩者則非。滌生所持不盡信書、不盡信權威之讀書態度，表現其讀書擅長思索之特色。除於自大處指點讀經之要外，復由勤作箚記一事，指出讀經之具體方法；咸豐九年四月廿一日諭紀澤書又曰：

> 余於《四書》、《五經》之外，最好《史記》、《漢書》、《莊子》、韓文四種，好之十餘年，惜不能熟讀精考；又好《通鑑》、《文選》及姚惜抱所選《古文辭類纂》、余所選《十八家詩抄》四種，共不過十餘種。早歲篤志為學，恒思將此十餘書貫串精通，略作札記，仿顧亭林、王懷祖之法。今年齒衰老，時事日艱，所志不克成就，中夜思之，每用愧悔。澤兒若能成吾之志，將《四書》、《五經》及余所好之八種一一熟讀而深思之，略作札記，以志所得，以著所疑，則余歡欣快慰，夜得甘寢，此外別無所求矣。

以上二函，皆謂讀書之時多作箚記，以略抒發心得，補充相關資料，記載闕疑，既可增進記憶，加強理解；復因治學久之，不斷充實內涵，融會閱讀所得，日久積成卷帙；乃為治學之進展及創獲，奠以堅實之基礎。

　　凡此皆見滌生於為學確有工夫，故處危殆之兵間，亦能從容道出其所思

所見；且命其子將治學見聞，「隨時稟知」，以便其「隨時論答」，則更可見其於治學確有所得，有父如此，則其子之進境可期。而其鼓勵長子以學問為人生重大之目標者，亦知其見識有別於一般仕宦人家也。

為使紀澤繼承其志，掌握摘抄、分類之要領，滌生又舉實例加以指導。咸豐九年五月四日諭紀澤書曰：

> 近世文人，如袁簡齋、趙甌北、吳穀人，皆有手抄詞藻小本。……昌黎之記事提要、纂言鉤玄，亦係分類手抄小冊也。爾去年鄉試之文，太無詞藻，幾不能敷衍成編。此時下手工夫，以分類手抄詞藻為第一義。……分大綱子目，如倫紀類為大綱，則君臣、父子、兄弟為子目；王道類為大綱，則井田、學校為子目。此外各門可以類推。爾曾看過《說文》、《經義述聞》，二書中可抄者多。此外如江慎修之《類腋》及《子史精華》、《淵鑒類函》，則可抄者尤多矣，爾試為之。此科名之要道，亦即學問之捷徑也。

咸豐十年二月廿四日諭紀澤書曰：

> 爾現看《文選》，宜略抄典故藻彙，分類抄記，以為饋貧之糧。

滌生二十八歲時，立有《饋貧糧》、《詩文鈔》之課程，以強化學習之成果。此則又舉前人之例，強調摘抄之工夫，以為饋貧之要道；而其作法非一，端就不同學科及各人之所嗜者，加以摘抄分類即可。咸豐十一年九月四日諭紀澤書曰：

> 目錄分類，非一言可盡。大抵有一種學問，即有一種分類之法；有一人嗜好，即有一人摘抄之法。若從本原論之，當以《爾雅》為分類之最古者。……余亦思仿《爾雅》之例鈔纂類書，以記日知月無忘之效，特患年齒已衰，軍務少暇，終不能有所成。或余少引其端，爾將來繼成之可耳。

人之記憶及才智有限，絕難悉記所閱書籍之精華。摘抄筆錄，分類歸納，乃治學實用有效之法也。

為學，若能於平日讀書之際，勤於摘抄要點，分類筆錄，久而久之，則自易增進記憶及理解能力；且材料積累日富，類別清晰，臨時查閱，亦方便而省時。讀書雖不離目看口誦，而要以抄寫之效果為大；蓋手抄之際，眼亦隨而視之，心亦隨而記之也。

六、奠立小學訓詁基礎

滌生治學，以義理為主，經史迭進。然又謂：「讀書以訓詁為本」，〔註22〕有小學訓詁之基礎，方克研讀周漢古籍。咸豐六年十一月五日諭紀澤書曰：

> 看《漢書》有兩種難處，必先通於小學訓詁之書，而後能識其假借奇字；必先習於古文辭章之學，而後能讀其奇篇奧句。

咸豐八年八月二十日諭紀澤書曰：

> 以後窮經、讀史，二者迭進，國朝大儒，如顧、閻、江、戴、段、王數先生之書，亦不可不熟讀而深思之。

經史之學，為其平生學問之重心；然欲深究其學，必先利其器也。「器」者，即小學訓詁之工夫也。咸豐十年四月四日諭紀澤書曰：

> 吾於訓詁、詞章二端，頗嘗盡心。爾看書若能通訓詁，則於古人之故訓大義、引伸假借漸漸開悟，而後人承訛襲誤之習可改。若能通詞章，則於古人之文格文氣、開合轉折漸漸開悟，而後人硬腔滑調之習可改。是余之所厚望也。

同治元年正月十四日諭紀澤書曰：

> 爾於小學粗有所得，深用為慰。欲讀周漢古書，非明於小學無可問津。余於道光末年，始好高郵王氏父子之說，從事戈行，未能卒業，冀爾竟其緒耳。

皆謂通曉小學訓詁，乃研究周漢古典之根本工夫。

另則，滌生又以訓詁與詞章並論，以為能否精通小學訓詁，與文事之道密切關連；故於家書中每言漢魏人文章之不可及，皆因精於小學訓詁，故而字不妄下，音節響亮也。咸豐十年閏三月四日諭紀澤書曰：

> 吾觀漢魏文人，有二端最不可及：一曰訓詁精確，二曰聲調鏗鏘。《說文》訓詁之學，自中唐以後人多不講，宋以後說經尤不明故訓，及至我朝巨儒始通小學。段懋堂、王懷祖兩家，遂精研乎古人之文字聲音之本，乃知《文選》中古賦所用之字，無不典雅精當。爾若能熟讀段、王兩家之書，則知眼前常見之字，凡唐宋文人誤用者，惟《六經》不誤，《文選》中漢賦亦不誤也。……至聲調之鏗鏘，如「開高軒以臨山，列綺窗而瞰江」，「碧出萇宏之血，烏生杜宇之魄」，「洗

〔註22〕《日記‧問學》，頁 13。

兵海島，刷馬江洲」，「數軍實乎桂林之苑，饗戎旅乎落星之樓」等句，音響節奏，皆後世所不能及。爾看《文選》，能從此二者用心，則漸有入理處矣。

同治元年五月十四日諭紀澤書曰：

> 余觀漢人詞章，未有不精於小學訓詁者，如相如、子雲、孟堅於小學皆專著一書，《文選》於此三人之文著錄亦最多。余於古文，志在效法此三人，並司馬遷、韓愈五家。以此五家之文，精於小學訓詁，不妄下一字也。爾於小學既粗有所見，正好從詞章上用功。《說文》看畢之後，可將《文選》細讀一遍。一面細讀，一面鈔記，一面作文以仿效之。凡奇僻之字、雅故之訓，不手鈔則不能記，不摹仿則不慣用。自宋以後，能文章者不通小學；國朝諸儒通小學，又不能文章。余早歲窺此門徑，因人事太繁，又久歷戎行，不克卒業，至今用爲疚憾。

以小學之根基結合詞章之學，實爲滌生平生治學之一大特色；而謂《文選》著錄漢代司馬相如、揚雄、班固三人之文獨多，與其分別撰有小學專書、嫻於下字密切相關，更是出於長期研索之結果；故亦欲效法其間，以運施於辭章之學也。

治學，若能精通小學訓詁，既可資研討周漢古籍，亦有助於爲文之下字不苟、音節響亮也。然治學之道，猶有進一步之境界，即兼通考據與辭章之章者，則於古籍之攻研深究及其意趣之理解領會，亦更能得心應手，而擴大其學習成效也。故知爲學不宜自限，能兼攝不同學術，有其旁通互補、開拓視野、深化學習之效果。滌生以宋後學人或精於小學，或擅於詞章，每各行其道而難以兼融，故力戒其子不可重蹈覆轍；務須《說文》、《文選》兼顧並進，始克奠定治學、爲文之基石也。

七、以涵泳體察爲證

朱子教人讀書之法極多，其中以虛心涵泳、切己體察二語，最爲滌生推服。此即以從容優游之心懷，沈浸書中，反察自身，而作致知、力行之工夫也。道光二十二年九月十八日致諸弟書曰：

> 予思朱子言爲學譬如熬肉，先須用猛火煮，然後用慢火溫。予生平工夫全未用猛火煮過，雖略有見識，乃是從悟境得來。偶用功，亦

不過優游玩索已耳。如未沸之湯，遽用慢火溫之，將愈煮愈不熟矣。

以是急思搬進城內，屏除一切，從事於克己之學。

讀書時須下雄猛工夫，勤讀苦誦，再反覆研索推究，整理歸納；即如用猛火煮肉，繼以慢火溫之，滌生自稱治學未臻其境，意指未曾痛下雄猛之工夫也。然其最好苦思，偶亦有若干獨到之心得也。《孟子·離婁下》曰：「君子深造之以道，欲其自得之也」。為學若能由痛下工夫、發奮勤讀，苦思力索、事上歷練，而漸有若干領悟，而漸貫通群物之理，方可進而形成一片怡悅之境。然其前提，必先「求業之精」（同上信），此則恃乎「專」字而已；立定目標後，猛火、慢火兼施，久而久之，始有專精之業；以此為基石，進而能「虛心涵泳，切己體察」，方有深造自得之境。而於如何掌握涵泳體察之旨，滌生有親切之疏解，咸豐八年八月三日諭紀澤書曰：

> 汝讀《四書》無甚心得，由不能虛心涵泳，切己體察。朱子教人讀書之法，此二語最為精當。爾現讀〈離婁〉，即如〈離婁〉首章「上無道揆，下無法守」，吾往年讀之，亦無甚警惕。近歲在外辦事，乃知上之人必揆諸道，下之人必守乎法。若人人以道揆自許，從心而不從法，則下凌上矣。「愛人不親」章，往年讀之，不甚親切。近歲閱歷日久，乃知治人不治者，智不足也。此切己體察之一端也。涵泳二字，最不易識，余嘗以意測之曰：涵者，如春雨之潤花，如清渠之漑稻。雨之潤花，過小則難透，過大則離披，適中則涵濡而滋液；清渠之漑稻，過小則枯槁，過多則傷潦，適中則涵養而浡興。泳者，如魚之游水，如人之濯足。程子謂魚躍於淵，活潑潑地；莊子言濠梁觀魚，安知非樂？此魚水之樂也。左太沖有「濯足萬里流」之句，蘇子瞻有夜臥濯足詩，有浴罷詩，亦人性樂水者之一快也。善讀書者，須視書如水，而視此心如花、如稻、如魚、如濯足，則涵泳二字，庶可得之於意言之表。爾讀書易於解說文義，卻不甚能深入，可就朱子涵泳、體察二語悉心求之。

滌生舉親身之例，因早年工夫不足，閱歷不深，治學與現實有其隔閡，書是書、事是事、我是我，互不相涉，實難以言深入之體會、獨到之心得，故悟境亦難至也；有之，亦為偶得之靈光一現，非真有深廣、獨特之造詣；此實非治學之要領也。故舉《孟子·離婁上》為例，孟子曰：

> 離婁之明，公輸子之巧，不以規矩，不能成方圓；師曠之聰，不以

六律，不能正五音；堯舜之道，不以仁政，不能平治天下。……是
以惟仁者宜在高位。不仁者在高位，是播其惡於眾也。上無道揆也，
下無法守也，朝不信道，工不信度，君子犯義，小人犯刑，國之所
存者幸也。

此言仁政與法規之重要，「徒善不足以為政，徒法不能以自行」；若上位者欠
缺道義之規範，群下無有法規之約束，則國政紊亂、社會不寧矣。滌生謂其
早年讀此章時，體會不深；及任湘軍領袖，深知在上位者，務須本以道義訂
立法規，在下位者宜遵守法規辦事，若人人皆以道義自居，惟服從自心而不
服從法規，則或下可凌上，團體將成散沙、毫無戰力矣。又舉《孟子・離婁
上》另一章為例，孟子曰：

愛人不親反其仁，治人不治反其智，禮人不答反其敬。行有不得者，
皆反求諸己，其身正而天歸之。《詩》云：「永言配命，自求多福」。

謂於待人處世有所滯礙難行時，宜反歸自身，尋求其故，不宜責備於人。滌
生以親身經歷得知：未能有效治人者，乃因本身智慧不足之故也。以上二例，
皆明讀書須從人事歷練之中，「切己體察」，而獲致更深切之驗證也。

至於「虛心涵泳」者，涵泳二字，最不易體會，故滌生亦以為然，故以
連續之譬喻說明其理解：涵者，如春雨之潤花、清渠之溉稻，皆須恰到好處，
便能生長良好，過多過少均違反花、稻之性，反生其害也。泳者，如魚之游
水、人之濯足，有其悠然自在、活潑自得、無牽無掛之意。總之，涵泳者，
即視聖賢書中之言語道理如水，而求知者之心如花、稻、魚、足，以承受水
之滋潤洗濯；亦即以活潑愉悅之心，體會聖賢之教，以領受讀書之趣味；而
非視讀書為苦不堪言、毫無樂趣之事，以至苦悶厭煩，難以持續。滌生指導
其子治學，不主張死記硬背，堅守書齋，宜以培植花木、遊觀山水等事，調
節生活，以長保內心之活潑生氣；亦略寓涵泳之義也。

讀書須自優游玩索及不斷驗證之中，漸生心得，真能深入其中，而有確
實創獲，至此方能得其讀書之樂；此即涵泳、體察之工夫也。大抵讀書須適
中，不急不徐、勿忘勿助，保持心境之活潑自在，逐漸深入書旨，獲致趣味，
乃有如魚得水、似人濯足之樂。並與人生百態、社會群相驗證，能用能立，
則讀書能奏深切著明之效矣。「虛心涵泳、切己體察」八字，各人經歷互異、
領會有別，頗難以言語形容之，何貽焜《曾國藩評傳》曰：

所謂「切己體察」，在將書中所言應證於日常行事，使書籍與社會打

成一片；所謂「虛心涵泳」，在將一己融化爲書中之事事物物，俾一
己與書籍混作一團。能「切己體察」，始能具有時代之眼光，不爲古
義所迷，正所謂「超以象外」；能「虛心涵泳」，始能具有歷史之態
度，不爲利見所蔽，正所謂「得其環中」。吾人讀書，貴能出能入；
所謂「切己體察」，所謂「虛心涵泳」，殆指此耳。〔註23〕

能將體察與涵泳二端融攝縮結，相輔相成，能入能出，以說明讀書之道。要
在就各人所學，奠立深廣基礎之後，尚須屏除名利之念，深入書味，優游其
中；且能融入社會人生，與日常行事相印證：方能「得其環中」、「超以象外」。
其說可與滌生之說相發明也

第三節　治學規模

　　錢穆曰：「晚清末，國事日非，一時學者，競思學以致用，乃頗好言諸葛
亮、王陽明、曾國藩三人。從政、治軍，不忘於學；而更要乃在其皆不背於
孔門德行之科，乃更爲清末人所愛言。然慕其人，當知慕其學。無其學，又
何從得其人」。〔註24〕孔明、陽明二人，皆文通武達，乃史上德望、事功卓著
之賢哲，又皆適逢叔季之世，更見其所造爲難能可貴，及其德操之皎皎、才
智之不群也。

　　就滌生而言，其治學之目的，以爲一人之舉止言行，修身治世，無時無
地不體現其學問之內容。主張治學宜「格物」、「誠意」並重，以見能知能行
之效；惟有學以致用，方爲善學。故其一生將所學與處理政治、軍事、家務
置於一處，力求融貫。當其軍書旁午之際，兵危戰亂之中，猶讀書研究不輟；
而軍國大計，家庭瑣事，亦莫不盡心盡力，擘畫指示，條理清楚。凡此皆屬
學之事也。簡言之，初由個人之格致誠正，修養成一有爲有守、有學有術之
君子；以迄擴大爲齊家、治國，匡時濟世，使萬物各得其所，皆爲治學之事
也。由於滌生志抱閎放，故其所展現之治學門徑，亦不同流俗；而其學問之
規模，隨其閱歷及理解之進展，亦有所變化增益，而漸臻恢閎成熟也。

〔註23〕《曾國藩評傳・教育思想》（何貽焜撰，正中書局，台北，民國26年），頁
　　　　304。
〔註24〕《中國學術通義・中國學術特性》（錢穆撰，三民書局，台北，民國73年），
　　　　頁209。

一、義理爲本、經濟辭章爲輔

滌生之治學，以儒家義理之學爲根本，以經世致用爲標的，從事於體用兼備、有本有末之學，咸豐八年五月三十日致沅弟書曰：

> 學問之道，能讀經史者爲根柢，如兩通（杜氏《通典》、馬氏《通考》）、兩衍義及本朝兩通（徐乾學《讀禮通考》、秦蕙田《五禮通考》），皆萃《六經》、諸史之精，該內聖外王之要。若能熟此六書，或熟其一二，即爲有本有末之學。

學問之根柢，在熟研經史，採擷其精華、吸收其智慧、思索歸納歷史之成敗軌跡及得失經驗，始能掌握內聖外王、修己治人之要。

若就學術之分途言之，滌生之於學，則又有其先後不同之入處，由淺簡而漸臻於博大。道光二十三年正月十七日致諸弟書曰：

> 自西漢以至於今，識字之儒約有三途：曰義理之學，曰考據之學，曰詞章之學。各執一途，互相詆毀。兄之私意，以爲義理之學最大。義理明則躬行有要而經濟有本。詞章之學，亦所以發揮義理者也。考據之學，吾無取焉矣。此三途者，皆從事經史，各有門徑。吾以爲欲讀經史，但當研究義理，則心一而不紛。

此乃滌生早年之見解，重義理而輕考據；又謂詞章之學要在發揮義理，經濟之學則該於義理之中。

滌生之正式治學，由師從唐鑑治程朱之學始，嘗請示讀書之法，唐氏指出：

> 爲學只有三門：曰義理、曰考核、曰文章。考核之事，多求粗而精遺，管窺而蠡測。文章之事，非精於義理者不能至。經濟之學，即在義理內。〔註25〕

滌生早歲之學術思想，大抵承之於此。然其於詩文之道，本饒富興趣，並未因唐氏之勸說而冷淡之。

入京前期，滌生於學術上之所精究者，實以義理、辭章爲主；該經濟於義理之中，而未涉考據之學也。

二、參以考據之學

學術之析爲三途，早於唐氏之前，〈聖哲畫像記〉曰：「姚姬傳氏言學問

〔註25〕《日記・問學》，頁1。

之途有三：曰義理、曰詞章、曰考據。戴東原氏亦以為言」。〔註26〕則知辭章及考據之學之代表人物，均於學術之析為三途無所異議。滌生早歲，於考據之學之無所知悉，實因當日湘省學術風氣，鮮與乾嘉經史考證之學相涉（按：此於本章首節已略道及）；其〈湖南文徵序〉即如是云：

> 茲編所錄，精於理者蓋十之六，善言情者約十之四。……惟考據之
> 文搜集極少。前哲之倡導不宏，後世之欣慕亦寡。〔註27〕

「精於理者」即義理之學，「善言情者」則為辭章之學；故《湖南文徵》之所收錄，係以義理、辭章之文為主，而罕有考據之文。滌生自幼身處僻野，見聞未曾觸及當時學術之主流；及至入京之初，猶未識考據之學之內涵，及其對於治學之功用，實極自然也。

滌生之無取於考據之觀點，及至結識好友劉傳瑩後，始漸轉變，距其入京已六、七年矣。當友人劉氏日漸自考據之學淡出，以從事於身心根本之學之際；即滌生日漸擴大治學之範圍，將其觸角延伸至考據之學之時。其後因於小學訓詁，益覺不可或缺，故於在京之後期，已確定其為治學、寫作之基石，謂精通小學訓詁，有裨於閱讀周漢典籍及辭章創作之重大作用，故漸重視顧、閻、江、戴、段、王之學；嘗云道光末年，始好王氏父子之學，而中晚年，更將王懷祖列為聖哲之列，為其學習、專研之對象，而於家書中屢稱及之。

然滌生於《聖哲畫像記》文中，復將杜（佑）、馬（端臨）、顧（炎武）、秦（蕙田）諸家之學，攬入考據之學之範疇中，已非段（玉裁）、王（念孫父子）之學所能域之者矣。

三、義理考據辭章經濟並重

咸豐九年，滌生四十九歲。據其日記正月十九日、廿日、廿一日載，三日中撰成〈聖哲畫像記〉一文，正式建立義理、考據、辭章、經濟並重之治學觀，乃其學術思想已臻確立之時期，自云「吾生平讀書百無一成，而於古人為學之津途，實已窺見其大，故以此略示端緒」（咸豐九年正月廿三日致澄弟沅弟季弟書）；並手書為一大卷，命其子紀澤繪像以配之，可見其鄭重。

晚年，滌生任直隸總督時，所言如何致力學術之四途，乃其學術思想成熟之定論，其言曰：

〔註26〕《詩文·聖哲畫像記》，頁250。
〔註27〕《詩文·湖南文徵序》，頁334。

> 爲學之術有四：曰義理、曰考據、曰辭章、曰經濟。義理者，在孔門爲德行之科，今世目爲宋學者也；考據者，在孔門爲文學之科，今世目爲漢學者也；辭章者，在孔門爲言語之科，從古藝文及今世制義詩賦皆是也；經濟者，在孔門爲政事之科，前代典禮政書，及當世掌故皆是也。〔註28〕

義理與經濟所以分之爲兩術者，實爲一體一用之別。滌生釋之曰：

> 爲義理之學者，蓋將使耳目口體心思，各敬其職，而五倫各盡其分；又將推以及物，使凡民皆有以善其身，而無憾於倫紀。夫使舉世皆無憾於倫紀，雖唐虞之盛，有不能逮。苟通義理之學，而經濟該乎其中矣。……義理與經濟，初無兩術之可分，特其施功之序，詳於體而略於用耳。〔註29〕

其義猶同於早年之主張，特抒發較詳備耳。至於考據與辭章二端，則其見識亦有異於昔，以爲兩者不可偏廢：爲學須「以義理之學爲先，以立志爲本」，及其所學略具基礎後，則宜再作深廣之探討考證，且能以通達之文章，準確表達其學問之所創獲。其言曰：

> 然後求先儒所謂考據者，使吾之所見，證諸古制而不謬；然後求所謂辭章者，使吾之所獲，達諸筆箚而不差。〔註30〕

於此可見其中歲後之治學規模，已冶義理、考據、辭章、經濟於一爐；尤可貴者，「實能抉破乾嘉以來義理、考據、詞章三派之藩籬，而求能從大處著眼，俾可兼得三者之精華」。〔註32〕蓋其論學，乃著眼於經世致用，於學術各端能兼容並蓄之外，復思取精用宏，以施展於行事之中；實已異於一般學者之主張與眼界矣。

滌生論學，上溯孔門四科之旨，於義理、考據、辭章三者，無取乎門戶偏狹之見，不惑於風氣潮流之趨。棄空疏，而致廣大；病黨訟，而貴寬平。此外，特重經濟之學，且又值踐履實務之運會，有以恢宏古聖賢外王之業，一矯宋元以降之偏於內聖之道；其氣象之偉，識見之閎，誠不易及也。故〈勸學篇〉云：「其文經史百家，其業學問思辨，其事始於修身，終於濟世」，〔註33〕觀其平

〔註28〕《雜著·勸學篇示直隸士子》，頁 442。
〔註29〕同註 28，頁 443。
〔註31〕同註 28，頁 443。
〔註32〕同註 21，頁 97。
〔註33〕同註 28，頁 443。

生之所志所學，洵可謂夫子自道也。至於其學之所得所成爲何，則復須另當
別論矣。

四、曾國藩治學之得失

　　以上論述滌生治學之規模，誠能「總攬傳統學術之大體，宏揚孔門四科
之理想」，〔註34〕抱以拙誠之初衷，從事於內在修養，成其輔世濟時之業，孤
懷閎識，誠有所得，可謂能兼本末之學也。然不能無憾者，「以服官從戎之日
久，於經史實學，率無專詣。其一生得力之處，終在文辭」。〔註35〕錢穆則指
出，其於學術之所得，對彼之人格及事業上之影響，誠可謂甚深且大；而就
其在近百年來學術界之影響而言，則究嫌不足。其言曰：

　　一則曾氏從事學問，已在中年，又久歷兵戎，日不暇給，實嫌其在
　　學術上未能自竭其能事。二則曾氏幕府賓僚，相從於戎馬之間者，
　　究以功名事業之士爲多，未能深細接受曾氏論學之淵旨。三則曾氏
　　論學，除對詩古文辭有獨特卓見外，究竟也還是切實處多，高明處
　　少。其家書家訓，諄諄然恰是一個賢父兄之教訓其家人子弟，而究
　　異乎一代大師之暮鼓晨鐘，發揚大道。這是曾氏爲學根本缺點。故
　　論曾氏學問上的成就，到底只在文學一途多些；論義理，則僅較唐
　　鏡海諸人差強；論考據，則曾氏雖見及有杜、馬、顧、秦這一路，
　　而他自己在此一條路上，全未能建立起規模來。〔註36〕

所舉陳之三端，略能見其學術之得失，及其成就所限之梗概。滌生平生本有
志於學，及至晚歲亦未嘗廢學，且已見及爲學之旨要，建立宏偉之框架；然
平亂之餘，諸事煩心、精力就衰，亦不能不以學術之無成而數數歎也。

　　然滌生固艱苦治學之人，非拚命著書之人，且亦無暇爲之。蓋其得諸學
術者，乃欲將其苦思力索之所得，施諸修、齊、治、平之中，亦已見若干之
成效。抱持非常之器識，值逢非常之際遇，肇立非常之事功，成就非常之影
響，此滌生所以爲滌生也。

〔註34〕《清代學術史研究》(胡楚生撰，學生書局，台北，民國77年)，頁344。
〔註35〕《清人文集別錄》(張舜徽撰，華中師大出版社，武昌，民國93年)，頁463。
〔註36〕同註21，頁100。

第三章　曾國藩家書與文藝論

　　在學術之領域，曾國藩詩、古文之理論建樹和創作成就，遠大於其經史、義理及考據之學；而於書法之理論及創作方法，亦多獨到之見。故特立一章以述之。

第一節　古　文

　　曾國藩本性大抵質樸無華，爲人講求謙渾自抑，獨於辭章之道，頗有自負之語。道光二十四年三月十日致溫弟沅弟書曰：

　　　　余近來讀書無所得，……惟古文、各體詩，自覺有進境，將來此事
　　　　當有成就；恨當世無韓愈、王安石一流人與我相質證耳。

咸豐十一年三月十三日諭紀澤紀鴻書曰：

　　　　此次若遂不測，毫無牽戀。……惟古文與詩，二者用力頗深，探索
　　　　頗苦，而未能介然用之，獨闢康莊。古文尤確有依據，若遽先朝露，
　　　　則寸心所得，遂成廣陵之散。作字用功最淺，而近年亦略有入處。
　　　　三者一無所成，不無耿耿。

文人固多敝帚自珍之病，然滌生一生勤勉好思，謹慎穩重，固非闇於自見者流，苟非探研深入，獨造有得，斷不致如此自恃也。咸豐十年四月廿四日諭紀澤書曰：

　　　　余於古人之文，用功甚深，惜未能一一達之腕下，每歉然不怡耳。

同治元年八月四日諭紀澤書曰：

　　　　余近年頗識古人文章門徑，而在軍鮮暇，未嘗偶作，一吐胸中之奇。

滌生文藝上之成就，首推古文。而自稱「用功甚深」，「頗識古人文章門徑」，實有其不遑謙讓之因。滌生於古文之興趣極濃、探索特勤，其古文之造詣，雖因世務繁劇，身體衰弱，而甚受影響，然於古文之創作方法，可謂周備而詳矣。其覆許仙屏書曰：

> 古文者，韓退之氏厭棄六朝駢儷之文，而反之於《六經》、兩漢，從而名焉者也。名號雖殊，而其積字而爲句，積句而爲段，積段而爲篇，則天下之凡名爲文者一也。國藩以爲欲著字之古，宜研究《爾雅》、《說文》、小學訓詁之書，故嘗好觀近人王氏、段氏之說。欲造句之古，宜倣效《漢書》、《文選》，而後可貶俗而裁僞。欲分段之古，宜熟讀班、馬、韓、歐之作，審其行氣之短長、自然之節奏。欲謀篇之古，則群經諸子，以至近世名家，莫不各有匠心，以成章法，如人之有肢體、室之有結構、衣之有要領。大抵以力去陳言，戛戛獨造爲始事；以聲調鏗鏘，包蘊不盡爲終事。僕學無師承，冥行臆斷，所辛苦而僅得之者，如是而已。〔註1〕

此於古文之謀篇、分段、造句、用字等方面，均已論及；其於爲文之道，自青年至晚歲，研之數十載，不曾懈怠，其所創獲確有精到之處，故於家書中亦屢述之，將其辛勤探研之所得，示之子弟，茲分述其主張於下：

一、謀篇之道

滌生曰：「古文之道，謀篇布勢，是一段最大工夫」。〔註2〕然初學作文者，固未易遽爾領會及掌握，故須由摹仿古人之間架入手。文章之間架，如造屋時之藍圖；若能熟悉若干佳文之間架，作文時自易施爲。咸豐九年三月三日諭紀澤書曰：

> 不特寫字宜摹仿古人間架，即作文亦宜摹仿古人間架。《詩經》造句之法，無一句無所本。《左傳》之文，多現成句調。揚子雲爲漢代文宗，而其《太玄》摹《易》，《法言》摹《論語》，《方言》摹《爾雅》，〈十二箴〉摹〈虞箴〉，〈長楊賦〉摹〈難蜀父老〉，〈解嘲〉摹〈客難〉，〈甘泉賦〉摹〈大人賦〉，〈劇秦美新〉摹〈封禪文〉，〈諫不許單於朝書〉摹《國策·信陵君諫伐韓》，幾於無篇不摹。即韓、歐、

〔註1〕 《三名臣書牘·覆許仙屏》卷一，頁125。
〔註2〕 《曾文正公全集·日記·文藝》（世界書局），頁52。

　　曾、蘇諸巨公之文，亦皆有所摹擬，以成體段。爾以後作文作詩賦，
　　均宜心有摹仿，而後間架可立，其收效較速，其取徑較便。

此謂爲文須先摹仿古人間架，歷史上諸名家莫不皆然；如揚雄即幾於無篇不
摹，然亦爲滌生治文所欲取法者。蓋治文者，須自熟讀古人若干佳作於先，
以奠立初基；及模仿古人之文進至另一階段，已有若干間架瞭然於胸，以資
取法，爲文亦可漸得門徑也。同治元年十月十七日致沅弟書即曰：

　　只要有百篇爛熟之文，則布局立意，常有熟徑可尋，而腔調亦左右
　　逢原。凡讀文太多，而實無心得者，必不能文者也。

足見入手工夫並無巧門，此於學文之簡要提示，頗適於初學者之參用也。同
治五年十月十一日諭紀澤書曰：

　　凡大家名家之作，必有一種面貌，一種神態，與他人迥不相同。……
　　若非其貌其神迥絕群倫，不足以當大家之目。渠既迥絕群倫矣，而
　　後人讀之，不能辨識其貌、領取其神，是讀者之見解未到，非作者
　　之咎也。爾以後讀古文古詩，惟當先認其貌，後觀其神，久之自能
　　分別蹊徑。

文章有個人之精神風貌，方不落他人之窠臼，有以自立。其下手處，則宜讀
誦大家名家之文，仔細體察、揣摩，念茲在茲，眞積力久，方克漸辨其貌、
漸會其神，知其所以迥絕羣倫者；則作文之工夫，亦能由模倣古人間架，略
得爲文謀篇門徑之後，而更進一境也。

　　滌生之日記中，亦載其對謀篇之道之體悟：

　　《書經》、《左傳》，每一篇空處較多，實處較少，旁面較多，正面較
　　少，精神注於眉宇目光，不可周身皆眉，到處皆目也。線索要如蛛
　　絲馬跡，絲不可過粗，跡不可太密也。〔註3〕

又曰：

　　古文之道，布局須有千巖萬壑、重巒複嶂之觀，不可一覽而盡，又
　　不可雜亂無紀。〔註4〕

此所言謀篇之道，已非初學者所能領略及篤馭者也。治古文者，蓋有恃乎循
序漸進之道而爲之：其先固須由摹仿前賢之間架入手，以得其謀篇之大略；
其後復須進至另一階段，漸能知悉體會大家名家之面貌、神態，則可資獨立

〔註3〕　同註2，頁52。
〔註4〕　同註2，頁52。

創作之逐步深化；駕輕就熟之餘，復須加以脫胎變化，漸立個人之矩矱，以臻更高明之境也。

二、分段之法

分段清晰，脈絡分明，可使氣機雄盛，文章暢健，滌生於此用功頗深，體會親切。咸豐十一年正月四日諭紀澤書曰：

> 爾問文中雄奇之道。雄奇以行氣為上，造句次之，選字又次之。然未有字不古雅而句能古雅，句不古雅而氣能古雅者；亦未有字不雄奇而句能雄奇，句不雄奇而氣能雄奇者。是文章之雄奇，其精處在行氣，其粗處全在造句選字也。余好古人雄奇之文，以昌黎為第一，揚子雲次之。

同治元年八月四日諭紀澤書曰：

> 行氣為文章第一義，卿、雲之跌宕，昌黎之倔強，尤為行氣不易之法。爾宜先於韓公倔強處揣摩一番。

滌生治文之初，即最好瓌瑋雄奇之文，具倔強拗折之氣、層出不窮之意者，故特嗜司馬遷、韓愈、王安石三家之文（按：參見道光二十三年正月十七日致諸弟書）。經歷多年之探討體會後，有其更深入之心得，以為文章之雄奇，其精處在行氣，其粗處在造句選字。韓愈曰：

> 氣，水也；言，浮物也。水大而物之浮者大小畢浮，氣之與言猶是也，氣盛則言之短長與聲之高下者皆宜。〔註5〕

是滌生之所本也。

雄奇瓌瑋之文，全在行氣之工夫，故復須講求分段之道，其論分段之工夫曰：

> 為文全在氣盛；欲氣盛全在段落清。每段分束之際，似斷不斷，似咽非咽，似吞非吞，似吐非吐，古人無限妙境，難於領取。每段張起之際，似承非承，似提非提，似突非突，似紆非紆，古人無限妙用，亦難領取。〔註6〕

為文以氣勢雄盛為貴，行氣之道全在段落清晰；然於古人之文章妙境，則已非初學者之所能體會，何況下筆即能驟幾之？且其入手處，亦頗難以言語之

〔註5〕 《韓昌黎文集校注‧原毀》卷一，頁99。
〔註6〕 同註2，頁53。

規範指示之；故宜先以前輩大家爲法，用心研讀揣摩，或能逐漸契入之，而於分段之道略得其門徑也。至於粗處工夫方面，則較有其下手處，即亟須於韓愈、揚雄二家之文，痛下一番工夫；滌生主張由揣摩韓之造句、揚之選字用心，亦輔成段落清晰、氣勢雄盛之道者也。

　　滌生之文章，有別於桐城諸老者，即在氣勢方面；故於學習與寫作富有氣勢之文章，有其獨到處。同治四年七月三日諭紀澤紀鴻書曰：

> 韓無陰柔之美，歐無陽剛之美，況於他人而能兼之？凡言兼眾長者，皆其一無所長者也。鴻兒言此表範圍曲成，橫豎相合，足見善於領會。至於純熟文字，極力揣摩固屬切實工夫，然少年文字，總貴氣象崢嶸，東坡所謂蓬蓬勃勃如釜上氣。古文如賈誼〈治安策〉、賈山〈至言〉、太史公〈報任安書〉、韓退之〈原道〉、柳宗元〈封建論〉、蘇東坡〈上神宗書〉，時文如黃陶庵、呂晚村、袁簡齋、曹寅谷，墨卷如《墨選觀止》、《鄉墨精銳》中所選兩排三迭之文，皆有最盛之氣勢。爾當兼在氣勢上用功，無徒在揣摩上用功。大約偶句多，單句少，段落多，分股少，莫拘場屋之格式。短或三五百字，長或八九百字千餘字，皆無不可。雖係《四書題》，或用後世之史事，或論目今之時務，亦無不可。總須將氣勢展得開，筆仗使得得強，乃不至於束縛拘滯，愈緊愈呆。

此於如何學習前人富於氣勢之文章，詳示效法之途徑；又於如何下筆之訣竅，亦指示其分段造句之技巧，及其取材之內涵，以得氣勢之強盛：具見其於古今文章揣摩之深入，運用之熟練也。其次年十月十四日之日記有云：「文家之有氣勢，亦猶書家有黃山谷、趙松雪輩，凌空而行，不必盡合於理法，但求氣之昌耳」。謂文章與書法，皆求其氣昌盛，務須氣勢貫注，方有可觀；反之，若氣不貫注，雖盡合理法，亦不足觀也。

三、造句之方

　　造句生硬，難以琅琅上口，機鈍、氣弱，理亦難以明達也。此皆肇因於造句不圓不潤之病也。咸豐十年四月廿四日諭紀澤書曰：

> 無論古今何等文人，其下筆造句，總以珠圓玉潤四字爲主。……世人論文家之語圓而藻麗者，莫如徐陵、庾信，而不知江淹、鮑照則更圓，進之沈約、任昉則亦圓，進之潘岳、陸機則亦圓，又進而溯之東

漢之班固、張衡、崔駰、蔡邕則亦圓，又進而溯之西漢之賈誼、晁錯、匡衡、劉向則亦圓。至於司馬遷、相如、子雲三人，可謂力趨險奧，不求圓適矣；而細讀之，亦未始不圓。至於昌黎，其志意直欲陵駕子長、卿、雲三人，戛戛獨造，力避圓熟矣；而久讀之，實無一字不圓，無一句不圓。爾於古人之文，若能從江、鮑、徐、庾四人之圓步步上溯，直窺卿、雲、馬、韓四人之圓，則無不可讀之古文矣，即無不可通之經史矣。爾其勉之。余於古人之文，用功甚深，惜未能一一達之腕下，每歉然不怡耳。

「珠圓玉潤」，乃指文句之通暢自然，氣韻之流轉生動，如圓珠走盤，佳玉清潤，略無滯礙、枯澀之病也。初學為文者，筆下文句每每生硬不堪，難以卒讀；進而漸去生硬，趨於「語圓而藻麗」，讀之如行雲流水；再進而由圓熟而趨古拙，「力趨險奧」、「戛戛獨造」，似生硬而非生硬，不求圓熟而自圓也。至於由古拙而臻醇化，則為文事之最高境界矣。為文大致有此三階段，而務從造句之珠圓玉潤下工夫。能得其趣，則能為學，亦可治文矣。

另則，滌生之論為文，不特駢體須對，即古文中亦得間施之，以求其變化而壯氣勢。咸豐十一年正月四日諭紀澤書曰：

爾所作〈雪賦〉，詞意頗古雅，惟氣勢不暢，對仗不工。兩漢不尚對仗，潘、陸則對矣，江、鮑、庾、徐則工對矣。爾宜從對仗上用工夫。

此言作賦宜用心對仗之道。而寫作古文之際，若參以駢體手法，「亦能略用對句，稍調平仄，庶筆仗整齊，令人刮目耳」。〔註7〕此亦滌生治文多年，所得之一番體證也。桐城後勁梅伯言，道光後期最為大師，為諸治文者所歸往，滌生亦在其列；梅氏早年好為駢文，後遇姚鼐、管同，轉而專治古文，然其為文之遒煉整飭處，如〈吳淞口驗功記〉、〈陳拜薌詩序〉等文中，則猶存駢文之痕跡也。滌生之極重取法漢賦、參用駢體手法，可謂後來居上，而有別於桐城諸老之簡嚴醇雅也。

在句法上，滌生頗主借鑒漢賦，「明奇偶互用之道」，為文輔以奇偶相間手法，庶幾駢散相通，以厚其氣，以暢其機。其言曰：

天地之數，以奇而生，以偶而成。一則生兩，兩則還歸於一。一奇一偶，互為其用，是以無息焉。……文字之道，何獨不然？六籍尚已。自漢以來，為文者莫善於司馬遷。遷之文，其積句也皆奇，而

〔註7〕《曾國藩全集‧鳴原堂論文》，頁516。

義必相輔，氣不孤伸，彼有偶焉者存焉。其他善者，班固則毗於用
偶，韓愈則毗於用奇。蔡邕、范蔚宗以下，如潘、陸、沈、任等比
者，皆師班氏者也。〔註8〕

故於為文造句之道，乃主溯「文家原委，明奇偶互用之道」，蓋於千百年文章
之源流、演變，知之綦詳，鑒別極明；足見其平生治文，堂廡廣大，頗欲融
奇偶駢散為一體，故每以融貫漢唐諸大家為法者也。

　　至於造句之法，則有壯美及優美之辨，滌生論之曰：

造句約有二端：一曰雄奇，一曰愜適。雄奇者，瓌瑋俊邁，以揚馬
為最；詼詭恣肆，以莊生為最；兼擅瓌瑋詼詭之勝者，則莫勝於韓
子。愜適者，漢之匡劉，宋之歐曾，均能細意熨貼，樸厚微至。雄
奇者，得之天事，非人力所可強企。愜適者，詩書醞釀，歲月磨鍊，
皆可日起而有功。愜適未必能兼雄奇之長，雄奇則未有不愜適者。
學者之識，當仰窺於瓌瑋俊邁、詼詭恣肆之域，以期日進於高明。
若施手之處，則端從平實愜適始。〔註9〕

雄奇與愜適，乃屬美學風格之範疇；雖因各人性之所近而異趨，要為治古文
之士所當致力者焉。

　　文章之造句，關繫乎文學風格之形成；然不論為雄奇或愜適之文，要以
文辭之能圓潤暢達為期者也。而滌生之取法漢賦，創為奇偶相生之說，蓋已
將古文之道，拓宇於駢文之領域，有別於桐城諸老之取向矣。

四、用字之要

　　滌生自稱：「昔在京師，讀王懷祖、段懋堂諸書，亦嘗研究古文家用字之
法」。〔註10〕又稱：「吾於訓詁、詞章二端，頗嘗盡心」（咸豐十年四月四日諭
紀澤書）。滌生論文，每以詞章、小學二者合言；並志在效法司馬相如、司馬
遷、揚雄、班固、韓愈五人，研治古文，「以此五家之文，精於小學訓詁，不
妄下一字也」（同治元年五月十四日諭紀澤書）。滌生對於以小學結合古文之
深入研究，使其頗以乾嘉小學大家之淺於文事為憾，故同治二年三月四日諭
紀澤書曰：

〔註8〕　《曾國藩全集·詩文·送周荇農南歸序》，頁162。
〔註9〕　《曾國藩全集·雜著·文》，頁373。
〔註10〕　同註1，卷二，〈覆李眉生〉，頁25。

爾於小學訓詁頗識古人源流，而文章又窺見漢魏六朝之門徑，欣慰無已。余嘗怪國朝大儒如戴東原、錢辛楣、段懋堂、王懷祖諸老，其小學訓詁實能超越近古，直逼漢志，而文章不能追尋古人深處，達於本而閡於末，知其一而昧其二，頗所不解。私竊有志，欲以戴、錢、段、王之訓詁，發爲班、張、左、郭之文章晉人左思、郭璞小學最深，文章亦逼兩漢，潘、陸不及也。久事戎行，斯願莫遂，若爾曹能成我未竟之志，則至樂莫大乎是。爾既得此津筏，以後便當專心壹志，以精確之訓詁，作古茂之文章。由班、張、左、郭上而揚、馬，而莊、騷，而六經，靡不息息相通。下而潘、陸，而任、沈，而江、鮑、徐、庾，則詞愈雜，氣愈薄，而訓詁之道衰矣。至韓昌黎出，乃由班、張、揚、馬而上躋六經，其訓詁亦甚精當。爾試觀〈南海神廟碑〉、〈送鄭尚書序〉諸篇，則知韓文實與漢賦相近。又觀〈祭張署文〉、〈平淮西碑〉諸篇，則知韓文實與《詩經》相近。近世學韓文者，皆不知其與揚、馬、班、張一鼻孔出氣。爾能參透此中消息，則幾矣。

「以精確之訓詁，作古茂之文章」，亦可謂其治學之範疇，蓋因小學、辭章兼擅者，更能體會古書意趣、深入其旨（按：此於上章第二節亦已談及）。若自爲文之事言之，除修習小學訓詁之學外，復宜研探前輩大家之文，先自學習韓文下手，更上探班、張、左、郭、揚、馬、莊、騷、六經，而見其胎息相通之趣，則於爲文已得其根本矣。故其《日記》於咸豐十年三月十五日，亦如是記云：

> 偶思古文之道與駢體相通。由徐、庾而進於任、沈，由任、沈而進於潘、陸，由潘、陸而進於左思，由左思而進於班、張，由班、張而進於卿、雲，韓退之之文比卿、雲更高一格。解學韓文，即可窺六經之閫奧矣。

除提示學文、爲文之道外，其末則指出深入韓文，通於古文之道，亦關乎研讀古籍之道也。

至於爲文用字之工夫，則以達致典雅精當、凝鍊不苟之爲期，咸豐十年閏三月四日諭紀澤書曰：

> 《文選》中古賦所用之字，無不典雅精當。爾若能熟讀段、王兩家之書，則知眼前常見之字，凡唐宋文人誤用者，惟《六經》不誤，《文

選》中漢賦亦不誤也。即以爾稟中所論〈三都賦〉言之，如「蔚若
相如，矏若君平」，以一「蔚」字賅括相如之文章，以一「矏」字賅
括君平之道德，此雖不盡關乎訓詁，亦足見其下字之不苟矣。

訓詁之落實在於用字，滌生主張吸收小學家之成果，以輔文事；謂欲得用字
之古者，宜研究《爾雅》、《說文》及王氏、段氏小學訓詁之書。

　　滌生之論爲文，除講求用字外，亦注重聲調，上函中復申其義曰：

　　　　吾觀漢魏文人，有二端最不可及：一曰訓詁精確，二曰聲調鏗
　　　　鏘。……至聲調之鏗鏘，如「開高軒之臨山，列綺窗而瞰江」，「碧
　　　　出萇宏之血，鳥生杜宇之魂」，「洗兵海島，刷馬江洲」，「數軍實乎
　　　　桂林之苑，饗戎旅乎落星之樓」等句，皆後世所不能及。爾看《文
　　　　選》，能從此二者用心，則漸有入理處矣。

聲調之落實在乎音節。故曰：「姚惜抱論詩文，每稱當從聲音證入」；文章「大
抵以力去陳言，戛戛獨造爲始事；以聲調鏗鏘，包蘊不盡爲終事」。〔註11〕聲
音之事，乃是文章賞析創作之關鍵，而亦關乎小學訓詁之工夫也。

　　滌生於中歲後，益重段、王之學之鑽研，蓋已將辭章與小學訓詁之學，
緊密綰結之矣。

五、文章風格

　　以上所論謀篇、分段、造句、用字之道，乃就行文之技巧而言。而滌生
之文學風格論，則爲其文論之精華，其理論本諸姚鼐「陽剛」、「陰柔」說；
然尋其根源，可溯自《易經》有關陰陽剛柔之說。《易傳・說卦傳》謂：

　　　　立天之道，曰陰與陽，立地之道，曰柔與剛。……分陰與陽，迭用
　　　　柔剛。

滌生之論文，亦析古文爲陰柔、陽剛二境，而有其個人之親切體會；且更擴大
古文理解之範圍，而於古文之各體類，進行全盤之分析歸納。其《日記》曰：

　　　　吾嘗取姚姬傳先生之說，文章之道，分陽剛之美、陰柔之美。大抵
　　　　陽剛者，氣勢浩瀚；陰柔者，韻味深美。浩瀚者，噴薄而出之；深
　　　　美者，吞吐而出之。就吾所分十一類言之，論著類、詞賦類宜噴薄；
　　　　序跋類宜吞吐；奏議類、哀祭類宜噴薄；詔令類、書牘類宜吞吐；

────────────

〔註11〕同註1，卷一，〈覆吳子序〉，頁89；〈覆許仙屏〉，頁124。

傳志類、敘記類宜噴薄；典志類、雜記類宜吞吐。其一類中微有區別者，如哀祭類雖宜噴薄，而祭郊社祖宗則宜吞吐；詔令類雖宜吞吐，而檄文則宜噴薄；書牘類雖宜吞吐，而論事則宜噴薄。此外各類，皆可以是意推之。〔註12〕

謂本諸姚氏之說，而有文章之分陰陽，其於陽剛、陰柔二美之詮釋，生動簡切；復能就其所析古文諸體，分別歸類而納之其中，且指出各體之中，亦非一成不變，而能辨取其異：足見其用力之深、體察之勤也。又曰：

兩漢文章，如子雲、相如之雄偉，此天地遒勁之氣，得於陽與剛之美者也；此天地之義氣也。劉向、匡衡之淵懿，此天地溫厚之氣，得於陰與柔之美者也；此天地之仁氣也。東漢以還，淹雅無慙於古，而風骨少隤矣。韓柳有作，盡取揚馬之雄奇萬變，而內之於薄物小篇之中，豈不詭哉！歐陽氏曾氏皆法韓公，而體質於匡劉為近。文章之變，莫可窮詰，要之不出此二途，雖百世可知也。〔註13〕

滌生所謂陽剛者氣勢浩瀚，陰柔者韻味深長，乃經長期之研探，深會有得之言；於此更舉歷代相關文家之風格以為證，皆令人易解而可入者也。至於比以天地之仁氣、義氣者，則已略涉抽象、附會矣。而其中之注意探討文境與體裁間之關係，乃基於姚氏之說，而有其進一步之發展者，亦有其獨到之見識也。

其後，滌生欲罷不能，歷經多番之苦思力索，遂有文境八目之建立，且各撰以十六字讚之，乃成其二類八目之說；其《日記》於同治四年正月廿二日，總結其五、六年來研索之所得，其言曰：

嘗慕古文境界之美者，約有八言：陽剛之美，曰雄、直、怪、麗；陰柔之美，曰茹、遠、潔、適。蓄之數年，而余未能發為文章，略得八美之一，以副斯志。是夜將此八言，各作十六字讚之，至次日辰刻作畢，附錄如左：

雄：劃然軒昂，盡棄故常。跌宕頓挫，捫之有光。

直：黃河千曲，其體仍直。山勢如龍，轉換無迹。

怪：奇趣橫生，人駭鬼眩。易玄山經，張韓互見。

麗：青春大澤，萬卉初葩。詩騷之韵，班揚之華。

〔註12〕《曾國藩全集·日記》咸豐十年三月十七日，頁475。
〔註13〕《詩文·聖哲畫像記》，頁249。

茹：眾義輻湊，吞多吐少。幽獨咀含，不求共曉。

遠：九天俯視，下界聚蚊。窶寠周孔，落落寡羣。

潔：冗意陳言，纇字盡芟。慎爾褒貶，神人共監。

適：心境兩閒，無營無待。柳記歐跋，得大自在。〔註14〕

此八字三十二贊，爲滌生文藝美學體系之重大揭示，固其平生所極用思者也。此於滌生本人，可謂興趣極濃，探索頗苦，歷經數載之思惟及修正而成者；其說雖於姚鼐之說多所深化開展，亦有其若干獨到之體會，然其所分者愈細、所詮者愈多，愈見其難以周延，而其力求陰柔美及陽剛美之絕對平衡，亦不免稍涉勉強；後人恐將領會愈難、隔閡愈大也。

　　滌生八字三十二贊之說，其可資檢討者，略如其下：一則，其於陽剛美「雄、直、怪、麗」之定義與詮釋，與陰柔美之四字相較，遠爲明爽通達、親切可曉；二則，陰柔美「茹、遠、潔、適」四字之名稱，歷經數次之更易而後定，其過程當有五、六年之長，足見於陰柔美之藝術特點，實已不易確切把握，則於「茹、遠、潔、適」之定義與詮釋，則更難精確表達矣；三則，八目之贊語中，雖舉有部分之實例，然所言之範圍，既已失之過寬，而於分別對應於作家作品之事，則其落實亦必更爲困難，矧復進行確切可徵之說明乎？四則，欲以一字之簡，本即不易概括某種文境，而古今名家風格又非單一不變，況復欲以一字而涵蓋之乎？而其初本姚氏之說，以「浩瀚者，噴薄而出之」、「深美者，吞吐而出之」，分指陽剛、陰柔之美，並以其《經史百家雜鈔》之相關體類，分別落實之，可謂較具體而明斷；且能以其實際之體驗，對此二者之如何取法歷代名家以爲用，亦有其較清晰之揭示。若再行深細之剖析，以廣其類，及刻意追求其間之絕對平衡，或亦未必有裨於文章之研賞與寫作也。

　　在陽剛與陰柔二境之中，滌生之美學興趣特重前者；此於姚鼐之理論中已發其端，其〈海愚詩鈔序〉曰：

　　　文之雄偉而勁直者，必貴於溫深而徐婉。溫深徐婉之才，不易得也。

　　　然其尤難得者，必在乎天下之雄才也。〔註15〕

滌生則直陳「平生好雄奇瓌瑋之文」，〔註16〕並確指陽剛之愈於陰柔之美也。其言曰：

〔註14〕同註12，同治四年正月廿二日，頁1105。
〔註15〕《姚鼐詩文集》（姚鼐撰，上海古籍出版社，上海，民國97年），頁48。
〔註16〕同註1，卷一，〈覆吳南屏〉，頁86。

> 雄奇者得之天事，非人力所可強企；愜適者詩書醞釀，歲月磨鍊，
> 皆可日起而有功。愜適未必能兼雄奇之長，雄奇則未有不愜適者。
> 〔註17〕

則以雄奇之較於愜適者，尤特關天事，非能勉強，故爲難能可貴也。然學問、工夫深厚者，則於愜適之境，亦能有其成就也。又曰：

> 文章之道，以氣象光明俊偉爲最難而可貴。如久雨初晴，登高山而
> 望曠野；如樓俯大江，獨坐明窗淨几之下，而可以遠眺；如英雄俠
> 士裼裘而來，絕無齷齪猥鄙之態。此三者皆光明俊偉之象。文中有
> 此氣象者，大抵得於天授，不盡關乎學術。自孟子、韓子而外，唯
> 賈生及陸敬輿、蘇子瞻得此氣象最多。陽明之文，亦有光明俊偉之
> 象，雖辭旨不甚淵雅，而其軒爽洞達，如與曉事人語，表裏粲然，
> 中邊俱徹，固自不可幾及也。〔註18〕

於此可見其美學之趣味，及其於雄奇之文之酷嗜，言之亦極親切，蓋得諸其先天稟賦與平生襟期、閱歷之相互激盪者也。

由於滌生論文以雄肆倔強、光明俊偉爲尚，故不喜平沓庸凡、毫無新意之文，自早歲已屢屢警示其子弟。道光二十三年正月十七日致諸弟書曰：

> 予論古文，總須有倔強不馴之氣，愈拗愈深之意。故於太史公外，
> 獨取昌黎、半山兩家。

道光二十四年五月十二日致諸弟書曰：

> 平沓最爲文家所忌，宜力求痛改此病。……季弟文氣清爽異常，喜
> 出望外，意亦層出不窮。以後務求才情橫溢，氣勢充暢，切不可挑
> 剔敷衍，安於庸陋。

可見其美學風格之嗜好取向。爲使文章之聲情並茂，氣勢暢盛，必須立意層出不窮，出奇超卓，以免平庸鄙陋，意淺調卑。同治元年十一月四日諭紀澤書曰：

> 凡詩文欲求雄奇矯變，總須用意有超羣離俗之想，乃能脫去恒蹊。
> 爾前信讀〈馬汧督誄〉，謂其沈鬱似《史記》，極是極是。余往年亦
> 篤好斯篇。爾若於斯篇及〈蕪城賦〉、〈哀江南賦〉、〈九辯〉、〈祭張
> 署文〉等篇吟玩不已，則聲情自茂，文思汨汨矣。

〔註17〕《雜著・文》，頁 15。
〔註18〕同註 7，〈王守仁申明賞罰以屬人心疏〉評語，頁 554。

謂通於立意之道者，有裨於成就陽剛雄奇之文；故復以親身之體驗，舉示以古人之名篇；此於其子之學文，宜能得法乎上、易於契入者也。

　　滌生偏嗜陽剛之風格，故亦重氣。故曰：「古文之法，全在氣字上用功夫」。〔註19〕其晚歲之古文四象說，亦以氣勢為重，同治四年七月三日諭紀澤紀鴻書曰：

　　　　四象表中，惟氣勢之屬太陽者，最難能而可貴。古來文人雖偏於彼
　　　　三者，而無不在氣勢上痛下工夫。

滌生論文重氣之主張，可溯至孟子，其日記曰：

　　　　誦養氣章，似有所會，願終身私淑孟子。雖造次顛沛，皆有孟夫子
　　　　在前，須臾不離。或到死之日，可以仰希萬一。〔註20〕

孟子之養氣章，以「至大至剛」狀浩然之氣，故古代文論中言及之氣，每帶閎大、剛健之徵。如韓愈曰：「氣盛則言之短長與聲之高下者皆宜」。〔註21〕滌生之重氣，即得力於韓文，其日記曰：

　　　　讀〈原毀〉、〈伯夷頌〉、〈獲麟解〉、〈龍雜說〉諸首，岸然想見古人
　　　　獨立千古、確乎不拔之象。〔註22〕

又曰：

　　　　溫韓文數篇，若有所得。古人之不可及，全在行氣，如列子之御風，
　　　　不在義理、字句間也。〔註23〕

皆見其於韓文之孜孜研索、體會有得，及其心儀不已之情。其家書中亦謂：「行氣為文章第一義」（同治元年八月四日諭紀澤書），而以司馬相如、揚雄之跌宕，韓愈之倔強，最為行氣不易之法，曾謂「奇辭大句，須得瓌瑋飛騰之氣，驅之以行」。〔註24〕其重氣之說正與崇尚陽剛雄奇之美相通也。

　　以上所述滌生之風格主張，具見其於古文長期研析之勤、興致之濃；而其偏嗜陽剛之壯美，故重視行氣之手法，所言「浩瀚者，噴薄而出之」、「光明俊偉」、「跌宕」、「倔強」、「瓌瑋飛騰」、「雄直之氣」者，均是氣勢之謂也。凡此固皆言指美學之風格，實亦與其稟賦、襟期密切難分者也。

〔註19〕同註2，頁52。
〔註20〕《日記・問學》，頁2。
〔註21〕同註5，頁99。
〔註22〕同註2，頁55。
〔註23〕同註2，頁56。
〔註24〕同註2，頁53。

六、古文四象

晚年，滌生研究文境，又析陽剛、陰柔爲四象，故有古文四象或四屬之說，其說屢見其家書。同治四年六月一日諭紀澤紀鴻書曰：

> 有氣則有勢，有識則有度，有情則有韻，有趣則有味，古人絕好文字，大約於此四者之中必有一長。

同月十九日又諭其子曰：

> 氣勢、識度、情韻、趣味四者，偶思邵子四象之說，可以分配。

同治五年十一月二日致沅弟書曰：

> 《古文四象》目錄抄付查收。所謂四象者：識度即太陰之屬，氣勢則太陽之屬，情韻少陰之屬，趣味少陽之屬。

具見其於四象之說，用心漸多之軌跡，且既選文以實之；直至辭世之前一年，猶不斷溫習此古文四屬之文，可謂其晚年探究古文之又一著力處也。

滌生古文四象說，乃本於宋儒邵雍《觀物內篇》。邵氏以爲天地生於動靜，天分陰陽，地分柔剛，謂之四象。陰陽又分太陽、太陰、少陽、少陰，即日月星辰，爲天之四象；柔剛又分太柔、太剛、少柔、少剛，即水火土石，爲地之四象，則自四化八，由此八者而生萬物。滌生假其理論，以氣勢、識度、情韻、趣味爲古文之四象，實亦自陽剛、陰柔二端，析分而出；觀其家書、日記、書函，確見其晚歲論文，極重氣勢、識度、情韻、趣味四屬之美。以此四者觀之，實較雄、直、怪、麗、茹、遠、潔、適八字之說，更見其周延易會；且點出此四屬本身之內在關係，即勢由氣生，識由度生，韻由情生，味由趣生，亦爲切要易曉。然其後，每象之中復析之爲二，即於太陽氣勢之屬，分噴薄之勢與跌宕之勢；少陽趣味之屬，分詼詭之趣與閒適之趣；太陰識度之屬，分閎括之度與含蓄之度；少陰情韻之屬，分沈雄之韻與悽惻之韻：乃完成四衍爲八之過程，亦如二美八目之說，愈分愈細，並亦以講求其間之平衡之爲務者也。其高足張裕釗，後又益之以二十字，分屬陰陽：神、氣、勢、骨、機、理、意、識、脈、聲，陽也；味、韻、格、態、情、法、詞、度、界、色，陰也；即承自滌生四象八分之說也。噫！雖謂「充其類而盡之」〔註25〕，然亦云治絲益棼、煩瑣而難入矣。

世傳《古文四象》一書刻本，昔朱東潤撰〈古文四象論述評〉一文，已

〔註25〕《國文學》（姚永樸撰，廣文書局，台北，民國51年）下卷，頁12。

略辨析《古文四象》一書，斷非曾氏之定本者六端，頗能言之成理。然查閱曾氏逝世前一年之日記，如同治十年三月十九日載「溫古文‧氣勢之屬」，廿日載「溫古文‧趣味之屬」，廿一日載「溫古文‧氣勢之屬」，廿二日載「溫古文‧情韻之屬」，四月九日載「溫古文‧識度之屬」等，計溫氣勢之屬者九日、識度之屬者二日、趣味及情韻之屬者各一日，正符四象或四屬之目，且似實有其成書者也。而存世之《古文四象》一書，即朱氏所評之吳汝綸傳本者，近日北京中國書店亦印行之，因其可疑之處者多，且於滌生身後亦未見通行於世，是否為其手訂之本，已不可得考矣。

綜而論之，滌生之論古文美學風格，不論二美八目或四象八分之說，固極盡思索、剖析之能事，有其若干獨到之體會，然均不若其「浩瀚者，噴薄而出之」、「深美者，吞吐而出之」之形容，及其以「雄奇」、「愜適」或「奇橫之趣」、「自然之致」之為辨，更見其真切有味、簡要易入者也。

第二節　詩　歌

曾國藩於古文用力最勤，所論亦最詳，成就及影響之大，乃世人所知。實則，其於詩歌亦用力頗深，嗜好極篤，早歲曾云：「余於詩亦有工夫，恨當世無韓昌黎及蘇、黃一輩人可與吾狂言者」（道光二十四年八月廿九日致諸弟書）；而其晚年之於詩歌，又別出不同之見解，賦予特殊之功能矣。其詩歌之主張，大皆間雜於古文及書法理論之中，然檢視其著作及鈔纂之書，亦可略曉其詩歌理論之大要也。

一、攻讀專集

讀詩乃作詩之先決條件，須就性之所好，選擇專集猛攻熟讀。道光二十三年六月六日致溫弟書曰：

> 吾意讀總集，不如讀專集。此事人人意見各殊，嗜好不同。吾之嗜好，於五古喜讀《文選》，於七古則喜讀昌黎集，於五律則喜讀杜集，七律亦最喜杜詩，而苦不能步趨，故兼讀元遺山集。吾作詩最短於七律，他體皆有心得，惜京都無人可與暢語者。弟要學詩，先須看一家集，不要東翻西閱。先須學一體，不可各體同學。蓋明一體，則皆明也。

其攻讀專集者，乃就詩體之不同，分別專就大家之一體而攻之。道光二十五

年三月五日致諸弟書曰：

> 詩之爲道，各人門徑不同，難執一己之成見以概論。吾前教四弟學
> 袁簡齋，以四弟筆情與袁相近也。今觀九弟筆情，則與元遺山相近。
> 吾教諸弟學詩無別法，但須看一家之專集，不可讀選本，以汨沒性
> 靈。至要至要！吾於五七古學杜、韓，五七律學杜，此二家無一字
> 不細看。外此則古詩學蘇、黃，律詩學義山，此三家亦無一字不
> 看。……我之門徑如此，諸弟或從我行，或別尋門徑，隨人性之所
> 近而爲之可耳。

此云讀詩不可讀選本，乃因其弟作詩已略具規模，故教其攻讀專集，使知某家
之面貌和精神，然後乃能深造。亦因研讀己性所近之專集，感受親切，可增進
興趣，易於摹仿而獲益也。然初學詩者，驟從專集入手，則未必適當。此外，
滌生主張先學好詩中之一體，明其旨趣，得其門徑，則各體亦漸能入手矣。

滌生教其子讀詩，除取性之所近者外，又宜取足以開拓胸襟者以攻讀之。
同治元年正月十四日諭紀澤書曰：

> 爾要讀古詩，漢魏六朝，取余所選曹、阮、陶、謝、鮑、謝六家，
> 專心讀之，必與爾性質相近。至於開拓心胸，擴充氣魄，窮極變態，
> 則非唐之李、杜、韓、白，宋金之蘇、黃、陸、元八家，不足以盡
> 天下古今之奇觀。爾之質性，雖與八家者不相近，而要不可不將此
> 八人文集，悉心研究一番，實六經外之鉅製，文字中之尤物也。

由攻讀一家專集，進而取性之所近者諸詩家互參之，以深化其學力；更須廣
探李、杜、韓、白、蘇、黃、陸、元諸大家，方得以致其大、盡其變，則已
非詩學之所限矣。

由上述可知，滌生之詩學，始以研讀專集，進而融會與性之所近諸家之
詩，終則復須研究唐宋諸大家之詩，方足以「開拓心胸，擴充氣魄」；乃是與
時俱進，與學養俱進，故於學詩、讀詩之同時，實亦在涵養其器識、提升其
生命之境界，此方是善詩者也。

二、崇尚氣勢與趣味

滌生自云：「論詩亦取傲兀不群者」（道光二十三年正月十七日致諸弟
書）。即在命意上須高人一等，最忌意淺詞卑；能道人所不能道，方脫俗氣，
而具深意也。亦強調「用意有超群離俗之想」，方能雄奇矯變，另闢新境也。

道光二十四年十二月十八日致諸弟書曰：

> 四弟之詩又有長進，第命意不甚高超，聲調不甚響亮。命意之高，
> 須要透過一層。如說考試，則須說科名是身外物，不足介懷，則詩
> 意高矣；若說必以得科名為榮，則意淺矣。舉此一端，餘可類推。
> 腔調則以多讀詩為主，熟則響矣。

此言立意之譬喻，實略顯其淺陋不足。其後，其學養益廣、見識日深，故於
命意須高者，有其較深閎、親切之體會，見其教子治詩之說可知。同治元年
十一月四日諭紀澤書曰：

> 爾詩胎息近古，用字亦皆的當。惟四言詩最難有聲響、有光芒，雖
> 《文選》韋孟以後諸作，亦復爾雅有餘，精光不足。揚子雲之〈州
> 箴〉、〈百官箴〉諸四言，刻意摹古，亦乏作作之光、淵淵之聲。余
> 生平於古人四言，最好韓公之作，如〈祭柳子厚文〉、〈祭張署文〉、
> 〈進學解〉、〈送窮文〉諸四言，固皆光如皎日，響如春霆。即其他
> 凡墓志之銘詞，及集中如〈淮西碑〉、〈元和聖德〉各四言詩，亦皆
> 於奇崛之中迸出聲光。其要不外意義層出、筆仗雄拔而已。自韓公
> 而外，則班孟堅《漢書‧敘傳》一篇，亦四言中之最雋雅者。爾將
> 此數篇熟讀成誦，則於四言之道，自有悟境。

以四言詩為例，欲求奇矯，有聲有光，須先熟讀班、韓諸名篇，識其「意義
層出，筆仗雄拔」之道，方有悟境。

滌生之於詩歌，除極重提高命意及讀誦名篇之外，復亦講求作詩之道：
謂於詩歌創作之中，宜參以散文之筆意，故其〈大潛山房詩題語〉文中，謂
於偶句中宜運以單行之氣，如黃山谷之專學杜詩七律；又於律句中運以長古
之氣，如蘇東坡之學太白詩；並謂晚唐杜牧之七律，亦有一種單行票姚之氣。
而指示小杜、蘇、黃三家，皆豪士而有俠客之風，宜其詩之深富傲兀不群之
氣概者也。既有超群離俗之想，又得奇崛票姚之氣，故於作詩之際，方克跌
蕩有致、意趣高遠也。

滌生於詩於文，本皆崇尚奇崛兀傲之風格，但至晚年則頗重趣味，尤心
儀閒適恬淡之境。同治六年三月廿二日諭紀澤書曰：

> 凡詩文趣味約有二種：一曰詼詭之趣，一曰閒適之趣。詼詭之趣，
> 惟莊、柳之文，蘇、黃之詩。韓公詩文，皆極詼詭。此外實不多見。
> 閒適之趣，文惟柳子厚游記近之，詩則韋、孟、白傅均極閒適。而

余所好者，尤在陶之五古、杜之五律、陸之七絕，以爲人生具此高淡襟懷，雖南面王不以易其樂也。爾胸懷頗雅淡，試將此三人之詩研究一番，但不可走入孤僻一路耳。

關於詼詭之趣，貴能怪麗驚奇，可駭可笑，方見其才情及機趣，滌生好讀韓愈之詩，即因其富於詼詭之趣也。而玩味閒適之詩，則有助養成高遠淡泊之襟懷，升華生命之境界，此滌生中晚年後所以嗜讀閒適之詩，以爲實可得人生之眞樂也。同治元年十二月十四日諭紀澤書曰：

韓公五言詩本難領會，爾且先於怪奇可駭處、詼諧可笑處細心領會。可駭處，如詠落葉，則曰「謂是夜氣滅，望舒實其圓」；詠作文，則曰「蛟龍弄角牙，造次欲手攬」。可笑處，如詠登科，則曰「儕輩炉且熱，喘如竹筒吹」；詠苦寒，則曰「羲和送日出，恇怯頻窺覘」。爾從此等處用心，可以長才力，亦可添風趣。

此於退之五言詩之「怪奇」、「詼諧」處，略舉詩例以實之，足見其於韓詩體會之深切也。此外，滌生又好莊子之文，亦因其文之詼詭怪奇、可駭可歎、變幻莫測、不可方物，且其中頗含詩意及哲思也。

至於閒適之趣，尤爲滌生晚年所嚮慕，實與身處官場、別有寄托，蘄能以詩自娛自適，以資淡其心而曠其懷也。同治元年七月十四日諭紀澤書曰：

五言詩，若能學到陶潛、謝朓一種冲淡之味、和諧之音，亦天下之至樂，人間之奇福也。

極見於陶潛、謝朓之五古詩，傾心之至、歎慕之深。〈與李眉生書〉中，更擴大其欣賞、涵泳之範圍，其言曰：

詩中有一種閒適之境，專從胸襟著工夫，讀之但覺天機與百物相弄相悅，天宇奇寬，日月奇閒。如陶淵明之五古，杜工部之五律，陸放翁之七絕，往往得閒中之眞樂。白香山之閒適古調，東坡過嶺後之五古，亦能將胸中坦蕩之懷，曲曲傳出。〔註26〕

滌生論詩，偏重氣勢與趣味。其氣勢說之提出，與其本人之性格、胸志有關；其趣味說之提出，則與其生平事業有關。咸同年間，滌生或處戎馬倥傯、危疑震駭之中，或浮沈於政治漩渦、諸務繁劇窘迫之際：殊少閒適之趣、曠遠之懷。其日記曰：

閱讀陶詩全部，取其太閒適者記出。將鈔一冊，合之杜、韋、白、

〔註26〕同註1，卷二，〈與李眉生〉，頁36。

　　蘇、陸五家之閒適詩，纂成一集，以備朝夕諷誦，洗滌名利爭勝之
　　心。〔註27〕

可知其晚歲嚮往閒適自得之心境，故思以冲淡閒適之詩歌，洗滌種種雜染之
煩擾也。

　　滌生每常合論詩與古文，若將古文創作中之陽剛陰柔說，運用於作詩、
賞詩之上：陽剛之美，即偏重氣勢之義；陰柔之美，即偏重趣味之義。至於
其致力之處，則有早歲與晚年之異趨：蓋其早歲，所作多寫其雄心抱負，每
每有感而發，意氣較為豪邁；中晚歲後，諸事繁劇，精力衰憊，已罕再賦詩
抒其情志，而每思以恬淡閒適之詩自娛，斬能暢其天機、超逸名利，以資淡
其心、曠其懷也。

三、器識為本

　　滌生論作詩，與作文略同，須具豁達光明之識。夫聖賢豪傑，器識深閎，
胸襟坦蕩，發為文字，其境自高，其趣自遠，故能獨立千秋，為人仰止也。
滌生曰：

　　古之君子，所以自拔於人人者，豈有他哉？亦其器識有不可量度而
　　已矣！試之以富貴貧賤，而漫焉不加喜戚；臨之以大憂大辱，而不
　　易其常，器之謂也。智足以析天下之微芒，明足以破一隅之固，識
　　之謂也。……昔者嘗怪杜甫氏，以彼其志量，而勞一世以事詩篇，
　　追章琢句，篤老而不休，何其不自重惜若此？及觀昌黎韓氏稱之，
　　則曰：「流落人間者，太山一豪芒」。而蘇氏亦曰：「此老詩外，大有
　　事在」。吾乃知杜氏之文字蘊於胸而未發者，殆十倍於世之所傳，而
　　器識之深遠，其可敬慕，又十倍於文字也。〔註28〕

惟聖賢、詩哲胸懷天下，志量高遠閎深，又能黽勉學習，惕勵奮發，悉心進
德修業，自強不息，乃能出生豁達光明之器識，故最難能可貴者也。滌生以
為恬淡冲融之趣，乃出於豁達光明之識。同治二年三月廿四日致沅弟書曰：

　　弟讀邵子詩，領得恬淡冲融之趣，此是襟懷長進處。自古聖賢豪傑、
　　文人才士，其志事不同，而其豁達光明之胸襟大略相同。以詩言之，
　　必先有豁達光明之識，而後有恬淡冲融之趣。如李白、韓退之、杜牧

〔註27〕同註5，頁59。
〔註28〕《詩文・黃仙嶠前輩詩序》，頁207。

之則豁達處多，陶淵明、孟浩然、白香山則冲淡處多。杜、蘇二公無美不備，而杜之五律最冲淡，蘇之七古最豁達。邵堯夫雖非詩之正宗，而豁達、冲淡二者兼全。吾好讀《莊子》，以其豁達足益人胸襟也。去年所講「生而美者，若知之，若不知之；若聞之，若不聞之」一段，最爲豁達，推之即舜禹之有天下而不與，亦同此襟懷也。

同治四年七月三日諭紀澤紀鴻書曰：

紀澤於陶詩之識度不能領會，試取〈飲酒〉二十首、〈擬古〉九首、〈歸田園居〉五首、〈咏貧士〉七首等篇反復讀之，若能窺其胸襟之廣大，寄托之遙深，則知此公於聖賢豪傑皆已升堂入室。

不論豁達光明，或恬淡冲融，屬於天性使然者多，然若能平日多讀此類詩文，於胸襟之開拓、氣質之變化及詩境之提昇，固有莫大之裨益也。

夫研詩、讀詩，而有裨於開拓胸宇、變化氣質者，亦是器識漸趨深閎、襟懷漸致曠遠之表徵也；若能合明達之識與冲淡之趣於一體，則更爲人生涵養之難得境界也。

四、講求聲調

滌生八本之說，其一爲「作詩文以聲調爲本」。不論作詩作文，滌生均重聲調之事，尤以作詩爲甚；古時詩樂合一，平仄、韻腳，均須注意，故特別講求聲調。作詩下字能響，讀之即鏗鏘有聲。若命意雖佳，而聲調不諧，讀之亦難悅耳。故須多讀名家詩作，自琅琅可誦之聲調中，熟詳其韻味，領略妙趣；其作詩時，亦易得聲調之美、興味之生也。胡哲敷曰：「曾聞前輩先生云：曾氏最講讀法，聲調神態，均極入妙」。〔註29〕證之其言論，頗爲可信。其日記曰：「夜誦杜、韓七古頗多，似有會於古人沈鬱頓挫之義」。又曰：

溫蘇詩，朗誦頗久，有聲出金石之樂，因思古人文章所以與天地不敝者，實賴氣以昌之，聲以永之，故讀書不能求之聲氣二者之間，徒糟粕耳。〔註30〕

咸豐八年八月二十日諭紀澤書亦曰：

凡作詩，最宜講究聲調。余所選抄五古九家、七古六家，聲調皆極

〔註29〕《曾國藩治學方法》（胡哲敷撰），第十一章：讀書方法，頁120。
〔註30〕同註2，頁60。

鏗鏘，耐人百讀不厭。余所未抄者，如左太冲、江文通、陳子昂、柳子厚之五古，鮑明遠、高達夫、王摩詰、陸放翁之七古，聲調亦清越異常。爾欲作五古七古，須熟讀五古七古各數十篇。先之以高聲朗誦，以昌其氣；繼之以密咏恬吟，以玩其味。二者并進，使古人之聲調，拂拂然若與我之喉舌相習，則下筆為詩時，必有句調湊赴腕下。詩成自讀之，亦自覺琅琅可誦，引出一種興會來。古人云：「新詩改罷自長吟」，又云：「煅詩未就且長吟」。可見古人慘淡經營之時，亦純在聲調上下工夫。蓋有字句之詩，人籟也；無字句之詩，天籟也。解此者，能使天籟、人籟湊泊而成，則於詩之道，思過半矣。

莊子〈齊物論〉文中，有天籟、人籟之說，天籟謂自然界之聲響，人籟謂人為吹奏之樂聲；後世將清新自然、不事雕琢之詩文稱為天籟，而猶存鑿痕、過於藻飾者稱為人籟。滌生則謂詩歌之字句，皆是人籟，乃有字之詩也；而詩歌之聲調，乃自然之音響和韻律，其所生之韻致興味，即為天籟，即無字之詩也；結合有字之詩之人籟與無字之詩之天籟，亦即結合字句之推敲琢磨與聲調之琅琅吟誦，方克成其為詩。讀詩必須高聲朗誦，以暢其氣；賦詩亦須載書載吟，或詩成而自誦之，方克引出胸中之興味。此皆讀詩、賦詩之經驗之談。然而古詩人於詩之慘淡經營之時，則非止於聲調之工夫耳，故劉勰《文心雕龍·指瑕》曰：「無翼而飛者聲也，無根而固者情也」。即尚須有聲、情配合之因素，方克成文也。其〈附會〉篇中又謂：

> 篇統間關，情數稠疊。原始要終，疏條布葉。道味相附，懸緒自接。
> 如樂之和，心聲克協。

可見詩之有聲有情，亦如音樂之須臻「心聲克協」；滌生之強調高聲朗誦為下手工夫，及至心有所觸動感發，而「有句調湊赴腕下」，則或是聲調與情致相協之際矣。

治詩之要，要須攻讀專集入手；進而須由熟讀熟玩佳篇，以融會與性之所近諸家之詩；終則復須研究唐宋諸大家之詩，以擴其識而充其氣也。讀詩、作詩，則須高聲朗誦、密咏恬吟，相習既久，人籟、天籟融會，一旦觸境生感、下筆為詩，必較易妙思湧現、清韻流轉矣。然而，尚須輔以平日學力之深化、器識之培養及其他技法之運用，方成其兼具思想性及藝術性之詩作；此則滌生固未嘗不注意之也。

第三節　書　法

中國文化，書畫並重，字乃古來重要藝術之一。常言「文字俱佳」者，又見文與字之地位等觀也。書法除具作實用之功能外，可陶冶性情，變化氣質；無論創作或鑑賞，能得妙趣，而修身及養生之道寓焉。

一、書法用途

書法有其美學之趣味，亦具實用之價值。滌生愛好書法，初乃出於致用。道光二十二年二月廿四日稟父母書曰：

> ……男亦常習小楷，以爲明年考差之具。近來改臨智永〈千字文〉
> 帖，不復臨顏、柳二家帖，以不合時宜故也。

練寫書法，在應付科考，投時宜之所趨；然尤要者，乃於治學、從政有極大助益也。咸豐八年八月二十日諭紀澤書曰：

> 凡作一事，無論大小難易，皆宜有始有終。作字時，先求圓勻，次
> 求敏捷。若一日能作楷書一萬，少或七、八千，愈多愈熟，則手腕
> 毫不費力。將來以之爲學，則手鈔羣書；以之從政，則案無留牘。
> 無窮受用，皆自寫字之勻而且捷生出。

將書法與爲學、從政相結合，有助於鈔書、辦公之便，是所謂「工欲善其事，必先利其器」也。其爲用已較考差之用者更勝一籌矣。滌生談爲學，每強調看讀寫作缺一不可，「寫」之工夫，即運用於鈔書、作筆記之事，且求其能快速有效者也。

滌生其後浸染有得、學養漸深，主張力掃求知見好之心，擺脫實用工具之想法，而以之表現個人之情感與心境，亦即爲藝術而藝術也。故曰：

> 本日作行書，能擴寫胸中跌宕俊偉之氣，稍爲快意。大抵作字及作
> 詩、古文，胸中須有一段奇氣，盤結於中，而達之筆墨者，却須過
> 抑掩蔽，不令過露，乃爲深至。若存絲毫求知見好之心，則眞氣漢
> 泄，無足觀矣。不特技藝爲然，即道德、事功，亦須將求知見好之
> 心洗滌淨盡，乃有合處。故曰七均師無聲，五和常主淡也。〔註31〕

此已大異於其原有實用之觀念，而能將書法藝術與胸中奇氣相融合，以抒發其內在之意趣也。

〔註31〕《曾國藩全集・日記》，頁 661～662。

除藝術價值外，滌生以為書法可資調劑生活，定氣養神，有益於涵養心性也。咸豐八年八月廿二日致澄弟季弟書曰：

> 弟近年書法遠遜於昔，在家無事，每日可仍臨帖一百字，將浮躁處大加收斂。心以收斂而細，氣以收斂而靜。於字也有益，於身於家皆有益。

內心浮躁不安之際，寫字可漸致沈靜，心氣漸得平和，則於立身持家時，可使心氣收斂、思考精密，有助於沈潛心性、提升定力，而慮事深遠、少犯過失，故於身家有益；蓋著眼書法藝術之於涵養心性之作用，且與安身立命、為人處世之道之相融合也。

綜觀滌生之言論，可知書法在其心目中，備具實用、美學、修養之價值焉，其於人生、事業之重要性可知矣。

二、書法源流

關於書法宗派之理解分辨，關乎學書入手之正確抉擇與否，亦為滌生所重視。咸豐九年三月廿三日諭紀澤書曰：

> 趙文敏集古今之大成。於初唐四家內，師虞永興，而參以鍾紹京，因此以上窺二王，下法山谷，此一徑也。於中唐師李北海，而參以顏魯公、徐季海之沈著，此一徑也。於晚唐師蘇靈芝，此又一徑也。由虞永興以溯二王及晉六朝諸賢，世所稱南派者也；由李北海以溯歐、褚及魏北齊諸賢，世所謂北派者也。爾欲學書，須窺尋此兩派之所以分。南派以神韻勝，北派以魄力勝。宋四家，蘇黃近於南派，米蔡近於北派。趙子昂欲合二派而匯為一。爾從趙法入門，將來或趨南派，或趨北派，皆可不迷於所往。

此言趙子昂之學書途徑及其書法特色，實亦反映其於唐宋諸賢書風之鑒賞與分判：其中二王、虞世南、鍾紹京、黃庭堅歸為一類，李邕、顏真卿、徐浩歸為一類，而以晚唐蘇靈芝則獨標一格。另於宋四大家中，滌生謂蘇、黃近於南派，米、蔡近於北派。書法史上之南北書派之分，南宋趙孟堅已於〈論書〉文中提出其議題，清阮元〈南北書派論〉一文，所言更為明確，滌生以其勤學好思之個性，確認書法之南北分野，各以神韻或魄力勝；且以此為基石，指出趙孟頫乃取法於唐代諸賢，並糅合成自家之面貌，乃為集南北古今大成之書家。故欲知書法，須先識其宗派，明其源流；然後知所歸趨，確立

方向後，即可專意用功，故示其子或可自趙氏入手，其後或趨北派、或趨南派，皆可得其要徑而不迷也。

滌生之教導其子，學書須識其門徑，分辨清晰可循，可見其浸淫之久，故能於軍書旁午之際，猶能娓娓道來，如數家珍；而於其子日後學習之方向，指點確切，而態度開明，囑其隨己性所近以施爲之。

三、書法風格

在書法之創作上，滌生所論特多。早歲與書法家何子貞論書時，已有其體證，道光二十二年九月十八日致諸弟書曰：

> 予嘗謂天下萬事萬理皆出於乾坤二卦。即以作字論之：純以神行，大氣鼓蕩，脈絡周通，潛心內轉，此乾道也；結構精巧，向背有法，修短合度，此坤道也。凡乾以神氣言，凡坤以形質言。禮樂不可斯須去身，即此道也。樂本於乾，禮本於坤。作字而優游自得、眞力彌滿者，即樂之意也；絲絲入扣、轉折合法，即禮之意也。偶與子貞言及此，子貞深以爲然，謂渠生平得力，盡於此矣。

天下萬物皆出諸乾坤，書法亦然，所言實較爲抽象；其重心蓋謂乾道體現於書法作品之神氣，坤道則反映自書法作品之形體，而書法之神形兼至矣。此乃將書法置於宇宙本源之高度以體察之，何氏謂其「眞知大源」，評價極高。其日記曰：

> 作字之道，剛健、婀娜，二者闕一不可。余既奉歐陽率更、李北海、黃山谷三家，以爲剛健之宗；又當參以褚河南、董思白婀娜之致，庶爲成體之書。〔註32〕

此謂作字須先注意風格也。所謂「剛健」，即陽剛之美；「婀娜」，即陰柔之美。有獨立之風格者，方可成家，同治五年十月十一日諭紀澤紀鴻書曰：

> 凡大家名家之作，必有一種面貌、一種神態，與他人迥不相同。譬之書家羲、獻、歐、虞、褚、李、顏、柳，一點一畫，其面貌既截然不同，其神氣亦全無似處。本朝張得天、何義門雖稱書家，而未能盡變古人之貌。故必如劉石庵之貌異神異，乃可推爲大家。

此謂大家者必有其獨特之面貌、神態，其不取著名之書家張得天、何義門，

〔註32〕同註2，頁65。

而特取劉墉爲例者，其理安在？其咸豐十一年六月十七日之日記曰：

> 看劉文清公清愛堂帖，略得其冲淡自然之趣。方悟技藝佳境有二：
> 曰雄奇，曰淡遠。作文然，作詩然，作字亦然。若能含雄奇於淡遠
> 之中，尤爲可貴。

滌生將作字之道與詩文之理論相繫聯，使文學及書法藝術之創作手法，相融
互通。又曰：

> 作字之道，二者並進，有著力而取險勁之勢，有不著力而得險勁之
> 勢。著力如昌黎之文，不著力如淵明之詩。著力則右軍所稱「如錐
> 畫沙」也；不著力，則右軍所稱「如印印泥」也。二者闕一不可，
> 猶文家所謂陽剛之美、陰柔之美矣。〔註33〕

於此可見其文藝創作思想之一致性。書法之道，宜能結合陽剛與陰柔之美，方
爲最佳境界，其呈現於人前者，即所謂「含雄奇於淡遠之中」，其外在之表相爲
淡遠，而內在之本質則爲雄奇。故書法之秀而能雄者，即所謂兼具陰柔、陽剛
之美也。秀而不雄，則失諸弱；雄而不秀，則失諸粗；故作字當先求秀而後雄，
或兩者兼進，以防失諸偏也。又宜注意者，滌生將其藝術上之見識，亦融入其
人生之感悟中，故於中晚年時，其待人處世之道，亦有柔中帶剛之特色，即寓
申韓之法於黃老之道之中，而使其人生與事業，有其另一番之進境與轉化也。

　　書法美學之旨趣上，滌生則偏重雄奇有勢之風格。道光二十三年六月六
日致澄弟沅弟季弟書曰：

> 凡作字總須得勢，務使一筆可以走千里。三弟之字，筆筆無勢，是
> 以局促不能遠縱。

同治元年四月廿四日諭紀澤紀鴻書曰：

> 爾近來寫字，總失之薄弱，骨力不堅勁，墨氣不豐腴，與爾身體向
> 來輕字之弊正是一路毛病。爾當用油紙摹顏字之〈郭家廟〉、柳字之
> 〈琅邪碑〉、〈玄秘塔〉，以藥其病。日日留心，專從厚重二字上用工。
> 否則字質太薄，即體質亦因之更輕矣。

滌生於爲人，素不喜儒弱無志之輩，其於詩文、書法均尚氣勢，對其子弟書
法之下筆無勢、薄弱不振、缺乏骨力，實難接受。同治五年二月十八日諭紀
鴻書曰：

> 凡作字總要寫得秀，學顏、柳，學其秀而能雄；學趙、董，恐秀而

〔註33〕同註2，頁64。

失之弱耳。

寫字固以秀爲要，但不可失於弱，故須骨力堅勁，墨氣豐腴，尤貴能得勢，使一筆可走千里，自能雄放奇崛矣。其同年十月十四日之日記亦云：

> 大抵凡事皆以氣爲主，氣能挾理以行，而後雖言理而不厭，否則氣既衰茶，説理雖精，未有不可厭者。猶之作字者，氣不貫注，雖筆筆有法，不足觀也。

主張書法宜求氣之昌盛，令氣勢貫注，方有可觀也。

滌生論書法風格，頗重骨力、氣勢，而所謂「剛健」、「婀娜」或「有著力而取險勁之勢」、「有不著力而得險勁之勢」者，蓋亦如文章之有陽剛與陰柔之美，兩者不宜偏廢，且思能剛柔相濟以爲用也。

四、書法技巧

作字之道，除注重字之風格外，其具體之方法，有用筆、結體二端。咸豐九年三月三日諭紀澤書曰：

> 大抵寫字只有用筆、結體兩端。學用筆，須多看古人墨迹；學結體，須用油紙摹古帖。此二者，皆決不可易之理。

作字之道，先學用筆，滌生主張執筆宜高。咸豐八年十月廿五日諭紀澤書曰：

> 爾所臨隸書〈孔廟碑〉，筆太拘束，不甚鬆活，想係執筆太近毫之故，以後須執於管頂。余以執筆太低，終身吃虧，故教爾趁早改之。

咸豐九年二月三日致澄弟沅弟季弟書曰：

> 大約握筆宜高，能握至管頂者爲上，握至管頂之下寸許者次之，握至毫以上寸許者，亦尚可習得好字出。若握近毫根，則雖寫好字，亦不久必退。且斷不能寫好字。吾驗之於己身，驗之於朋友，皆歷歷可徵。

滌生一再強調握筆之道，主張握筆愈高愈佳，乃其閱歷之語；蓋執筆太低，拘束呆板，不能靈活，再則速度太慢，且又吃力；三則習成好字，亦不久必退，何況斷難學成。

在結體上，須由摹帖以倣其間架，又由臨帖以求其神氣。咸豐九年三月三日諭紀澤書曰：

> 吾自三十時，已解古人用筆之意，只爲欠却間架工夫，使爾作字不成體段。生平欲將柳誠懸、趙子昂兩家，合爲一爐，祇爲間架欠工

夫，有志莫遂。爾以後當從間架用一番苦功，每日用油紙摹帖或百
字，或二百字，不過數月，間架與古人逼肖而不自覺。

咸豐十一年正月十四日諭紀澤書曰：

> 爾寫字筆力太弱，以後即常摹柳帖亦好。家中有柳書〈玄秘塔〉、〈琅
> 邪碑〉、〈西平碑〉各種，爾可取〈琅邪碑〉日臨百字、摹百字。臨
> 以求其神氣，摹以仿其間架。

摹帖以形爲主，以神爲輔，既求形似，又求神似，故摹帖時須循規蹈矩，不
偏不倚，以奠立厚實之基礎；臨帖乃建立於摹帖之基礎上，字帖已非描摹之
底本，而爲參照之物，故於務求形似之同時，更求其神似。此即其所謂「臨
以求其神氣，摹以仿其間架」也。

滌生治古文，頗以力趨珠圓玉潤之趣爲歸，其於學書亦然，故咸豐十年
四月廿四日諭紀澤書曰：

> 無論古今何等書家，其落筆、結體，亦以珠圓玉潤爲主。故吾前示
> 爾書，專以一重字救汝之短，一圓字望爾之成也。

蓋亦善體古今書家之作，深化用筆、結體之工夫，以漸臻圓潤之境，則於字
能厚重自立，且富氣韻矣。

除用筆、結體兩者之外，滌生復重視墨色之運用。咸豐八年八月二十日
諭紀澤書曰：

> 近日墨色不甚光潤，較去年春夏已稍退矣。以後作字，須講究墨色。
> 古來書家，無不善使墨者，能令一種神光活色浮於紙上，固由臨池
> 之勤、染翰之多所致，亦緣於墨之新舊濃淡，用墨之輕重疾徐，皆
> 有精意運乎其間，故能使光氣常新也。

欲得墨色光潤，充塞活色生氣，於墨質之差異分辨，用墨之技巧熟稔與否，
均在影響之列，務須細究者也。

滌生於書法之技巧，頗重用筆、結體、用墨三端，而以結體者指示特詳，
蓋由倣其間架與求其神氣下手，雙管齊下，輔以用筆、用墨之工夫，斬能臻
於珠圓玉潤之境也。

五、書法工夫

書法之爲一門獨立之藝術，自有其深廣之理論及技巧。書法之道，有其
日積月累、逐步漸進之過程，不圖速效，不畏艱辛，方克有成，故滌生特重

有恆及困勉之工夫。道光二十三年六月六日致溫弟書曰：

> 習字臨〈千字文〉亦可，但須有恒。每日臨帖一百字，萬萬無間斷，則數年必成書家矣。

同治五年正月十八日諭紀鴻書曰：

> 爾學柳帖〈琅邪碑〉，效其骨力，則失其結構，有其開張，則無其捖搏。古帖本不易學，然爾學之尚不過旬日，焉能眾美畢備，收效如此神速？余昔學顏柳帖，臨摹動輒數百紙，猶且一無形似。……今爾用功未滿一月，遽欲遽躋神妙耶？余於凡事皆用困知勉行工夫，爾不可求名太驟，求效太捷也。以後每日習柳字百個，單日以生紙臨之，雙日以油紙摹之。臨帖宜徐，摹帖宜疾，專學其開張處。數日之後，手愈拙，字愈醜，意興愈低，所謂困也。困時切莫間斷，熬過此關，便可少進。再進再困，再熬再奮，自有亨通精進之日。
>
> 不特習字，凡事皆有極困極難之時，打得通的，便是好漢。

困知勉行，愈困愈勇，愈挫愈進，突破重重之難關，自有亨通精進之日。滌生之論學書，特重有恆及困勉之工夫，固為成就書法之主要因素，然亦是從事諸務有成之關鍵；而由學書一事觀之，亦猶其平生凡事勤勞、用心之另一體現也。

　　以上滌生之論書法，皆其長期實踐之心得，尤以風格及工夫之說，實亦其人生惕厲自強、勤奮不懈之寫照；學書如此，進德修業、經綸世務，莫不皆然也。

第四章　曾國藩家書與修養之方

　　夫修養者，乃一切學術、事業之基石也。修者，修飭己身也；養者，涵養心性也。人類修養之目的，即在提高思想之覺悟，以開發生命之智慧；淨化內在之心性，以獲致人格之完善；培養沈潛之意志，以面對人生之考驗。《論語‧衛靈公》載：

　　　　在陳絕糧，從者病，莫能興。子路慍見曰：「君子亦有窮乎」？子曰：
　　　　「君子固窮，小人窮斯濫矣」。

最見人類生命之深度。《論語‧微子》載：

　　　　夫子憮然曰：「鳥獸不可與同群，吾非斯人之徒與而誰與？天下有
　　　　道，丘不與易也」！

最見人類生命之高度。《論語‧雍也》載：

　　　　子貢曰：「如有博施於民而能濟眾，何如？可謂仁乎？」子曰：「何
　　　　事於仁，必也聖乎！堯舜其猶病諸。夫仁者，己欲立而立人，己欲
　　　　達而達人。能近取譬，可謂仁之方也已」。

最見人類生命之廣度。《論語‧泰伯》載：

　　　　曾子曰：「士不可不弘毅，任重而道遠。仁以為己任，不亦重乎？死
　　　　而後已，不亦遠乎」？

最見人類生命之遠度。《孟子‧滕文公下》曰：

　　　　居天下之廣居，立天下之正位，行天下之大道。得志與民由之，不
　　　　得志獨行其道。富貴不能淫，貧賤不能移，威武不能屈，此之謂大
　　　　夫。

最見人類生命之雄度。《大學》曰：

是故君子有諸己而後求諸人，無諸己而后非諸人。所藏乎身不恕，
而能喻諸人者，未之有也。故治國在齊其家。

最見人類生命之明度。《中庸》曰：

故君子和而不流，強哉矯！中立而不倚，強哉矯！國有道，不變塞
焉！國無道，至死不變，強哉矯！

最見人類生命之強度。《易經‧乾文言》曰：

不易乎世，不成乎名；遯世無悶，不見是而無悶；樂則行之，憂則
違之；確乎其不可拔，潛龍也。

最見人類生命之堅度。《中庸》曰：

君子素其位而行，不願乎其外。素富貴，行乎富貴；素貧賤，行乎
貧賤；素夷狄，行乎夷狄；素患難，行乎患難。君子無入而不自得
焉。在上位，不陵下；在下位，不援上。正己而不求於人，則無怨；
上不怨天，下不尤人。故君子居易以俟命，小人行險以徼幸。子曰：
「射有似乎君子；失諸正鵠，反求諸其身」。

最見人類生命之韌度。《孟子‧滕文公下》曰：

孟子曰：「君子所以異於人者，以其存心也。君子以仁存心，以禮存
心。仁者愛人，有禮者敬人。愛人者人恒愛之，敬人者人恒敬之。
有人於此，其待我以橫逆，則君子必自反也：我必不仁也，必無禮
也，此物奚宜至哉？其自反而仁矣，自反而有禮矣，其橫逆由是也，
君子必自反也：我必不忠。自反而忠矣，其橫逆由是也，君子曰：『此
亦妄人也已矣。如此則與禽獸奚擇哉？於禽獸又何難焉？』是故君
子有終身之憂，無一朝之患也……。」

最見人類生命之寬度。以上所引，具見人生修養之重要。故古往聖哲，自孔、
墨、老、莊、孟、荀，以迄周、張、程、朱、陸、王、顧（亭林）、王（夫之）
等，莫不重視修養，各有其修養方法及境界之理論。以儒家而論，孔子首倡
「修己」之說，《論語‧憲問》云：

子路問君子。子曰：「修己以敬」。曰：「如斯而已乎」？曰：「修己
以安人」。曰：「如斯而已乎」？曰：「修己以安百姓。修己以安百姓，
堯舜其猶病諸」？

「修己」，即指整飭一己之言行，敬持其身，不欺其心，使皆合乎天理良知，
方克進行「安人」、「安百姓」之務。《中庸》亦曰：「君子篤恭而天下平」。「篤

恭」即「修己以敬」；「天下平」，則「安人」、「安百姓」矣。中國經世之學之標的，在謀百姓之安康，肇天下以太平，其入手處即安己、修己、修身，透過自我之致力修持，以滌除染習、私心，提昇精神境界。蓋己之不安，何以安人？身之失修，焉能治人？故錢穆云：

> 人道莫不大於能相安，而其端自安己始。安己自修敬始。孔門本人
> 道論政事，本人心論人道，此亦一以貫之，亦古今通義。〔註1〕

修身者，乃儒家所共同重視者也。植立大本，以通政事，乃至成就任何事業，未有能離於修身者，故可謂豐實人生之大本、開展事業之首務也。

孔子以降，孟子倡言：「存其心，養其性，所以事天也。殀壽不貳，修身以俟之，所以立命也」（《孟子‧盡心上》）；「君子之守，修其身而天下平」（〈盡心下〉）。因主「性善」，故言「養性」以擴充固有之善端；又謂「養心莫善於寡欲」（〈盡心下〉）。荀子主「性惡」，故捨「養性」而言「化性」；亦言「養心」，謂「君子養心莫善於誠」（《荀子‧不苟》）；並著述〈修身〉之篇。至《大學》、《中庸》更提出系統之修養論。《大學》言「齊家、治國、平天下」，而皆本於「修身」；故謂「自天子以至於庶人，壹是皆以修身爲本」；修身之道，則在「正心」、「誠意」。《中庸》言「凡爲天下國家有九經」，而貫之以誠，亦首務「修身」。

先秦以降之大儒，無不具備民胞物與之悲懷，明道救世之大志。孔子言「鳥獸不可與同群，吾非斯人之徒與而誰與？」（〈微子〉）「老者安之，朋友信之，少者懷之」（〈公冶長〉）；孟子倡仁政，欲「兼善天下」（〈盡心上〉）；范仲淹謂「先天下之憂而憂，後天下之樂而樂」（〈岳陽樓記〉）；顧炎武言「天下者，匹夫之賤，與有責焉」。〔註2〕曾國藩思想，融合儒道墨法，取精用宏，不拘一家，而要以承繼儒家此一優良之淑世精神爲主，其言曰：「僕之所志，其大者蓋欲行仁義於天下，使凡物各得其分」；〔註3〕「君子之道，莫大乎以忠誠爲天下倡」。〔註4〕亦欲本諸仁義忠誠之道，以匡時濟世也。夫欲行其大志於斯世，則其任重而道遠，故必先厚植以深閎之修養，方克有濟也。故《論語‧衛靈公》曰：

〔註1〕　《論語新解》（錢穆撰，東大圖書公司，台北，民國77年），頁541〜542。
〔註2〕　《日知錄》（顧炎武撰，唯一書業中心，台南，民國62年）卷十七，〈正始〉條，頁379。後衍成中國知識分子之常言：「天下興亡，匹夫有責」。
〔註3〕　《曾國藩全集‧書信‧答劉蓉》，頁22。
〔註4〕　《曾國藩全集‧詩文‧湘鄉昭忠祠記》，頁304。

子張問行，子曰：「言忠信，行篤敬，雖蠻貊之邦行矣；言不忠信，
行不篤敬，雖州里行乎哉」？

朱子注曰：「子張意在得行於外，故夫子反於身而言之」。夫忠信、篤敬者，
皆本於內在之修養也。修養真切有得，誠中形外，其感發人也至深且遠也。

滌生一生於事功能立，學術有得。而當其苦撐於驚濤駭浪之中，圖存於
百般磨折之際，屢次死中求活，絕處尋生，可謂艱險備嘗矣。然終以堅忍之
意志，恢宏之胸襟，深沈之智慧，引導誠樸之風氣，力挽狂瀾於將倒，建功
立業，此皆其平日修養有得之效也，故本章先述其修身之道，修身者，即修
心養性也；又以旺盛之精神，實有賴於強健之體魄，滌生於色身之調養、鍛
鍊，亦多獨到之說，故次述其養生之道。

第一節　修身之道

本節所述者，以精神之修養為主。

夫精神者，乃人生之本源，形體之主人也。吾人若能善養此精神，則內
在之力量豐沛，光輝盛大，而使人生進退有據，動靜咸宜。故修身者，實以
精神之修養為主體。修養達一定之境界，則精神旺盛充實，正氣內蘊，自能
通達穩健，耳聰目明，「無入而不自得」（《中庸》），不易為客氣所侵擾、憂患
所搖撼矣。故古往聖哲頗用心於此，所謂致虛守靜、存心養性、存誠立大、
誠意正心、率性修道、善養吾浩然之氣、虛一而靜謂之大清明、涵養須用敬
等等，皆屬精神之修養工夫也。

曾國藩之學問有得、事功有成，以致影響於後世。吾人查閱其巨量之日
記、家書、奏稿、批牘、往還信函、讀書筆錄，處處皆見其立身處世之毋怠
毋忽、有條不紊，可知其於精神修養，確有一定之工夫也。嘗云：「精神要常
令有餘，於事則氣充，而心不散漫」。〔註 5〕滌生生平於《孟子》思想、文章
用心極深，其最後之歲月猶為後輩講解《孟子》多章；而平日喜誦孟子養氣
之章（〈公孫丑上〉），其精神說正得力於此。所謂「於事則氣充」，即孟子之
不餒也；「心不散漫」，即孟子之「必有事焉」。滌生以此精神貫注於學問事功
之上，時時勤懇奮勉，處處敬慎不苟，故其成功非無故也。夫以修身為根本，
成就一有為有守之人；進而以忠以誠，「居仁由義」（〈盡心上〉），齊家、治國、

〔註 5〕《曾文正公全集・日記・問學》（世界書局），頁 2。

平天下：實爲修己治人之道之體現也。以下述其修身之道：

一、立志自強

　　世無天生之聖賢，人性中每多憧憧慾念，妄思不絕，心猿意馬，見異思遷，好逸惡勞，得過且過；故而一生庸庸碌碌，渾渾噩噩，「年與時馳，意與歲去，遂成枯落，多不接世，悲守窮廬，將復何及」（諸葛亮〈誡子書〉）？故欲自立自強，有所作爲，當先自立志始。孟子主張士「尚志」（〈盡心上〉）、「先立乎其大」（〈告子上〉）；諸葛亮謂「才須學也，學須靜也，非學無以廣才，非志無以成學」（〈誡子書〉）；王陽明亦謂：

> 志不立，天下無可成之業，雖百工技藝，未有不本於志者。……志不
> 立，如無舵之舟，無銜之馬，漂蕩奔逸，終亦何所底乎？〔註6〕

蓋志之不立，則天下無可成之學，無可爲之事，無可立之功，無可造之人也。滌生於此，有深切之體認，故於入仕之初，即確立遠大之抱負，不樂與凡庸卑下者同其俯仰也。道光二十二年十月廿六日致諸弟書云：

> 君子之立志也，有民胞物與之量，有內聖外王之業，而後不忝於父
> 母之生，不愧爲天地之完人。

此實爲希聖希賢、經綸天下之大志，胸襟恢閎，氣魄雄偉。道光二十四年九月十九日致諸弟書曰：

> 人苟能自立志，則聖賢豪傑何事不可爲？何必借助於人！「我欲仁，
> 斯仁至矣」。我欲爲孔孟，則日夜孜孜，惟孔孟之是學，人誰得而御
> 我哉？若自己不立志，則雖日與堯舜禹湯同住，亦彼自彼，我自我
> 矣，何與於我哉？

苟能立志，則一切操之在我，何事不可爲？不能立志，則得過且過，雖與聖賢同在，亦於己無裨也。此時之滌生猶未練軍經武，與強敵戰，其所言固闊放遠大，而不免略嫌空泛，然因其能早立其志，故於天下未亂之前，即已進行其心性之鍛冶與學識之培養，以奠立修齊治平之基石，此於其後之能領袖羣倫、經綸世務，有其莫大之關係也。

　　欲從事內在之修養，亟須致力於自我之改造，以昨死今生之決心，去除人性中之雜染，方克逐漸淨化其性靈、沈潛其心志也。故張載云：「爲學大益，

〔註6〕　《王陽明全集》（上海古籍出版社）下冊，〈教條示龍場諸生〉，頁974。

在自求變化氣質」。〔註7〕滌生亦頗注意於此，同治元年四月廿四日諭紀澤鴻書曰：

> 日日留心，專從厚重二字上用工。否則字質太薄，即體質亦因之更輕矣。人之氣質，由於天生，本難改變，惟讀書則可變化氣質。古之精相法者，並言讀書可以變換骨相。欲求變之之法，總須先立堅卓之志。即以余生平言之，三十歲前最好吃煙，片刻不離，至道光壬寅十一月二十一日立志戒煙，至今不再吃。四十六歲以前作事無恆，近五年深以為戒，現在大小事均尚有恆。即此二端，可見無事不可變也。爾於厚重二字，須立志變改。古稱金丹換骨，余謂立志即丹也。

此言字質關乎體質之事，不論字質之薄、體質之輕，皆能改變，而能否奏其厚重之效者，則有待於立志也。變化氣質之事，本甚困難，然能立堅卓之志，殷重以赴之，亦可為也。滌生以立志戒煙及行事有恆二者為證，其他大小之事亦皆然也。其中「有恆」二字，實立志有成之必要條件也。故嘗云：「古人以有恆為作聖之基」。〔註8〕滌生早年即注意於此，道光二十二年十二月二十日致諸弟書曰：

> 蓋士人讀書，第一要有志，第二要有識，第三要有恆。有志則斷不甘為下流；有識則知學問無盡，不敢以一得自足，如河伯之觀海，如井蛙之窺天，皆無識者也；有恆則斷無不成之事。

人之不甘為下流，故立其遠大之志；若能念茲在茲，終身不易，致力以赴之，即是有恆。反之，若侈言立志，而其行事則一曝十寒，依然故我，未能見諸行事；此乃妄想之人，非真能立志者也。

故滌生之修身論，實由立志自強始。苟能立志，則心有存主，萬事皆可由我做出；不能立志，則茫然無歸，得過且過，其為凡庸卑下也必矣。

二、慎獨存誠

《大學》言「誠意」，《中庸》言「誠身」，皆謂君子必慎其獨也。《大學》曰：

> 所謂誠其意者，毋自欺也。如惡惡臭，如好好色，此之謂自謙，故君子必慎其獨也。小人閒居為不善，無所不至；見君子而后厭然，

〔註7〕 《近思錄·為學》（朱熹編，商務印書館，台北，民國65年），頁84。
〔註8〕 《三名臣書牘·覆陳松生》卷二，頁33。

　　揜其不善，而著其善。人之視己，如見其肺肝然，則何益矣？此謂
　　誠於中，形於外。故君子必慎其獨也。

《中庸》曰：

　　君子戒慎乎其所不睹，恐懼乎其所不聞。莫見乎隱，莫顯乎微，故
　　君子慎其獨也。

兩說實可相表裏。慎獨者，即獨處時心常惺惺，戒慎恐懼、持身不苟也。能
否慎獨，端視其意之誠與不誠，故誠意者，以「毋自欺」爲第一要義；滌生
於此體會頗深，故於逝世前一年多，即同治九年十一月二、三日，作〈家訓
日課〉諭紀澤紀鴻，第一條「慎獨則心安」即曰：

　　自修之道，莫難於養心。心既知有善知有惡，而不能實用其力，以
　　爲善去惡，則謂之自欺。方寸之自欺與否，蓋他人所不及知，而己
　　獨知之。故《大學》之誠意章，兩言慎獨。果能好善如好好色，惡
　　惡如惡惡臭，力去人欲，以存天理，則《大學》之所謂「自慊」，《中
　　庸》之所謂「戒慎恐懼」，皆能切實行之。即曾子之所謂「自反而縮」，
　　孟子之所謂「仰不愧、俯不怍」，所謂「養心莫善於寡欲」，皆不外
　　乎是。故能慎獨，則內省不疚，可以對天地、質鬼神，斷無行有不
　　慊於心則餒之時。人無一內愧之事，則天君泰然，此心常快足寬平，
　　是人生第一自強之道，第一尋樂之方、守身之先務也。

此爲滌生六十歲時所作，乃其一生修省工夫之結晶，思有以傳諸子孫者也。
文中融合儒門各家之說及其平生之體證於一爐，由於能慎獨，無有愧疚之事，
昂然天壤之間，心境自然寬怡坦蕩，實乃人生自強之要道、至樂之所在也。

　　慎獨之重心在慎，滌生釋「慎」之義曰：

　　慎：古人曰欽、曰謙、曰謹、曰虔恭、曰祇懼，皆慎字之義也。慎
　　者，有所畏憚之謂也。居心不循天理，則畏天怒；作事不順人情，
　　則畏人言；少賤則畏父師、畏官長；老年則畏後生之竊議；高位則
　　畏僚屬之指摘。凡人方寸有所畏憚，則過必不大，鬼神必從而原之。

〔註9〕

此將與慎相近之概念，皆納於其範疇；而要以此心之有所警惕、畏憚，以施
用於人生之諸層面；一切本諸方寸之懍懍，絲毫自欺不得，亦欺人不得也。

〔註9〕　《曾國藩全集・雜著・書贈仲弟六則》，頁 434～435。

此即《中庸》所云：

　　《詩》云：「潛雖伏矣，亦孔之昭」。故君子內省不疚，無惡於志。

　　君子之所不可及者，其唯人之所不見乎！

君子之過人處，乃對良知之絕對忠實，所謂「戰戰兢兢，死而後已。行有不得，反求諸己」。〔註10〕透過慎獨之嚴密修持，以達到人格之完善及獨立，真乃修己治人之不二法門，「人生第一自強之道」也。

　　慎獨又與誠意密不可分。滌生早歲為文曾曰：

　　君子懍其獨而生一念之誠，積誠為慎，而自慊之功密。……夫君子
　　者，懼一善之不力，則冥冥者有墮行；一不善之不去，則涓涓者無
　　已時。屋漏而懍如帝天，方寸而堅如金石，獨知之地，慎之又慎。
　　此聖經之要領，而後賢所切究者也。〔註11〕

此將慎獨視為積誠所致，與《大學》之「誠於中，形於外，故君子必慎其獨也」同義，皆言意誠之於道德修養之重要。所謂意誠，即敬守本心，專一不二也。「惟察之以精，私意不自蔽，私欲不自撓，惺惺常存」。〔註12〕有專一不二、惺惺常存之工夫，方克不放失其心，足資抵制人欲、習染之侵擾，不蔽於私，不欺其心，以保其本心之純粹無染也。

　　滌生一生重視篤實踐履，不喜浮華之人、誇誕之談；並欲以誠樸之精神，挽救當日社會之虛矯風氣。故曰：

　　竊以為天地之所以不息，國之所以立，賢人之德業所以可大可久，皆
　　誠為之也，故曰：「誠者，物之終始，不誠無物」。……今日而言治術，
　　則莫若綜核名實；今日而言學術，則莫若取篤實踐履之士。物窮則變，
　　救浮華者莫如質。積玩之後，振之以猛，意在斯乎？〔註13〕

此乃有感衰世、痛切反省之語。萬事萬物，本末終始，莫不以誠為主；一切道德、技藝、學術、事功，苟出虛偽，終歸漸滅。故《中庸》曰：

　　君子誠之為貴。誠者，非自成己而已也，所以成物也。成己，仁也；
　　成物，知也；性之德也，合外內之道也，故時措之宜也。

君子秉誠而行，則能成己、成物，外內無殊，用舍行藏，無施不宜，洵為內

〔註10〕《日記・省克》，頁28。
〔註11〕《詩文・君子慎獨論》，頁181。
〔註12〕《詩文・順性命之理論》，頁134。
〔註13〕同註8，卷一，〈覆賀耦庚〉，頁1。

聖外王之根本工夫也。然「誠」之於待人接物之際，又有在己之誠與接物之誠；滌生經多歷廣，其體認也至深。故析之曰：

> 用兵久，則驕惰自生，驕惰則未有不敗者。勤字所以醫惰，慎字所以醫驕；合二字之先，須有一誠字以立之本。立志要將此事知得透、辨得穿，精誠所至，金石亦開，鬼神亦避，此在己之誠也。人之生也直，與武員相交接，尤貴乎直。文員之心多曲、多歪、多不坦白，往往與武員不相水乳；必盡去歪曲私衷，事事推心置腹，使武人、粗人坦然無疑，此接物之誠也。以誠字為之本，以勤字慎字為之用，庶幾免於大戾，免於大敗。〔註14〕

此乃一番經驗之談。夫欲成己、成物，皆不外乎誠也。以誠為本，勤慎為用，實為其一生修己、治人之著力處也。然因涉世久、歷事多，或不免稍用機巧，若久假而不歸，未能自覺，則將有陷深難拔之勢也。故須猛然自省，時加警惕，庶回誠篤之路，以見本來面目也。咸豐八年正月四日致沅弟書曰：

> 弟書自謂是篤實一路人，吾自信亦篤實人，只為閱歷世途，飽更事變，略參些機權作用，把自家學壞了。實則作用萬不如人，徒惹人笑，教人懷恨，何益之有？近日憂居猛省，一味自平實處用心，將自家篤實的本質還我真面、復我固有。賢弟此刻在外，亦急將篤實復還，萬不可走入機巧一路，日趨日下也。縱人以巧詐來，我仍以渾含應之，以誠愚應之；久之，則人之意也消。若鉤心鬥角，相迎相距，則報復無已時耳。

此作於其丁父憂時期。咸豐七年，滌生因未經朝廷核準，即急離江西戰場，奔喪回湘，為各方譏彈，內心悔痛難遣，不能自寧；又思及領兵數年間之挫辱，每自愧疚，故有此番深省。乃決心棄絕權術，摒除機詐，專在篤實處用心，以誠厚待人接物。此亦因其帶兵以降，矯枉過正、躁烈武健，與人不諧，行事不順，故於痛定思痛、一番猛省之餘，又漸思回歸其早歲之舊路，注意踐履慎獨存誠之工夫也。

　　誠者，真實毋妄也；以能「毋自欺」為根本、「慎其獨」為首務，若能立定主意，自此不蔽於私、踐履篤實，漸可淨化機心、棄用權術，則復歸於平實大道、誠厚本懷，人生又何有自欺欺人、徒尋苦惱之事乎？以誠自飭，不欺其心，可致心君之坦蕩自得、無愧無怍，即孟子所謂「萬物皆備於我矣。

〔註14〕同註8，卷一，〈與李申夫〉，頁97。

反身而誠，樂莫大焉」（〈盡心上〉）；《孟子》、《中庸》，均謂「誠者天之道也」，故「誠」乃獨立存在、永恒不變之客觀規律，人若能反躬自省，以致其「誠」，而獲致與「天之道」同一境界時，即為天人相參、物我一體，故謂「萬物皆備於我」、「樂莫大焉」。

再者，以誠待人，貴乎坦直，「禮人不答反其敬」（《孟子‧離婁上》），則人久亦感之，故謂「至誠而不動者，未之有也；不誠，未有能動者也」（〈離婁下〉）；「敬人者人恒敬之」（〈離婁下〉）。若是對方猶然冥頑暴戾，已非己責矣，而又何憾乎？孟子故云：「自反而忠矣，其橫逆由是也，君子曰：此亦妄人而已矣」（〈離婁下〉）。故知慎獨存誠者，實先秦儒家安身立命、修己治人之根本工夫，而滌生自少即於此有所探索，中晚年時更於事上磨練，閱歷深厚，更令其體會益加深刻明確：洵為其平生成己、成物之要道也。

三、敬恕養心

《呂氏春秋‧不二》曰：「孔子貴仁」。仁乃孔子思想之主體。《論語‧顏淵》曰：

> 仲弓問仁。子曰：「出門如見大賓，使民如承大祭。己所不欲，勿施
> 於人。在邦無怨，在家無怨」。

「出門如見大賓，使民如承大祭」，此孔子告仲弓行仁之道，首須「敬」也；《中庸》亦曰：「齊莊中正，足以有敬也」。而「己所不欲，勿施於人」，即恕也；故孔子告仲弓行仁之道，又須「恕」也。《中庸》亦曰：「忠恕違道不遠，施諸己而不願，亦勿施於人」，朱子注曰：「推己及人為恕」；《大學》亦有「絜矩之道」，謂人能善持其所有以待於人，恕己以接物也。敬恕之旨大矣哉：敬以待人，人必敬之；恕以待人，人必愛之；故謂「在邦無怨，在家無怨」；敬恕者，是乃修己淑世之要道者也。

（一）敬恕為立德之基

滌生於敬恕二字，本諸孔門之旨，參諸宋儒之論，極其重之，咸豐八年五月十六日致沅弟書曰：

> 聖門教人不外敬恕二字，天德王道，徹始徹終，性功事功，俱可包
> 括。

同年七月廿一日諭紀澤書曰：

作人之道，聖賢千言萬語，大抵不外敬恕二字。〈仲弓問仁〉一章，言敬恕最為親切。自此以外，如「立則見其參於前也，在輿則見其倚於衡也」；「君子無眾寡，無小大，無敢慢」，斯為「泰而不驕」；「正其衣冠，儼然人望而畏」，斯為「威而不猛」。是皆言敬之最好下手者。孔言「欲立立人，欲達達人」。孟言「行有不得，反求諸己」；「以仁存心，以禮存心」；「有終身之憂，無一朝之患」。是皆言恕之最好下手者。爾心境明白，於恕字或易著功，敬字則宜勉強行之。此立德之基，不可不謹。

此以敬恕為養心之要、入德之基，更為徹始徹終、涵括內聖外王之根本工夫。其於修養之重要性，可謂無以復加矣。又曰：

敬恕二字，細加體認，實覺刻不可離；敬則心存而不放，恕則不蔽於私。敬是平日涵養之道，恕是臨時應事之道。致知，則所以講求此敬、講求此恕者也。〔註15〕

故以敬持躬，小心翼翼，戒慎以存之；以恕待人，凡事將心比心，略留餘地以處人：是為滌生平生道德修養、為人處世之所本者也。

夫以敬恕養心、應事，乃融貫儒家道德修養論之所得也。孔子極重視以敬治國化民，非止於心性之涵養而已，《論語・學而》曰：「敬事而信」；〈為政〉曰：「臨之以莊，則敬」。敬者，積極言之，即尊重也；消極言之，即不慢也。〔註16〕敬之對象，兼人與事而言也。至孟子則將道德之涵養，易之為向內致力之主觀過程，故曰：「存其心，養其性，所以事天也」（〈盡心上〉）；「學問之道無他，求其放心而已矣」（〈告子上〉）。即尋回放失之本心，使之安固於身中作主，不再東馳西騖。「存其心」即含主敬之意，滌生之「敬則心存而不放」，實本於此。

宋儒以「居敬」一事，為道德修養之入手處，蓋亦收其放心、敬謹不慢之意。如程頤曰：

所謂敬者，主一之謂敬。所謂一者，無適之謂一。且欲涵泳主一之義，一則無二三矣。〔註17〕

〔註15〕同註3，《書信・復鄧汪瓊》，頁727。

〔註16〕參考《孔子學說》（陳大齊撰，正中書局，台北，民國58年），第二篇第六章，頁235。

〔註17〕《二程集》（程顥・程頤撰，漢京文化事業公司，台北，民國72年），頁169。

主一無二，主一無適，則心中有主而不外放，必不易爲外物所遷、客氣所移也。朱熹亦曰：

> 學者工夫，唯有居敬、窮理二事。……能居敬，則窮理工夫日密。

〔註18〕

滌生以敬爲「平日涵養之道」，實本於此。有居敬之工夫，則心存而不放，故當其應事之際，亦能謹愼不慢、恕以待人接物；以之格物，亦能主一專注，有窮理工夫日密之效也。

（二）居敬與主靜

夫以敬爲主體之修養，主要表現爲「內而專靜純一，外而整齊嚴肅」。「專靜純一」，即養其心、不妄動，以達虛靜安和、定於一境之義；「靜則生明，動則多咎，自然之理也」。〔註19〕惟能「內而專靜純一」，故可「外而整齊嚴肅」，因毋失本心，安定清明，故能雜念不起，外誘不亂。故居敬與主靜，密不可分，皆爲修身之根本也。滌生早年所撰之〈五箴〉，其〈居敬箴〉曰：

> 儼恪齋明，以凝女命。女之不莊，伐生戕性。誰人可慢？何事可弛？
> 弛事者無成，慢人者反爾。縱彼不反，亦長吾驕。

而〈主靜箴〉即置於其後，與居敬工夫相輔相成，其言曰：

> 後有毒蛇，前有猛虎，神定不懾，誰敢予侮！豈伊避人，日對三軍，
> 我慮則一，彼紛不紛。〔註20〕

因有居敬之功，故生定靜之效；因能心靜不雜，故而敬肅無躁：敬乃修養之主體，含攝內外者也。

滌生自稱：「立身之道，以禹墨之勤儉，兼老莊之靜虛，庶於修己治人之術，兩得之矣」。〔註21〕《老子》十六章曰：「致虛極，守靜篤」。身處塵世，須以虛靜之工夫，「滌除玄覽」（十章），使此心復其本有之清明，則較能見理通達、行事細密也。滌生之主靜說，除受道家思想之影響外，亦納入宋儒之理論。周敦頤援道入儒，其〈太極圖說〉曰：「聖人定之以中正，而主靜立人極焉（自注：無欲故靜）」。程頤之修養方法爲：「涵養須用敬」，〔註22〕易主

〔註18〕《朱子語類大全》（朱熹撰，中文出版社，京都，民國62年），卷九，頁445。
〔註19〕《雜著·書贈仲弟六則》，頁435。
〔註20〕《詩文·五箴並序》，頁147。
〔註21〕同註5，頁14。
〔註22〕同註17，頁188。

靜爲主敬。因敬以不受外物牽引爲主，易與虛靜混，故又曰：「敬則自虛靜，不可把虛靜喚作敬」。〔註23〕謂能居敬，則已含攝虛靜於內，毋須另作虛靜工夫也。宋儒欲與釋家劃清界限，故曰：「纔說靜，便入於釋氏之說也。不用靜字，只用敬字。纔說著靜，便是忘也」。〔註24〕謂靜則消極，欲有所忘；敬則積極，乃有所主。朱熹論敬，則謂：

> 敬字通貫動靜；但未發時，則渾然是敬之體；非是知其未發，方下敬底工夫也。既發則隨事省察，而敬之用行焉；然非其體素立，則省察之功亦無自而施也。故敬義非兩截事。〔註25〕

此則以敬分體用，而成其貫通內外之工夫也。

　　朱熹雖亦以居敬爲修養之本，惟晚年又信服其師李延年之默坐澄觀，重視靜坐；以之收其放心，獲致居敬之功，而將居敬（主敬）與主靜互爲融貫。滌生亦以居敬、主靜並重，其道光二十二年十一月二十日致諸弟書，所附課程表，首條即「居敬」也。其言曰：

> 整齊嚴肅，無時不懼。無事時心在腔子裏，應事時專一不雜。

敬乃含攝內外之工夫。然居敬之道，亦須有入手處，故次條則繼以「靜坐」也。其言曰：

> 每日不拘何時，靜坐一會，體驗靜極生陽來復之仁心。正位凝命，如鼎之鎮。

咸豐十一年九月四日致沅弟書，特致叮嚀曰：「虛靜二字，每日須玩味片晌」。滌生極重靜之工夫，以之爲修行、治學之基礎。在未達靜之境界之先，則惟以靜坐之法修治之。早歲日記載其心得甚多，如道光二十二年十月廿七日載：

> 唐先生言：最是靜字工夫要緊。大程夫子是三代後聖人，亦是靜字工夫足；王文成亦是靜字有工夫，所以他能不動心。若不靜，省身也不密，見理也不明，都是浮的，總是要靜。……務當力求主靜，使神明如日之升，即此以求其繼繼續續者，即所謂緝熙也。〔註26〕

時從唐鑑初治理學，唐氏即以靜之工夫爲緊要，並於其得力致效處，大加闡發也。其日記又曰：

〔註23〕同註17，頁157。
〔註24〕同註17，頁189。
〔註25〕《朱文公文集・答林擇之》（朱熹撰，商務印書館，台北）卷四三，頁733。
〔註26〕《曾文正公手書日記》（學生書局）冊一，頁17。

> 然則靜極生陽，蓋一息點生物之仁心也。息息靜極，仁心之不息，
> 其參天兩地之至誠乎？顏子三月不違，亦可謂洗心退藏、極靜中之
> 眞樂者矣。〔註27〕

所言較唐氏之說，更爲神秘而難徵。日記又曰：

> 此後直須徹底盪滌，一絲不放鬆。從前種種譬如昨日死，從後種種
> 譬如今日生。務求息息靜極，使此生意不息，庶可補救萬一！〔註28〕

凡此皆將靜之工夫，置於精神修養之重要地位；然皆未離於敬之主體，靜之工夫亦敬之工夫也。

《大學》所謂「定而后能靜，靜而后能安」，已揭出定靜後之大效；蓋以志有定向，則心不妄動，心不妄動，則所處而安；所言平正簡要，至於何以致靜，則未詳示其途徑。以常情窺之，若能立定志向，並就事上勤加磨練，日久則才略漸出生，智慧漸明達，實於心志之沈潛、辦事之安穩，亦能略奏其效，而其中並無神秘之意味在。

至宋儒融入道釋，則倡以靜坐之法；滌生治學自《朱子全書》始，其重視靜之工夫，蓋亦本諸宋儒之說也。人之精神，若未能沈靜，則心散而氣浮，「省身也不密，見理也不明」；故須由靜坐下手，無論治心養體，爲學處世，皆不可無靜之工夫也。由靜坐以獲致靜之心境，復結合居敬之工夫，乃滌生修身養性、待人接物之要道也。

實則，滌生所云靜坐之事，不論其能否獲致定心澄慮之境界，皆猶在意識境界打轉，其云靜者亦惟是相對之靜耳，其作用實淺，其工夫亦淺；然若持之以恆，略得滋味，則於心志之沈潛、色身之攝養、應事之穩重，要非無小補也。

（三）主敬則身強

滌生晚年於敬之工夫，體會更深刻，發用益親切，同治九年十一月二、三日，作〈家訓日課〉諭紀澤紀鴻，並將之歸結爲日課四門之一：「主敬則身強」，欲以自勵勉人，傳諸後裔也。其言曰：

> 敬之一字，孔門持以教人，春秋士大夫亦常言之，至程朱則千言萬
> 語不離此旨。內則專靜純一，外則整齊嚴肅，敬之工夫也；出門如
> 見大賓，使民如承大祭，敬之氣象也；修己以安百姓，篤恭而天下

〔註27〕同註26，頁 232。
〔註28〕同註26，頁 241。

平，敬之效驗也。程子謂上下一於恭敬，則天地自位，萬物自育，氣無不和，四靈畢至。聰明睿智，皆自此出。以此事天饗帝，蓋謂敬則無美不備也。吾謂敬字切近之效，尤在能固人肌膚之會、筋骸之束。莊敬日強，安肆日偷，皆自然之徵驗，雖有衰年病軀，一遇壇廟祭獻之時，戰陣危急之際，亦不覺神爲之悚，氣爲之振，斯足知敬能使人身強矣。若人無眾寡，事無大小，一一恭敬，不敢懈慢，則身體之強健，又何疑乎？

此爲滌生晚年所撰，一年四月後即辭世；據其《日記》載，乃作於十一月二日、三日，共完成「愼獨則心安」、「主敬則身強」、「求仁則人悅」、「習勞則神欽」之疏證。信末謂「老年用自儆惕，以補昔歲之愆；並令二子各自勗勉，每夜以此四條相課，每月終以此四條相稽」，故除用以自飭自修外，亦有遺訓性質，所述較諸早年之說，益趨平正樸實、明達易曉也。

滌生晚年所言「敬」者，實著眼於以精神之凝攝、內心之沈靜，而形諸於外者，則是處世之莊重、生活之不苟；要以承繼先秦儒家之剛健精神爲主。此種自重自強、敬人敬事之態度，自能有裨於行事之穩健、生活之正常，則於體魄之強健，當亦有其助益也。

（四）仁即恕、恕致祥

恕字爲滌生養心之要法，亦本於儒家之學。《論語・衛靈公》載：

> 子貢問曰：「有一言而可以終身行之者乎」？子曰：「其恕乎？己所不欲，勿施於人」。

孔門之道德主體爲仁，而其踐履之道則爲恕，待人接物之際，不蔽於私，能將心比心、推己及人，且能終身行之而不懈，則足見其行仁之弘毅剛健也。故錢穆申其義曰：

> 己所不欲，勿施於人，驟看若消極，但當下便是，推此心而仁道在其中。故可終身行之。〔註29〕

此略就個人之修持而言，能以恕道待人，若其終身行之不倦，其爲積極剛健之弘毅之士者也必矣。〈雍也〉：「夫仁者，己欲立而立人，己欲達而達人」。朱熹《中庸章句》曰：「推己及人爲恕」。滌生所謂「恕則不蔽於私」，即充塞剛健、弘大之精神。己能立、能達，則爲成己；能立人、達人，則爲成物；

〔註29〕同註1，頁570。

既成己，又成物，恕之能事畢矣，故曰「不蔽於私」。然恕道廣大，不可驟幾，《孟子‧盡心上》曰：「強恕而行，求仁莫近焉」！故滌生頗思於恕字痛下工夫，以爲修身處世之大本，其言曰：

> 聖門好言仁，仁即恕也。曰富、曰貴、曰成、曰榮、曰譽、曰順，此數者，我之所喜，人亦皆喜之。曰貧、曰賤、曰敗、曰辱、曰毀、曰逆，此數者，我之所惡，人亦皆惡之。吾兄弟須從恕字痛下工夫，隨在皆設身以處地。我要步步站得穩，須知他人也要站得穩，所謂立也；我要處處行得通，須知他人也要行得通，所謂達也。今日我處順境，預想他日也有處逆境之時；今日我以盛氣凌人，預想他日人亦以盛氣凌我之身，或凌我之子孫。常以恕字自惕，常留餘地處人，則荊棘少矣。〔註30〕

此亦可謂其晚歲之定論，同治七年七月下旬，滌生奉調直隸總督，九月下旬，其四弟國潢抵金陵相見；十年一會不易，故臨別書贈以〈書贈仲弟六則〉，以質樸之文句、深厚之用心，針對其弟躁動好事之個性，施以針砭，實亦有家訓之性質；而滌生晚歲又每以「三致祥」說教導子弟，其中之一即「恕致祥」，亦有其深意焉。文中居心之仁厚，思慮之深遠，言語之懇切，其於仁之精神之闡揚，及其致用之道之指示，洵爲「能近取譬，可謂仁之方也已」（《論語‧雍也》）。

居敬行恕，眞積力久，工夫深厚，確能漸克人欲之私，以歸天理之公，以之成己成物、修己治人，乃滌生臨老猶不敢或懈之根本工夫也。故謂之養心之要、立德之基，洵不虛也。滌生常言及其他道德之範疇，如忠、勤、愼、信、廉、清、謙、渾等，與其平生修己治人之志業皆不可分，蓋亦均與敬恕工夫息息相關者也。

四、平淡廣大

滌生青年時期，功名心強烈熱切，其摯友劉蓉謂其「銳意功名，意氣自豪」，〔註31〕其少時熱心科第，志氣未充，又生長僻鄉，眼光淺陋，殆無疑也。及科舉成名，入宦京師，翰林養望，意氣風發，以爲功業可成、名望可立，乃爲自然之事。其後時局益壞，國勢日衰，然其本人則見聞漸廣，識解漸深，

〔註30〕《雜著‧書贈仲弟六則‧恕》，頁 435。
〔註31〕《養晦堂文集‧與曾伯涵鄭伯琛書》（劉蓉撰，文海出版社，台北，民國 63 年）卷三，頁 185。

乃有民胞物與之志，匡時濟世之懷；在京時境遇較安定，復有師友夾持互勉，已致力修飭身心之行。及中晚年時，躋身軍政高位，功業彪炳，而謗毀亦來，常在危疑震盪之際，時處驚濤駭浪之中，家書中每見兔死狐悲之心，憂讒畏譏之意，如咸豐十年七月八日致沅弟季弟書曰：「位高非福，恐徒為物議之張本耳」。「美服患人指，高明逼神惡」（張九齡〈感遇〉其四），「事修而謗興，德高而毀來」（韓愈〈原毀〉）。高位者一舉一動、一言一行，皆為眾人所矚目，有心者所扭曲，實無隱私、樂趣可言，況處時局不寧、形勢險惡之際乎？同年八月十二日致沅弟季弟書曰：

> 余處高位，蹈危機，觀陸、何與僧覆轍相尋，彌深悚懼，將來何道可以免大戾？弟細思之而以告我。吾恐貽先人羞，非僅為一身計。

位高而生懼，與早年之意氣之盛，實判若兩人。此固出其天賦之警覺性，較常人更具深遠之見識，亦因宦海險惡詭譎、變幻無常，前人之慘痛結局歷歷在目之故；其中晚年時，屢見厭倦官場、憂灼痛苦之情，出現其家書之中，如咸豐十一年九月十八日致沅弟書曰：「極盛之時，每虞蹉跌，弟當格外小心」。同治三年二月六夜致沅弟書曰：「飽諳世事，處處皆危機也」。同治六年三月七日致澄弟書曰：「處茲亂世，凡高位、大名、重權皆在憂危之中」。同月廿八日諭紀澤書曰：「余憂患之餘，每聞危險之事，寸心如沸湯燒灼」。同年十一月十七日致澄弟沅弟書曰：「宦途險巇，在官一日，即一日在風波之中，能妥貼登岸者實不易易」。皆頗見其長期畏慎戒懼之情，及深心憂苦、亟思上岸之意。然求退不得、進已無趣，而於名利之心、俗見俗念，亦絕難不縈其胸，故亟思有以對治之。

（一）戒慎謙讓

滌生好覽歷代史籍，復以任職京官多年之閱歷，及其後領軍轉戰各地之艱苦遭遇，事業功名之成敗利鈍、世道人心之險詭多變，本經歷甚多、曉之極深。然於人間之事，尤以處功名利祿、得失毀譽之際，乃有種種苦惱、辛楚，或輕或重，或淡或濃，牽掛於心、惶惑不寧，凡為人者所不免也。滌生亦然。若繫執於身外之名利得失，則胸懷有所牽掛，鬱鬱難解、推廓不開，心境常為外物所擾、客氣所牽，必然煩惱無已，不得寧然自足、悠然自在矣。咸豐八年七月廿八日致沅弟書曰：

> 余向來雖處順境，寸心每多沈悶鬱抑，在軍中尤甚。此次專求怡悅，不得稍存鬱損之懷。〈晉〉初爻所謂「裕无咎」者也。望吾弟亦從裕

字上打疊此心，安安穩穩。

《易經》晉卦初六曰：「晉如摧如，貞吉。罔孚，裕无咎」。朱熹《周易本義》曰：「以陰居下，應不中正，有欲進見摧之象。占者如是，而能守正則吉。設不爲人所信，亦當處以寬裕，則无咎也」。其小象曰：「晉如摧如，獨行正也。裕无咎，未受命也」。朱熹釋曰：「初居下位，未有官守之位」。其中涵義，頗與滌生當時之處境相類。時領軍作戰已五、六年，勝敗相尋，艱辛備嘗。蓋以在京即已身居二品之大員，因不受朝廷信任，而始終居客軍之地位，無督撫調度之權實，處處受欺嘔氣，行事極不順心。雖有平定強敵之志，並著戰績，却屢「不爲人所信」，長期「無官守之命」。滌生讀至此爻，當必迭生深慨矣。

咸豐七年，守喪居家，得以靜心反思數年間之成敗得失，始知用事或太躁，急功或過切，榮辱譽毀不能忘懷，故而胸中不平、方寸難寧，時生鬱悒憤懣之感也。咸豐八年六月復出後，參以老莊之學，識解增進，氣象亦有異於昔，故漸視名利得失爲浮物，專求「胸次浩大」之自在境界，而此則恃乎淡泊寡欲之修養也。咸豐九年之日記曰：

> 胸襟廣大，宜從平淡二字用功。凡人我之際，須看得平；功名之際，
>
> 須看得淡，庶幾胸懷日闊。〔註32〕

此爲其復出之未久所記，可知其於盡力公事之際，亦同時進行其涵養心性之工夫。同治元年七月二十日致沅弟季弟書曰：「治心以廣大二字爲藥」。人間之事，不平者多；得失之際，謙退者鮮。若能從平淡處下工夫，善護此心，不令放失，則雜染日去。精神不受外物牽累，困阻之事不再耿耿於懷，苦惱漸少，則胸中無滯無礙、怡然自得，故而「胸懷日闊」矣。其理如此，若於事上亦如其理，則結果豈不甚佳？

然以滌生之地位與處境，則甚不易易也。蓋其自咸豐十年任兩江總督，以迄辭世，十餘年間，位高權重，天下矚目，然滌生則深懷危機之感、懼禍之意，自云「只好刻刻謹慎，存臨深履薄之想而已」。〔註33〕初任江督，人以得高官大位爲驕爲榮，滌生則以任鉅履艱而畏而慎，咸豐十年七月十二日致沅弟季弟書曰：

> 兄膺此巨任，深以爲懼。若以陸、何二公之前轍，則貽我父母羞辱，
>
> 即兄弟子侄亦將爲人所侮。禍福倚伏之幾，竟不知何者爲可喜也？

〔註32〕同註5，頁8。
〔註33〕《曾文正公手書日記》冊六，頁3462。

陸、何即指陸建瀛、何桂清二人，乃滌生之前任，皆以債事而身敗貽羞、連累家人。滌生接此職位，其權責更甚於二人。蓋清廷自此令其節制四省務務，專責戡定勁敵，收拾靡爛之局，故不喜反懼也。

滌生深知功名之地，古人所畏，禍福相倚，得失相尋，故而居高思危，恐罹大戾。同治元年六月二十日致沅弟書曰：

> 忝竊高位，又竊虛名，時時有顛墜之虞。吾通閱古今人物，以此名位權勢，能保全善終者極少。深恐吾全盛之時，不克庇蔭弟等；吾顛墜之際，或致連累弟等，惟於無事時，常以危詞苦語，互相勸誡，庶幾免於大戾。

同年十月三日致沅弟書曰：

> 吾兄弟誓拚命報國，然須常存常存避名之念，總從冷淡處著筆，積勞而使人不知其勞，則善矣。

古今風雲人物倏起倏落、暴興暴衰者多，而保全善終者鮮。而謂「積勞而使人不知其勞」，雖云不出謙抑免禍之考慮，實亦修養之事也。然欲全心報國、盡力公職，而猶寸心忐忑、時刻難安者，足見當日形勢之壞、宦海之險也。

同治二年正月三日致沅弟書曰：

> 吾兄弟報國之道，總求實浮於名，勞浮於賞，才浮於事。從此三句切實做去，或者免於大戾。

同月七日致沅弟書曰：

> 疏辭兩席一節，弟所說甚有道理。然處大位大權而兼享大名，自古曾有幾人能善其末路者？總須設法將權位二字推讓少許，減去幾成，則晚節漸漸可以收場耳。

凡此皆見其臨深履薄、推讓名位之意，故於拚命報國之同時，亦全心以行其謙退遠禍之策。兩席者，指欽差大臣、兩江總督二職，欲辭其一，以免權位過重而為人側目、而遭忌受謗、而有不時之顛墜也。

滌生思深慮遠，權位愈高，居心愈危；惟求切實做事，盡心報國，而於權位名利等外物，則思冷淡處之，謙讓推之，絕無意再行擴張。蓋因閱歷深廣，每懷畏於驟然之顛墜及不測之禍患也。

（二）惜福遠忌

滌生除個人處處留神，時時戒慎，常懷淡泊之志，每存惜福之意外，亦以之與乃弟國荃互勉。同治二年正月十八日致沅弟書曰：

弟之志事，頗近春夏發舒之氣；余之志事，頗近秋冬收嗇之氣。弟
意以發舒而生機乃旺，余意以收嗇而生機乃厚。平日最好昔人「花
未全開月未圓」七字，以爲惜福之道、保泰之法莫精於此。曾屢次
以此七字教誡春霆，不知與弟道及否？

同年五月二十五日又致書曰：

門第太盛，弟處處退一步，最爲惜福遠忌之道。

功名鼎盛之際，能時存惜福之意，即自知謙退、戒愼，以期日臻平淡、平實
之境。滌生又常勉其弟國荃，須「刻刻存一有天下而不與之意，存一盛名難
副、成功難居之意」（同治三年正月廿三日致沅弟書）。「功成身退，愈急愈好」
（同年九月三日致沅弟書）。亦即處處收斂，務去爭競之心、名利之念，使胸
懷入於淡定之天也。同治三年正月廿六日又致書曰：

弟近來氣象極好，胸襟必能自養其淡定之天，而後發於外者有一段
和平虛明之味。如去歲初奉不必專摺奏事之諭，毫無怫鬱之懷；近
兩月信於請餉請藥，毫無激迫之辭；此次於莘田、芝圃外家，渣滓
悉化：皆由胸襟廣大之效驗，可喜可敬。如金陵果克，於廣大中再
加一段謙退工夫，則蕭然無與，人神同欽矣。富貴功名，皆人世浮
榮；惟胸次浩大，是眞正受用。余近年專在此處下功夫，願與我弟
交勉之！

四月二十日又致書曰：

天於大名，吝之惜之，千磨百折，艱難拂亂而後予之。老氏所謂「不
敢爲天下先」者，即不敢居第一等大名之意。弟前歲初進金陵，余
屢信多危悚儆戒之辭，亦深知大名之不可強求。今少荃二年以來屢
立奇功，肅清全蘇，吾兄弟名望雖減，尚不致身敗名裂，便是家門
之福。老師雖久，而朝廷無貶辭，大局無他變，即是吾兄弟之幸。
只可畏天知命，不可怨天尤人。所以養身却病在此，所以持盈保泰
亦在此。千囑千囑。

功名中人，而思有以減其功名；此時其於老子「功成不居」之旨，實能深體
力行焉；此時其正處於「天下先」之地位，而卻致力於「不敢爲天下先」之
保全之策；足見其慮患之深、亟思遠禍免災之切也。同治四年十二月廿五日
又致書曰：

沅信於毀譽禍福置之度外，此是根本第一層工夫。此處有定力，到

處皆坦途矣。

同治六年正月廿二日又致書曰：

> 弟克復兩省，勳業斷難磨滅，根基極為深固。但患不能達，不患不
> 能立；但患不穩適，不患不崢嶸。此後總從波平浪靜處安身，莫從
> 掀天揭地處著想。吾亦不甘為庸庸者，近來閱歷萬變，一味向平實
> 處用功。非委靡也，位太高，名太重，不如是，皆危道也。

滌生乃極倔強之人，乃弟國荃亦然，且有過之而無不及，「向來不肯認半個錯
字」（同治五年十一月七日致沅弟書），可見一斑。而國荃之學問、閱歷、識
解、氣度則遠不如乃兄，其於剛柔相濟之道，亦未善加體察，故每有過激之
言行，未能懲忿窒欲也。倔強者或生驕傲之氣，或固執己見，自是而不知，
知之而難遷；然若能施用於建功立業，開發創造，又乃不可或缺之要素也。
故亟須導倔強之氣於正途，不使流於忿激、冥頑、剛愎自用，否則極易惹禍
招災，自害損人，不可不慎也。故滌生屢次致函，針對不同時期之處境，殷
殷誨其弟以平淡之懷、惜福之道、持盈保泰之法，以及謙讓之心、收嗇之氣、
蕭然物外之志：故知其遠禍之不及、自處已不易，復須苦口婆心、長期指導，
靳能引領其弟同登平正之道、謙抑之途，亦極見其為長兄之大不易也。

　　常人每以花好月圓為追逐之目標，滌生則最喜「花未全開月未圓」之趣。
蓋以日中則昃，月盈則虧，乃自然之理，而窺諸世道人事，又何獨不然？滌
生精研《易經》，靜觀世變，深曉盈虛消息之道，滿損亢悔之理，故身處富貴
功名之所，而心存淡泊之志、退歛之意。若心向外馳騖不已，戀戀於富貴，
競競於功名，則必然私欲營擾，精神不寧，尚何快意可言？故須由平淡寡欲
上痛下工夫，無有梏亡營擾之失，不受外物牽累之苦，則精神靜恬怡悅，庶
幾廓然大公、物來順應，胸襟浩然光明，日趨於廣大平淡之域。且因淡泊名
利勢位，自行退抑謙讓，與物無忤，亦可不遭人忌，而易免禍遠害矣。

（三）諷誦冲淡豁達詩文

　　為使胸懷日闊，名利日淡，滌生復思諷誦冲淡閒適、豁達光明之詩文，
以資變化氣質，消散名心。同治二年三月廿四日致沅弟書曰：

> 弟讀邵子詩，領得恬淡冲融之趣，此是襟懷長進處。自古聖賢豪傑、
> 文人才士，其志事不同，而其豁達光明之胸襟大略相同。以詩言之，
> 必先有豁達光明之識，而後有恬淡冲融之趣。如李白、韓退之、杜
> 牧之則豁達處多，陶淵明、孟浩然、白香山則冲淡處多。杜、韓二

公無美不備，而杜之五律最冲淡，蘇之七古最豁達。邵堯夫雖非詩
之正宗，而豁達、冲淡二者兼全。吾好讀《莊子》，以其豁達足益人
胸襟也。

同治六年三月廿二日諭紀澤書：

閒適之趣，文惟柳子厚游記近之，詩則韋、孟、白傅均極閒適。而
余所好者，尤在陶之五古、杜之五律、陸之七絕，以爲人生具此高
淡之懷，雖南面王不以易其樂也。

以詩文豁達胸臆、洗滌染心，乃其晚年調適精神之道；故莊子之文、子厚游
記，及陶謝孟杜韋白蘇陸之詩，均成其心靈之寄托也。其日記亦曰：

閱陶詩全部，取其太閒適者記出，將抄一冊，合之杜韋白蘇陸五家之
閒適詩，纂成一集，以備朝夕諷誦，洗滌名利爭勝之心。〔註34〕

閱覽冲融閒淡、豁達光明之詩文，是又滌生處名利場中之治心妙方，陶養性
靈、排憂祛慮之道也。

滌生性本嗜好氣勢雄奇之詩文，中晚年後，頗喜冲淡豁達之詩文，以資
涵養心性、淡化爭競之心，乃是其特殊環境下之體會與自然之轉折；則已自
詩歌之藝境範疇，轉化爲涵養心性之道也。

（四）不忮不求

夫修養之事，乃一持續精進之過程，一分耕耘，一分收穫，並無止境可
言。滌生至晚年猶懷戒愼恐懼，懇切省察：攻過思錯，不稍懈怠；力除私蔽，
不遺餘力。同治六年三月廿八日諭紀澤書曰：

余於左、沈二公之以怨報德，此中誠不能無芥蒂，然老年篤畏天命，
力求克去褊心、忮心。爾輩少年，尤不宜妄生意氣，於二公但不通
聞問而已，此外著不得絲毫意見。

將與左宗棠、沈葆楨之關係決裂，歸諸天命，視爲修煉心性之契機。且將芥
蒂、爭議止於上一輩人，不欲影響於後代；故愼告兒輩，不得對左、沈二人
存絲毫成見。足見其於作人分際之把握，其識見、意量實有過人之處。同治
九年日記曰：

日內因眼病日篤，老而無成，焦灼殊甚。究其所以鬱鬱不暢者，總
由名心未死之故，當痛懲之，以養餘年。〔註35〕

〔註34〕《日記・文藝》，頁59。
〔註35〕《日記・頤養》，頁70。

同治十年日記曰：

> 近來焦慮過多，無一日遊於坦蕩之天，總由名心太切、俗見太重二
> 端：名心切，故於學問無成，德行未立，不勝其愧餒；俗見重，故
> 於家人之疾病，子孫及兄弟子孫之有無、賢否、強弱，不勝其縈擾，
> 用是憂懃踘踃，如繭自縛。今欲去此二病，須在一淡字上著意，不
> 特富貴功名，及自家之順逆、子孫之旺否，悉由天定；即學問德行
> 之成立與否，一大半關乎天事，一概淡而忘之，庶此心稍得自在。

〔註36〕

此滌生至晚年，自承猶有褊心、忮心及名心、俗見在，故而焦灼煩慮、深自
警悔，蓋於其所希之平淡廣大境界，猶有未達者也。然凡此諸病，人皆有之，
或冥然而不自覺，或知之而遮掩、而不改、而依然故我；滌生則毫不逃避，
坦然揭出，既未稍懈省察之工夫，亦不諱言個人涵養之不足者，如此方克漸
袪纏縛，而於修己之道有其進境也。

　　針對心性涵養之缺失及外境種種之困擾，滌生晚年之工夫，更為簡約懇
切。不忮不求四字，乃其一生反省體察、修身養性之最後結晶。惟其不忮不
求，始能視天下如敝屣、名利若浮雲，不怨不尤，坦蕩自在，無滯無礙，怡
然自得；看似平凡無奇，實則須有長期之省察，痛下一番工夫，否則難致其
境也。不忮不求之說，見於同治九年六月四日諭紀澤紀鴻書：

> 余生平略涉儒先之書，見聖賢教人修身，千言萬言，而要以不忮不
> 求為重。忮者，嫉賢害能，妒功爭寵，所謂「忌者不能修，忌者畏
> 人修」之類也。求者，貪利貪名，懷土懷惠，所謂「未得患得，既
> 得患失」之類也。忮不常見，每發露於名業相侔、勢位相埒之人；
> 求不常見，每發露於貨財相接、仕進相妨之際。將欲進福，先去忮
> 心，所謂「人能充無欲害人之心，而仁不可勝用也」。將欲立品，先
> 去求心，所謂「人能充無穿窬之心，而義不可勝用也」。忮不去，滿
> 懷皆是荊棘；求不去，滿腔日即卑污。余於此二者，常加克治，恨
> 尚未能掃除淨盡。爾等欲心地乾淨，宜於此二者痛下工夫，並願子
> 孫世世戒之。附作〈忮求詩二首〉：
> 善莫大於恕，德莫凶於妒。妒者妾婦行，瑣瑣奚比數。己拙忌人能，

己塞忌人遇。己若無事功，忌人得成務；己若無黨援，忌人得多助。
勢位苟相敵，畏逼又相惡。己無好聞望，忌人文名著；己無賢子孫，
忌人後嗣裕。爭名日夜奔，爭利東西鶩。但期一身榮，不惜他人污。
聞災或欣幸，聞禍或悅豫。問渠何以然？不自知其故。爾室神來格，
高明鬼所顧。天道常好還，嫉人還自誤。幽明叢詬忌，乖氣相迴互。
重者災汝躬，輕亦減汝祚。我今告後生，悚然大覺寤。終身讓人道，
曾不失寸步。終身祝人善，曾不損尺布。消除嫉妬心，普天零甘露。
家家慶吉祥，我亦無恐怖。（右不忮）

知足天地寬，貪得宇宙隘。豈無過人姿，多欲爲患害。在約每思豐，
居困常求泰。富求千乘車，貴求萬釘帶。未得求速償，既得求勿壞。
芬馨比椒蘭，磐固方泰岱。求榮不知厭，志亢神愈汰。歲燠有時寒，
日明有時晦。時來多善緣，運去生災怪。諸福不可期，百殃紛來會。
片言動招尤，舉足便有礙。戚戚抱殷憂，精爽日凋瘵。矯首望八荒，
乾坤一何大！安榮無遽欣，患難無遽愍。君看十人中，八九無倚賴。
人窮多過我，我窮猶可耐。而況處夷塗，奚事生嗟愾？於世少所求，
俯仰有餘快。俟命堪終古，曾不願乎外？（右不求）

此乃滌生赴天津查辦教案前所撰之遺書，時年六十，故可謂其一生踐履、體
驗之心得，毫無保留，平實道出，遺留兒孫，世世相守，以爲作人之本、立
世之基。

滌生於人生之最後階段，強調克治忮心、求心，乃修身之根本；至此，
將心性涵養之工夫簡化至極，自有其意義也：蓋「忮不去，滿懷皆是荊棘；
求不去，滿腔日即卑污」；故不忮不求之工夫多一分，則內心之平淡自在進一
分，而胸中之荊棘、卑污減一分。念茲在茲，致力省察，不憚悔改，其日即
於坦蕩之天、光明之域也必矣。故不忮不求四字，雖似平淡無奇，實爲植福
立品之要道，仁義兼修之大本也。而滌生之所以如此重視，而慎加叮嚀者，
蓋以其說平凡，其義淺顯，而若未能踐履篤實，則有終其身而未能致之者也。

（五）知命盡性

不忮不求說，爲滌生晚年所精思歸納所得，與其知命之思想息息相關也。
滌生初任兩江總督不久，即云「名位大小，萬般由命不由人」（咸豐十年七月八
日致沅弟季弟書）；又謂「以余閱歷多年，見事之成功與否，人之得名與否，蓋

有命焉，不盡關人事也」（咸豐十一年元月元日），可見其於身外因素之不敢忽視也。其後，復每自稱晚年篤畏天命，同治八年二月十八日諭紀澤書即曰：

> 君子之道，以知命為第一要務。「不知命，無以為君子也」。

「不知命，無以為君子也」一語，出於《論語・堯曰》末章；孔子「五十而知天命」（〈為政〉），滌生亦舉平生之體會所得以印之。程子曰：「人不知命，則見害必避，見利必趨，何以為君子」？〔註37〕錢穆申其義云：

> 知命，即知天。……《韓詩外傳》云：「天之所生，皆有仁、義、禮、智、順、善之心。」不知天之所以命生，則為小人。惟知命，乃知己之所當然。孔子之知其不可而為之，亦是其知命之學。〔註38〕

蓋凡事皆有一定之理，順理以行之不及，豈能作偽虛矯，思有以掩人之耳目乎？故於當承擔處，不求逃避，逢窮困時，無所怨尤。故其所謂知命之說，即是不可離於人生之大道、宇宙之規律者也。故能知命，則能知己所當行者也。同信又曰：

> 莊子每說委心任運，聽其自然之道，當令人讀之首肯，思之發省。

然滌生知命之說，有其深義，非謂凡事歸諸不可知之命運，而一切不關己身、無所事事也。滌生論曰：

> 閱王而農所注張子《正蒙》，於盡性知命之旨，略有所會。蓋盡其所可知者於己性也，聽其不可知者於天命也。《易繫辭》「尺蠖之屈」八句，盡性也；「過此以往」四句，知命也。農夫之服田力穡，勤者有收，惰者歉收，性也；為稼湯世，終歸燋爛，命也。愛人、治人、禮人，性也；愛之而不親，治而不治，禮人而不答，命也。聖人之不可及處，在盡性以至於命。盡性猶下學之事；至於命，則上達矣。當盡性之時，功力已至十分，而效驗或有應有不應，聖人於此淡然泊然，若知之，若不知之，若著力，若不著力，其中消息，最難體認。若於性分當盡之事，百倍其功以赴之，而俟命之學，則以淡如泊如為宗，庶幾其近道乎？〔註39〕

知命之說，其旨深微難徵，滌生揭出盡性之說與之相輔相成，「盡性以至於命」，盡人事而聽天命，下學而上達，方不致誤導生偏，而無所作為也；亦猶

〔註37〕朱熹《四書集注・論語》末章，引程子說。
〔註38〕同註1，頁714。
〔註39〕同註5，頁15。

游心虛靜，而以勤儉治身，冶老莊禹墨於一爐，乃較無其流弊也。滌生之學，可謂兼融並蓄，取精用宏，而其行之之道，則至簡易曉也。同治四年九月一日諭紀澤書曰：

> 吾於凡事皆守「盡其在我，聽其在天」二語。

不忮不求四字，乃滌生平生修己治人之智慧結晶；而「盡其在我，聽其在天」八字，則其踐履不忮不求之得力法寶也。「盡其在我」，即盡性之事也；「聽其在天」，即知命之學也。亦即當任事時，盡其在我，全力以赴，絕不推諉塞責、因循敷衍，亦不爭功委過、貪私自利；而將事之成敗利鈍，任之於天，置之度外：如此則心胸坦蕩，得失不縈於內，襟懷宜可日臻平淡廣大也。此固滌生內心之蘄向，亦其晚年自勉勵人之目標，實有其懇切之處；而其能否獲致其境，則復另當別論也。

滌生晚歲，每以「盡其在我，聽其在天」之趣，以自持持世，即盡性知命之義；復每輔以不忮不求之義，冀於名利場中自省自察，祛除名心利心、俗念俗見，以趨胸次之清寧自得、平淡廣大也。

五、改過自新

凡為人生活之中，若無有私欲之擾、外物之累，則精神恬靜自怡，胸懷灑落無累，心境平淡寬大。反之，若內心未能平淡平常平靜平和，必因胸中有所鬱悶、滯礙、牽引、掛慮，心不能無煩躁、無困擾、無波瀾、無憂惱也，故務去其所鬱悶、滯礙、牽引、掛慮者，以歸於無悔無尤、不矜不慕之境界，方克漸趨坦坦蕩蕩、寬裕自在之境界，此則恃乎改過自新之工夫也。夫所以不能平淡平常平靜平和之故，大皆出於好名好利、好勝好功、好色好貨、好勢好權等，蓋心已外騖、不得自在矣；意已攀緣、紛擾難安矣。故務須力索其病根之所在，痛下針砭，始可祛除染污，漸入生活之佳境也。滌生平生之改過工夫，胡哲敷歸納其大要為：

> 在積極方面，則隨處立許多箴言，借以自警；在消極方面，則時時悔過，痛自猛省。〔註40〕

夫欲改過自新，宜有決心、宜得要領，故多立箴言以自警也。其後，並能踐履所言，力祛己病，著不得絲毫虛偽、任何做作，否則必唐捐其功：此皆屬

〔註40〕《曾國藩治學方法》，頁36。

積極之作爲也。咸豐元年七月八日致諸弟書曰：

> 凡人一身，只有遷善改過四字可靠；凡人一家，只有修德讀書四字
> 可靠。此八字者，能盡一分，必有一分之慶；不盡一分，必有一分
> 之殃。其或休咎相反，必其中有不誠，而所謂改過修德者，不足以
> 質諸鬼神也。吾與諸弟勉之又勉，務求有爲善之實，不使我家高曾
> 祖父之積累自我兄弟而剝喪，此則余家之幸也。

改過遷善，洵爲修德免愆之要道、君子自強之首務，然則言易行艱，故須勇
於承認過失，而奮力改之，毫不懦弱逃避，絕無有過而弗悛者，始有德業日
進、脫胎換骨之效也。

滌生之一生，充塞改過自新之精神。蓋始於其年少時期，當其德業未立
之際，已深知去染、自新之重要。其日記曰：

> 憶自辛卯年改號滌生。滌者，取滌其舊染之污也；生者，取明袁了
> 凡之言：「從前種種譬如昨日死，以後種種譬如今日生」也。

〔註41〕

故知其少年時期，已深具自覺、自強之精神；而「滌生」之號，亦伴隨其終
身也。以「滌生」二字而言，即充塞改過自新、雄猛剛毅之義，乃其平生不
斷奮勉自立之寫照也。其《雜著》中曰：

> 余官京師，自名所居之室，曰求闕齋，恐以滿盈致咎也。人無賢
> 愚，遇凶皆知自悔，悔則可免於災戾。故曰：「震无咎者，存乎悔」。
> 動心忍性，斯大任之基；側身修行，乃中興之本。自古成大業者，
> 未有不困心橫慮、覺悟知非而來者也。咎者馴致於凶，悔則漸趨
> 於吉。故大易之道，莫善於悔，莫不善於咎。吾家子弟，將欲自
> 修而免於詈尤，有二語焉，曰：「無好快意之事，常存省過之心」。

〔註42〕

可見其於改過遷善之事，本諸《易經》，見理極深，態度極其堅決、認眞。由
自我之修持，以至教化子弟，莫不以改過遷善爲要務。辛卯年即道光十一年，
滌生時年二十一歲，則其勇於改過之精神起源甚早；改號「滌生」，即喻死中
求生、禽裡還人之意。其平生亦莫不兢兢以改過爲首務，孜孜以求闕自惕，
毋以滿盈致咎也；尤以中老年時期，更見其時時戒愼，處處謹敬，亟思有以

〔註41〕同註10，頁19。
〔註42〕《雜著・筆記二十七則・悔咎》，頁360～361。

寡過少愆者也。〔註43〕

滌生平生為人之最大特色，乃自我之要求既嚴且刻，勤於蕩滌心靈之穢濁，以蘄創造嶄新之自我，其要領即勤於自省、不憚改過而已矣。綜觀其一生之言論，則其深自痛悔而亟欲改過者多矣，茲縷述其重大者如后：

（一）與人不諧

人我之際，一言不合，意見互乖，若未能心平氣和以處之，則或多意氣之爭，或致動怒相向，道光二十二年正月之日記曰：

> 小珊前與予有隙，細思皆我之不是。苟我素以忠信待人，何至人不見信？苟我素能禮人以敬，何至人有慢言？且即令人有不是，何至肆口謾罵，忿戾不顧，幾於忘身及親若此？此事余有三大過，平日不信不敬，相恃太深，一也；此時一語不合，忿恨無禮，二也；齟齬之後，人反平易，我反悍然，不近人情，三也。〔註44〕

此乃早年在京師時，與友人鄭小珊有隙之後，所作一番檢討；可知其早歲之為人處世，亦非平和、冷靜者也。然其勇於面對過失，故鄭重載諸日記中以自警，且坦然宣告於數千里外之家人前；其反省之真誠、悔過之決心，實頗為深切詳實也。同年十月十六日稟父母書曰：

> 鄭小珊處小隙已解。另從前於過失，每自忽略。自十月以來，念念改過，雖小必懲。

同月廿六日致諸弟書曰：

> 余自十月初一起記日課，念念改過自新。思從前與小珊有隙，實是一朝之忿，不近人情，即欲登門謝罪。恰好初九日小珊來拜壽，是夜余即至小珊家久談。十三日與岱雲合伙，請小珊吃飯。從此歡笑如初，前隙盡釋矣。

皆見其毫不遮掩、誠摯改過之意。可知其早年於改善遷善之事，確能用心，並有工夫。

（二）所志不遂

滌生出仕後，有志匡時濟世，澄清天下，可謂偉矣。及至投身軍旅，始

〔註43〕《年譜》，道光二十五年載曰：「公每以盈滿為戒，自名其書舍曰求闕齋」。又著有〈求闕齋記〉一文自惕，時年卅五也。
〔註44〕同註10，頁20。

知諸事難行，處處皆礙。咸豐八年正月十一日致沅弟書曰：

> 余生平之失，在志大而才疏，有實心而乏實力，坐是百無一成。

時危事艱，沈疴已久，其志實多有難遂者；而於其家書、日記中，尚能面對諸多挫折、失意，痛自省察悔責，檢討得失，如曰：

> 悁忿之心，蓄於分寸，自咎局量太小，不足任天下之大事。
> 〔註45〕

又曰：

> 心緒作惡，因無耐性，故刻刻不自安適；又以心中實無所得，不能
> 輕視外物；成敗毀譽，不能無所動於心。甚愧淺陋也。〔註46〕

咸豐八年六月，滌生復出視事，不久即值湘軍三河之敗，名將、親弟陣亡，精銳喪失，乃其出師以降極其艱危之時期。回首前塵，審察所作所為，乃頗自訟、自責：謂以局量太小，故有悁忿之心；胸中實無所得，而易動心外騖；定靜不足，難以肩任天下大事也。滌生經歷軍事之慘敗、手足之陣亡，令其驚慟、懊悔莫名，而尚能保持理智，並知有所警惕，痛切反省，揭發己咎，故其後行事更為戒慎、待人益加平和，而將其人生、事業推至更高之境界。

（三）德修不足

滌生三十餘歲時，即立志修養心性、省察改過，謂「予時時自悔，終未能洗滌自新」（道光二十二年九月十八日致諸弟書）。其始於早年之自我修飭，即每以日記自我剖析、自我批判，以蘄檢視言行之缺失、習染之所在，而致力於思過、知過、悔過、改過，而思有以遷善寡愆之道，以蘄獲致心靈之寧定、品性之端正、操守之堅貞，對其平生齊家、治人、經綸世務，有其重大之作用。及至晚年，滌生猶時加檢視其內心之澄淡與否？廣大與否？去除名利之心與否？尚存忮心、求心與否？猶有俗見、俗念與否？其日記每多憂愧責己之語，如謂：

> 德行不修，尤悔叢集，自顧竟無湔除改徙之時，憂愧曷已！〔註47〕

與痛悔過尤之同時，亦亟思提煉有以祛過除愆之道，同治九年六月四日諭紀澤紀鴻書曰：

> 忮不去，滿懷皆是荊棘；求不去，滿腔日即卑污。余於此二者常加

〔註45〕同註10，頁26。
〔註46〕同註10，頁26。
〔註47〕《曾國藩全集·日記》，同治八年八月二日，頁1667。

克治，恨尚未能掃除淨盡。

時滌生憂懼德行無成，故揭出不忮、不求二者，以自省自課。其人生之最後
歲月，日記之中，猶每以心性涵養有得與否爲慮；其平生因長期自覺之求關
養晦，及不懈之反省審察，而實能得其若干寡過少愆之益也。其自愧自警者，
如日記載：

> 因思近年焦慮過多，無一日游於坦蕩之天，總由於名心太切、俗見
> 太重二端。

以權傾一時、名滿天下之大員，尚能坦言「名心太切、俗見太重」，並非易事。
又曰：

> 夜閱陶詩全部，取其尤閒適者記出，初抄一冊，合之杜、韋、白、
> 蘇、陸五家之閒適詩，纂成一集，以備朝夕諷誦，洗滌名利爭勝之
> 心。

既知己病，必思所以對治之道，此乃其平生爲人處世之風格；且每不斷撰述
精要之文章警句，以爲自我惕厲省察之用。故曰：

> 前曾以四語自儆，曰：慎獨則心安，主敬則身強，求仁則人悅，習
> 勞則神欽。近日又添四語：曰內訟以去惡，曰日新以希天，曰宏獎
> 以育才，曰貞勝以蒙難。與前此四語，互相表裡，而下手功夫各有
> 切要之方。不知垂老尚能實踐一二否？

此記於其辭世數月之前，可見其尚兢兢於改過自強之事。至其辭世前數日，
則猶懍然浩歎之曰：

> 通籍三十餘年，官至極品，而學業一無所成，德行一無可許，老大
> 徒傷，不勝悚惶慚赧。〔註48〕

可見其至老，猶深愧於德業之無成。故其平生頗以改過遷善爲要務，而亦兢
兢以崇德修慝之爲念者也。

（四）性格偏執

滌生之爲人本倔強好勝，後因諸事棘手，乃漸反觀所言所行，而思於言
行得失、個性偏差之事，有所變易修正也。咸豐七年十二月六日致沅弟書曰：

> 余生平制行有似蕭望之、蓋寬饒一流人，常恐終蹈禍機，故教弟輩

〔註48〕以上各條分別見《曾國藩全集・日記》，同治十年三月十六日，頁1844；十一
　　　月十四日，頁1921；十一月廿九日，頁1925；同治十一年二月一日，頁1943，
　　　即其辭世前四日。

制行，早蹈中和一路，勿效我之褊激也。

八年二月二日致沅弟書曰：

> 性素拙直，不善聯絡地方官，所在齟齬。坐是中懷抑塞，亦常有自
> 艾之意。

八年三月六日致沅弟書曰：

> 余生平頗病執拗，德之傲也；不甚多言，而筆下亦略近乎囂訟。靜
> 中默省諐尤，我之處處獲戾，其源不外此二者。……凡傲之凌物，
> 不必定以言語加人，有以神氣凌之者矣，有以面色凌之者矣。……
> 只宜抑然自下，一味言忠信，行篤敬，庶幾可以遮護舊失、整頓新
> 氣。否則，人皆厭薄之矣。

此自揭其性格中，尚潛藏諸多缺失，如高亢、拙直、執拗等弊，每令其行事
不順，煩惱迭生；然其省察頗見深細，故立志務從言忠信、行篤敬下工夫，
以漸漸致中和謙下之境也。

（五）學術無成

滌生於學術有甚高之興趣，平生好學苦思，已有根基，並識途徑；然以中
晚年時，軍務政事繁冗鮮暇，雖不廢讀書之事，而於學術方面之成就，實受重
大之影響，故晚年每自愧悔無已。日記所載者極多，如謂「近來，常以衰老而
學問無成為恨」。「久居高位，而德行、學問一無可取，後世將譏議交加，愧悔
無及」。「念此生學問、文章，一無所成，愧悔無已」。〔註49〕為彌補闕憾，滌生
於其餘年，猶利用有限時光，溫書閱讀不已。同治十年九月十二夜諭紀澤書曰：

> 惟目光似更昏蒙，或以船轎中看書稍多之故。余以生平學術百無一
> 成，故老年憂思補救一二。爾兄弟總宜在五十以前，將應看之書看
> 畢，免致老大傷悔也。

深愧學術之無成，乃其晚年之重大缺憾，然當時其身體已衰頹多病，目力將
失，而猶思讀書以補救一二。同年日記亦云：

> 夜將《周易》之象及常用之字，分為條類，別而錄之，庶幾取象於
> 天文地理，取象於身於物者，一目了然，少壯不學，老年始為此塞
> 淺之舉，抑何陋也！〔註50〕

〔註49〕以上各條分別見《曾國藩全集·日記》，同治八年六月十六日，頁 1653；八月
廿日，頁 1672；同治九年三月十日，頁 1732。

〔註50〕同註46，頁 18。

除督勉其子趁早力學外，本身亦仍勤讀不懈；且以自身經歷舉示於人，亦見其親切可感也。同治九年七月十七日諭紀澤書曰：

> 全不看書則寸心負疚，每日仍看《通鑑》一卷有餘。

十年七月廿六日致澄弟沅弟書曰：

> 看書未甚間斷，不看則此心愈覺不安。

滌心時身心已衰弱之至，檢視其日記載至逝世前一日，二月三日當天，猶不廢讀書，共閱《理學宗傳》三次；而自同治十一年一月起，共三十餘日，其間計溫習《易經》及閱讀《通鑑》、《二程全書》等典籍，並為晚輩講解《孟子》一書；觀其最後歲月所閱諸書，亦與其早年以經史為主之治學主張，大抵相符，其為學亦可謂貫徹始終矣。

（六）有虧職守

咸豐七年二月，滌生與乃弟國荃急奔父喪回籍，若棄江西危局於不顧，故遭致各方譏評，滌生亦每為之心緒惡劣、愧慚不安。家居時，常思有以補愆之道。咸豐七年十二月廿一日致沅弟書曰：

> 吾在江西，各紳士為我勸捐八九十萬，未能為江西除賊安民。今年丁憂奔喪太快，若恝然棄去，置紳士於不顧者，此余之所悔也若少遲數日，與諸紳往復書問乃妥。弟當為余彌縫此闕。每與紳士書札往還，或接見暢談，具言江紳待家兄甚厚，家兄抱愧甚深等語。就中如劉仰素、甘子大二人，余尤對之有愧。劉係余請之帶水師，三年辛苦，戰功日著，渠不負吾之知，而余不克始終與共患難。甘係余請之管糧臺，委曲成全，勞怨兼任，而余以丁憂遽歸，未能為渠料理前程。此二人皆余所慚對，弟為我救正而補苴之。余在外數年，吃虧受氣實亦不少，他無所慚，獨慚對江西紳士。此日內省躬責己之一端耳。

八年三月十三日致沅弟書曰：

> 回思往事，處處感懷，而於湖口一關未得攻破，心以為恨。雖經楊、彭、二李攻破而未得目見，亦常覺夢魂縈繞於其間。此外錯誤之事，觸端悔悟，恆少泰宇，每憾不得與弟同聚，暢敘衷曲也。

滌生本是勞碌之人，在其難得無公事在身之際，反令其不斷回思前塵往事，生活於追悔莫及之漩渦中，而致內心痛苦不堪，難以自拔。五月五日致沅弟書曰：

> 余病體漸好，尚未全癒，夜間總不能酣睡。心中糾纏，時憶往事，

愧悔憧擾，不能擺脫。

同月三十日致沅書曰：

> 目下在家意緒極不佳，回思往事，無一不慚愧，無一不褊淺。……
>
> 再，近日天氣炎熱，余心緒尤劣，愧恨交集。

凡此皆可見其對速離職守之事，抱愧甚深，痛自悔責，家居時竟長期爲之心緒惡劣，怔悸不安，夜不成寐，體氣耗弱。時國荃先已復出江西作戰，滌生時寄書信殷勤指導，並告以盡心任事，爲其彌補缺憾，以減其內心之慚愧。六月三日，接奉廷諭，敕令其即赴浙江辦理軍務；滌生之性格倔強，然歷經一年多之痛自悔省，已略見數年來領軍辦事之得失，而於未來待人處世之因應調整，已有定見，故獲此機會，十分珍惜，次日致沅弟書曰：

> 聖恩高厚，令臣下得守年餘之喪，又令起復，以免避事之責。感激
> 之忱，匪言可喻。

可見其重新出發、另起爐灶之迫切心情。而對復出一事，則已有另一番見識，蓋欲持以謹愼謙誠之態度，以面對未來之行事作爲，蘄能於待人處世之際，更爲順利圓融也。故同信又曰：

> 此次之出，約旨卑思，腳踏實地，但求精而不求闊。……應辦事宜
> 及往年不合之處應行改弦者，弟一一熟思，詳書告我。

及至晚年，滌生積勞成疾，眾病齊發，衰孱至極，三度任職兩江總督，每感愧對職責。同治九年十二月廿一日致澄弟沅弟書曰：

> 兄自患目病，肝鬱日甚，署中應治之事，無一能細心推求。居官則
> 爲溺職之員，不仕又無善退之法，恐日趨日下，徒爲有識所指摘耳。

十年九月十日致澄弟沅弟書曰：

> 老年記性愈壞，精力益散，於文武賢否、軍民利弊全無體察，在疆
> 吏中最爲懈弛，則又爲之大愧。

皆極見其老病衰疲之狀、未能勤職之慨。然滌生於愧歉之餘，猶思振作精神，勉力從公，以推動政務，至死方休。

（七）愧負友人

滌生與李元度，原如師如友，關係親近。咸豐十年八月，李元度於徽州兵敗棄守，貽誤大局；其後，元度又因浙撫王有齡援引復出。其間，滌生以元度無所悔過及脫離門庭故，數予彈劾；元度終於落職返鄉，際遇侘傺。同治元年五月，又於〈密陳參劾陳由立、鄭魁士、李元度三將之由片〉中，以

元度比論待罪之提督鄭魁士，所擬不倫，傷害元度過深，頗引起國荃、國葆之抗議，而致書諷議。滌生再覽所奏，亦深感不妥，同治元年六月二日致沅弟季弟書曰：

> 次青之事，弟所進箴規，極是極是。吾過矣！吾過矣！吾因鄭魁士享當世大名，去年袁、翁兩處及京師臺諫尚累疏保鄭爲名將，以爲不妨與李並舉，又有鄭罪重李情輕，暨王銳意招之等語，以爲比前摺略輕。逮拜摺之後，通首讀來，實使次青難堪。今得弟指出，余益覺大負次青，愧悔無地。余生平於朋友中，負人甚少，惟負次青實甚。兩弟爲我設法，有可挽回之處，余不憚改過也。

其中極示虧負元度，欲加彌縫之意。實則，元度既已被參革職，已不屬湘軍系統，滌生之再出重手密參元度，乃出於私心，將元度之另謀出路、爲國服務，視爲背叛湘軍，可見其平日喜談愼獨存誠、敬恕養心，亦非全無踐履之功；而於處理李元度事，則亦見其心口不一及局量狹窄處。滌生知其心跡難掩，故立即表達認錯悔恨之意。六年後，滌生於參劾李元度之折片下，記下如是之語：

> 此片不應説及李元度，尤不應以李與鄭並論。李爲余患難之交，雖治軍無效，而不失爲賢者。此吾之大錯。後人見者不可抄，尤不可刻，無重吾過。

可見其知過認錯之意。直至晚年，猶謂「余往年開罪之處，近日一一追悔，其於次青尤甚」（同治十年六月廿七日致澄弟沅弟書）。故見其內心於元度之事，猶憾悔不已。於此可見其爲人，雖因門戶之見，故極不滿元度之改投門庭，而致參劾過當，有違公道；然終能不再固執己見，而知坦然認錯，亟思有所補救，亦尙可取也。

此外，如起身太遲、用度稍奢、身體病弱、耽於嗜好、虛耗光陰、不專一事等，滌生亦無不痛心省察，而思有以改正補過也。由以上所揭七端，可知其平生於改過遷善，確有其眞誠不虛、懇切可鑒者。凡人之於立身不蔽於私、不欺其心，有過不憚痛省悔改者，則於德業之有進無退，日向光明正大之域也必矣。

六、強忍不拔

上述五事，皆屬精神修養、淨化心靈之要務，而若欲施諸經綸世務，任鉅履艱，則非恃乎強忍不拔之修養不可。所謂強忍不拔者，即指能以強毅之

氣，輔之堅忍之性，方克成負重致遠、承擔大任之實才。所謂強毅之氣，絕非暴虎馮河之義。古今中外之聖賢豪傑，無不具備強毅不撓、堅忍不移之性格；反之，天下芸芸之失敗、墮落者，莫非懦弱衝動、不堪一擊之流。故強毅、堅忍之人格特質，實爲成大功、立大業之要素。然性格剛強者，尚須與至大至剛之浩然正氣相結合，乃成剛柔相濟、有爲有守、能進能退之聖賢豪傑；反之，若與暴戾恣睢、驕橫放肆之氣相結合，則或成賊人害己之奸雄，無惡不作之巨憝，爲害國家之安定，阻礙社會之進展，所謂「強梁者不得其死」，〔註51〕此乃老子之所警戒，而爲有識者之所深知者也。故同爲剛強之性格，而因培養之得法與否，及施用之當或不當，乃成其判若天壤之結局。強毅之氣固爲修身立業之要素，但若非細心調護引導，則恐未蒙其利而反受其害，後患無窮，故復須輔以下列數務，以竟其正面之功效也。

（一）強由明生

滌生自承本性倔強，同治二年正月二十日致沅弟書曰：

> 至於倔強二字，卻不可少。功業文章，皆須有此二字貫注其中，否則柔靡不能成一事。孟子所謂「至剛」，孔子所謂「貞固」，皆從倔強二字做出。吾兄弟皆稟母德居多，其好處亦正在倔強。若能去忿欲以養體，存倔強以勵志，則日進無疆矣。

此言凡事不可缺少倔強二字。滌生自云倔強稟自其母，實則其父小考十七次始售，其倔強亦可見矣。然而倔強之性，若不善加調節，任其橫肆狂流，則不僅戕害身心，且易致生事、僨事。若能咬牙勵志，知難而進，遇挫不退，厚植實力，則亦能蔚成有爲之才。曾國荃性格之倔強，不下乃兄，其堅忍亦然，而心性涵養則有所不足，故滌生屢屢致書，教以明強之道、免禍之方。同治二年四月廿七日致沅弟書曰：

> 來信「亂世功名之際，尤爲難處」十字，實獲我心。本日余有一片，亦請將欽篆、督篆二者分出一席，另簡大員。吾兄弟常存此兢兢業業之心，將來遇有機緣，即便抽身引退，庶幾善終，免蹈大戾乎？至於擔當大事，全在明強二字。《中庸》學、問、思、辨、行五者，其要歸於「愚必明，柔必強」。弟向來倔強之氣，卻不可因位高而頓改。凡事非氣不舉，非剛不濟，即修身齊家，亦須以明強爲本。

〔註51〕《老子》四十二章。七十八章亦曰：「堅強者死之徒」。

明強之工夫，乃修身處世之根本、成功立業之要素。然強須由明出，方無弊病。同年七月十一日又致書曰：

> 強字原是美德，余前寄信，亦謂明強二字斷不可少。第強字須從明字做出，然後始終不可屈撓。若全不明白，一味橫蠻，待他人折之以至理，證之以後效，又復俯首輸服，則前強而後弱，京師所謂瞎鬧者也。余亦並非不要強之人，特以耳目太短，見事不能明透，故不肯輕於一發耳。又吾輩方鼎盛之時，委員在外，氣焰薰灼，言語放肆，往往令人難近。吾輩若專尚強勁，不少歛抑，則委員僕從等不鬧大禍不止。

此揭出明強二字，乃任大事者所不可或缺。而強自明出，方能屹立不搖，行穩致遠，有所作為，若乏「明」之智慧，絕非真強也。當權勢鼎盛之際，則尤須謹小慎微、歛抑自制，不論己身或派外之辦事委員，均宜知所節制，嚴格督導，不可氣焰逼人，以致後患。滌生之「明強」說，乃歸納《中庸》之精義而來。《中庸》曰：「誠者，天之道也；誠之者，人之道也」。「誠之」之道，乃透過博學、審問、慎思、明辨、篤行五者，步步踏實以行，「擇善而固執之」，及其工夫深厚，水到渠成，則必能轉愚為明、變柔致強。此洵儒門成聖成賢之大學問也。是則明強之境界，須經一番踐履、體驗、昇華之工夫，絕非一蹴可幾、垂手可得也。故復論之曰：

> 魏安釐王問天下之高士於子順，子順以魯仲連對。王曰：「魯仲連強作之者，非體自然也」。子順曰：「人皆作之，作之不止，乃成君子；作之不變，習與體成，則自然也。余觀自古聖賢豪傑，多由彊作而臻絕詣」。《淮南子》曰：「功可強成，名可彊立」。《中庸》曰：「或勉強而行之，及其成功一也」。近世論人者，或曰某也，向之所為不如是，今強作如是，是不可信；沮自新之途，而長偷惰之風，莫大乎此。吾之觀人，亦嘗有因此而失賢才者，追書以志吾過。〔註52〕

所謂勉強，乃明知事之難為，艱阻綦多，而信念專注，毫無動搖、退縮，奮勉不輟以行之者也。明強之境，始於勉強而行，知難而進，遇挫不退，堅毅以赴目標，或可蘄之有成，而絕無倖致之事也。故於勉強而行之同時，須濟以陽剛之氣，方能行之久遠，故曰：

> 蓋人稟陽剛之氣最厚者，其達於事理必有不可掩之偉論，其見於儀

〔註52〕《雜著・筆記十二篇・勉強》，頁392。

度必有不可犯之英風，噲之鴻門披帷，拔劍割彘，與夫霸上還軍之請，病中排闥之諫，皆陽剛之氣之所爲也。未有無陽剛之氣，而能大有立於世者。有志之君子，養之無害可耳。〔註53〕

故知有陽剛之氣者，乃臻明強境界之主要動力，亦此方能奮發有爲，而自立於世也。雄才大略之左宗棠，與滌生爲同時人，亦有言曰：

丈夫事業，非剛莫濟。所謂剛者，非氣矜之謂、色屬之謂。任人所不能任，爲人所不能爲，忍人所不能忍，志向一定，倂力赴之，無少夾雜，無稍游移，必有所就。以柔德而成者，吾見罕矣。〔註54〕

欲事業之有成，事功之能立，剛氣不可或缺，可謂英雄所見略同也。

（二）強而不驕

《論語・泰伯》曰：「如有周公之才之美，使驕且吝，其餘不足觀也已」！凡性格倔強者，每易流於驕而自是，剛愎自用，其弊極大；或未能善加調節，恐遺患無窮也。滌生強而不驕，常省己過，力戒驕傲，故略能得倔強之益，而未受其害也。道光二十五年五月五日致諸弟書曰：

余蒙祖父餘澤，頻叨非分之榮。此次升官，尤出意外。日夜恐懼修省，實無德足以當之。諸弟遠隔數千里外，必須匡我之不逮，時時寄書規我之過，務使累世積德不自我一人而墮。庶幾持盈保泰，得免速致顛危。諸弟能常進箴規，則弟即吾之良師益友也。而諸弟亦宜常存敬畏，勿謂家有人作官，而遂敢於侮人；勿謂己有文學，而遂敢於恃才傲人。常存此心，則是載福之道也。

此其年富力強、宦途順遂之際，已知歛抑自省。咸豐十年九月廿四日致沅弟季弟書曰：

吾於道光十九年十一月初二日進京散館，十月二十八早侍祖父星岡公於階前，請曰：「此次進京，求公教訓」。星岡公曰：「爾的官是做不盡的，爾的才是好的，但不可傲。滿招損，謙受益，爾若不傲，更好全了」。遺訓不遠，至今尚如耳提面命。今吾謹述此語誥誡兩弟，總以除傲字爲第一義。唐虞之惡人曰「丹朱傲」；曰「象傲」；桀紂之無道，曰「強足以拒諫，辨足以飾非」，曰「謂己有天命，謂敬不足行」，皆傲也。吾自八年六月再出，即力戒惰字以儆無恆之弊。近

〔註53〕《雜著・筆記十二篇・陽剛》，頁394。
〔註54〕《歷代名人家書》（學生書局），頁187。

來又力戒傲字。昨日徽州未敗之前，次青心中不免有自是之見，既
敗之後，余益加猛省。大約軍事之敗，非傲即惰，二者必居其一；
巨室之敗，非傲即惰，一者必居其一。

滌生平生頗能秉承其祖父之教，復以熟讀經史，詳知古聖先賢立身處世之道，
及歷史人物成敗得失之幾；且置身宦海多年，體察深切，見識通達，徹曉驕
傲必敗、滿盈必傾之理，故無論修己、治人，抑或齊家、經世，莫不深以驕
傲滿盈為戒。舉凡言語動容之間，均宜時時留意，處處警覺，否則極易流於
驕傲而不覺也。滌生不但以之自修，並常規誡其諸弟，亦能知所警覺、凡事
節制。蓋凡一涉驕傲，既易啟他人之反感而棄離，而闢其攻錯之門；又因而
自溢自大，漸趨怠惰不學，而阻其向上一途。故於私於公、立身接物，均無
益而多害也。

滌生平生於強而不驕一事特加注意，蓋其飽讀經史、閱歷閎廣、見識深
刻，故於得意時能謙謹自抑；又每勤於反躬自省，故雖有倔強之本性，而能
祛除驕心傲氣，注意修飭其身；故於經世之際，足以表率群倫，是為其成功
立業之要素也。

（三）剛柔互用

驕則易滿，每生禍患；傲則易盈，常罹不測。故驕傲者，修心養性，難
望其成；建功立業，難期其久。滌生於權勢鼎盛之際，居高思危，揭出人概、
天概之說以自警自惕，並一再告誡其諸弟，務須戒慎恐懼，盈時尤宜謙退自
抑，免致顛蹶也。同治元年五月十五日致沅弟季弟書曰：

> 余家目下鼎盛之際，余忝竊將相，沅所統近二萬人，季所統四五千
> 人，近世似此者曾有幾家？沅弟半年以來，七拜君恩，近世似弟者
> 曾有幾人？日中則昃，月盈則虧，吾家亦盈時矣。管子云：「斗斛滿，
> 則人概之；人滿，則天概之」。余謂天之概無形，仍假手於人以概之。
> 霍氏盈滿，魏相概之，宣帝概之；諸葛恪盈滿，孫峻概之，吳主概
> 之。待他人之來概而後悔之，則已晚矣。吾家方豐盈之際，不待天
> 之來概，人之來概，吾與諸弟當設法先自概之。自概之道云何？亦
> 不外清、慎、勤三字而已。吾近將清字改為廉字，慎字改為謙字，
> 勤字改為勞字，尤為明淺，確有可下手之處。……余以名位太隆，
> 常恐祖宗留貽之福，自我一人享盡，故將勞、謙、廉三字時時自惕，
> 亦願兩賢弟之用以自惕，且即此自概耳。

將清、慎、勤易為廉、謙、勞，更見淺明、親切，函中復就廉、謙、勞三端，以實例詳加解析、苦心勸諭，用意深厚；而其弟猶難喻其旨，反以「勢利」、「強凌弱」之說駁之。故同月廿八日致沅弟季弟書又曰：

> 沅於人概天概之說，不甚措意，而言及勢利之天下，強凌弱之天下。此豈自今日始哉？蓋從古以然矣。從古帝王將相，無人不由自立自強做出。即為聖賢者，亦各有自立自強之道，故能獨立不懼，確乎不拔。昔余往年在京，好與諸有大名大位者為仇，亦未始無挺然特立、不畏強禦之意。近來見得天地之道，剛柔互用，不可偏廢，太柔則靡，太剛則折。剛非暴虐之謂也，強矯而已；柔非卑弱之謂也，謙退而已。趨事赴公，則當強矯；爭名逐利，則當謙退。開創家業，則當強矯；守成安樂，則當謙退。出與人物應接，則當強矯；入與妻孥享受，則當謙退。若一面建功立業，外享大名，一面求田問舍，內圖厚實，二者皆有盈滿之象，全無謙退之意，則斷不能久。此余所深信，而弟宜默默體驗者也。

滌生當權勢極盛之際，以清、慎、勤、勞、謙、廉自警自勵，此即免遭天概、不待人概，而先施以自概之道，以之為渡亂世之寶筏、處危時之要徑；而其弟未能體會，故滌生苦口婆心，復舉以己身早年之行事及中年後之體證，教以剛柔互用之說也。

當強矯時強矯，當謙退時謙退，能伸能屈，舉措咸宜，則既能修己治人，建功立業，復能免禍致患，安身立命，是為滌生既能成功立業，復克持盈保泰之人生智慧也。

（四）強而不愎

性格強毅者，又易流於剛愎、自是，失其清晰之理智、周延之判斷，而轉為客氣所乘，一意執拗、任性，務求凌人、勝人，不能達理適情，其害難測，亟須有所覺察也。咸豐八年正月四夜致沅弟書曰：

> 至於強毅之氣，決不可無，然強毅與剛愎有別。古語云：「自勝之謂強」。曰強制，曰強恕，曰強為善，皆自勝之義也。如不慣早起，而強之未明即起；不慣莊敬，而強之坐尸立齋；不慣勞苦，而強之與士卒同甘苦，強之勤勞不倦：是即強也。不慣有恆，而強之貞恆，即毅也。捨此而求以客氣勝人，是剛愎而已矣。二者相似，而其流相去霄壤，不可不察，不可不謹。

強毅之氣與剛愎有別，其作用要以自勝爲主，能於進德修業致力盡心，方是自勝之道也。同治五年九月十二日致沅弟書曰：

> 弟謂命運作主，余素所深信；謂自強者每勝一籌，則余不甚深信。凡國之強，必須多得賢臣工；家之強，必須多出賢子弟。此亦關乎天命，不盡由於人謀。至一身之強，則不外乎北宮黝、孟施舍、曾子三種。孟子之集義而慊，即曾子之自反而縮也。惟曾、孟與孔子告仲由之強，略爲可久可常。此外鬥智鬥力之強，則有因強而大興，亦有因強而大敗。古來如李斯、曹操、董卓、楊素，其智力皆橫絕一世，而其禍敗亦迥異尋常。近世如陸、何、肅、陳，亦皆予智自雄，而俱不保其終。故吾輩在自修處求強則可，在勝人處求強則不可。福益外家若專在勝人處求強，其能強到底與否尚未可知。即使終身強橫安穩，亦君子所不屑道也。

此謂強毅，須在自勝處下工夫，所謂「持其志，毋暴其氣」（《孟子・公孫丑上》），即在自修處求強，而非以客氣勝人；至若橫蠻無理，剛愎自用，是即在勝人處求強也。在自勝處下工夫，待人則寬，遇事則勤，行事橫逆不順，則勇於檢討改進，方能提升自我、培養實力；在勝人處逞強，實爲客氣所乘而不曉，勢必欲凌人而人不爲我欺，適足以壞事耳。兩者雖似是而非，結果有天壤之別，不可不留意也。時國荃不聽乃兄之勸，率爾參劾官文，猶以「自強者每勝一籌」矯辯。故滌生於此，就自修處求強與勝人處求強之異，詳加分析：所舉古時之李斯、曹操、董卓、楊素四人，皆爲「在勝人處求強」之負面人物；另舉近世之陸、何、肅、陳四人，陸建瀛、何桂清均曾任兩江總督，爲曾氏之前任大員也。肅順則爲顧命八大臣之首，以輔同治帝者：三人皆不得善死；陳孚恩爲肅順黨羽，曾任軍機大臣、尚書，後被抄家、發配新疆；四人亦皆爲人強梁，下場極慘。滌生蓋以專在勝人處下工夫者，非爲眞正之強者；惟有勉力以深化德性、增長才學，方是「略爲可久可長」之自強之道。個人如此，國事亦然，惟有增強經濟、軍事實力，施政廉明、人民信任，方爲自立不敗、長治久安之道也。

夫自勝者，乃經一番自律、自制、自強、自明之工夫，以促使其德性之提升、器識之深閎、心性之沈潛、行事之明達，而非與人互爭勝負、相競功名，務求屈人、凌人也。滌生於此所思者遠、所見者大，故不但其後能得令終，且能以其言行沾溉來者也。

（五）強而能忍

　　強自明生，貴先自勝；反之，暴躁輕浮、易怒難忍者，略遇困難、稍有失意，即憤懣忿激、衝動行事，或牢騷滿懷、怨天尤人，即非眞強也。咸豐元年九月五日致諸弟書曰：

> 吾嘗見友朋中牢騷太甚者，其後必多抑塞，如吳檀臺、凌荻舟之流，指不勝屈。蓋無故而怨天，則天必不許；無故而尤人，則人必不服。感應之理，自然隨之。……凡遇牢騷欲發之時，則反躬自思，吾果有何不足，而蓄此不平之氣？猛然自省，決然去之。不惟平心謙抑，可以早得科名，亦且養此和氣，可以稍減病患。

此以經驗所得，證實牢騷多者，前途多舛，有害無益，何如猛然自省，尋索問題之所在，深化學識，加強實力，再圖振作，重新出發。滌生初出領軍，境遇極爲不順，其後長期無位無權，每遭各方排擠凌辱，迥異於仕京時之宦途順遂，意氣風發；故惟有盡力忍辱，以求軍事有濟。咸豐四年十一月廿七日致諸弟書曰：

> 吾自服官及近年辦理軍務，中心常多鬱屈不平之端，每效母親大人指腹示兒女曰：「此中蓄積多少閒氣，無處發洩」。其往年諸事，不及盡知。今年二月在省城河下，凡我所帶之兵勇僕從人等，每次上城，必遭毒罵痛打，此四弟、季弟所親見者。謗怨沸騰，萬口嘲譏，此四弟、季弟所親聞者。自四月以後，兩弟不在此，景況更有令人難堪者。吾惟忍辱包羞，屈心抑志，以求軍事之萬有一濟。

身處非常之時期，承擔重大之責任，面對危殆之情勢，須能存其倔強，去其忿激，使剛氣不墜，貫徹到底，以遂其志，斯乃眞正之強者。同治三年六月十一日致沅弟書曰：

> 大抵任天下之大事以氣，氣之鬱積於中者厚，故倔強之極，不能不流爲忿激。以後吾兄弟動氣之時，彼此互相勸誡，存其倔強而去其忿激，斯可耳。

同月十六日致沅弟書曰：

> 「難禁風浪」四字璧還，甚好甚慰。古來豪傑皆以此四字爲大忌。吾家祖父教人，亦以「懦弱無剛」四字爲大恥。故男兒自立，必須有倔強之氣，惟數萬人困於堅城之下，最易暗銷銳氣。弟能養數萬人之剛氣而久不銷損，此是過人之處，更宜從此加功。

滌生兄弟終在當年六月十六日午刻克復金陵，雖因湘軍貪暴太甚、軍紀極壞、殺戮過慘，造成人間之煉獄，萬難寬恕。然以當日戰事之艱難，實有賴堅毅不撓、忍苦忍勞之工夫，方克終勝大敵也。

倔強而非蠻橫忿激，倔強而不躁動乖張，遇事冷靜而認真，處世堅定而溫和，是謂自勝者強，是為真強者也。有此修養，方足以有為有守、立功成事也。

（六）以悔以硬

強忍不拔，咬牙勵志，乃滌生待人處世、經綸世務時之氣概，其平生嘗有兩口訣：一曰悔字訣，一曰硬字訣，頗足以涵括其意旨。同治六年三月二日致沅弟書曰：

> 弟當此百端拂逆之時，又添此至交齟齬之事，想心緒益覺難堪。然事已如此，亦只有逆來順受之法，仍不外悔字訣、硬字訣而已。朱子嘗言：「悔字如春，萬物蘊蓄初發；吉字如夏，萬物茂盛已極；吝字如秋，萬物始落；凶字如冬，萬物枯凋」。又嘗以元字配春，亨字配夏，利字配秋，貞字配冬。兄意貞字即硬字訣也。弟當此艱危之際，若能以硬字法冬藏之德，以悔字啟春生之機，庶幾可挽回一二乎？

針對朱子於《易經》吉凶悔吝之詮釋，滌生亦另有其簡化、活用之本事。當處艱危險逆之境、千折百磨之際，欲於驚濤駭浪中安身立命，度厄紓難，實大不易之事。滌生之悔、硬二字訣，乃自長期艱苦磨練所得之智慧也。

1、悔字訣

滌生天性倔強剛硬，領軍後吃虧受辱、忍氣吞聲之事頗多，痛定思痛，乃有一番省察反思，而後乃漸以堅宏之志氣、沈著之態度、冷靜之智慧，死裡求生，方克扭轉劣勢，得以突圍而出。中晚歲後，身居軍政要職，益加謙讓自牧，「不敢自詡為有本領，不敢自以為是，俯畏人言，仰畏天命」（同治六年年三月十二日致沅弟書），處處反求諸己，踏實行事，此即能立能達、不怨不尤之悔字訣也。同年正月二日致沅弟書曰：

> 兄自問近年得力，惟有一悔字訣。兄昔年自負本領甚大，可屈可伸，可行可藏，又每見得人家不是。自從丁巳、戊午大悔大悟之後，乃知自己全無本領，凡事都見得人家有幾分是處。故自戊午至今九載，

與四十歲以前迥不相同，大約以能立能達為體，以不怨不尤為用。
立者，發奮自強，站得住也；達者，辦事圓融，行得通也。吾九年
以來，痛戒無恆之弊。看書寫字，從未間斷，選將練兵，亦常留心。
此皆自強能立工夫。奏疏公牘，再三斟酌，無一過當之語、自誇之
詞。此皆圓融能達工夫。至於怨天本有所不敢，尤人則常不能免，
亦皆隨時強制而克去之。弟若欲自儆惕，似可學阿兄丁、戊二年之
悔，然後痛下箴砭，必有大進。……默存一悔字，無事不可挽回也。

對其弟國荃之略能立而患不能達，兼復好怨多尤之失，滌生舉自身之實例，
以剴切曉諭之。丁巳、戊午，即咸豐七年、八年，時滌生守喪居家，回顧昔
日所作所為，深自痛省猛思。尤以自恃本領甚大，實則成也僥倖，敗乃必然。
大悔一番之後，易以大徹大悟，此即「痛下箴砭，必有大進」也。及其復出
視事後，氣象大異於昔：一心發奮振作，自立自強，治學、辦事有恆踏實，
進一步深植學養、實力；復能謙冲為懷，平實自守，放下身段，與人為善，
以求行事之通達圓融；既能立，復能達，故曰站得住、行得通也。此以其力
行「悔」字訣之實例勸誡其弟，多在發奮自強、辦事圓融上下工夫，而少怨
天尤人、自以為是，方能漸趨能立能達之境也。

2、硬字訣

滌生平生之處危逆、度苦厄，復有一番工夫，此即硬字訣也。同治五年
十二月十八夜致沅弟書曰：

困心橫慮，正是磨煉英雄，玉汝於成。李申夫嘗謂余惱氣從不說出，
一味忍耐，徐圖自強，因引諺曰：「好漢打脫牙，和血吞」。此二語
是余生平咬牙立志之訣，不料被申夫看破。余庚戌、辛亥間為京師
權貴所唾罵，癸丑、甲寅為長沙所唾罵，乙卯、丙辰為江西所唾罵，
以及岳州之敗、靖江之敗、湖口之敗，蓋打脫牙之時多矣，無一次
不和血吞之。弟此次郭軍之敗、三縣之失，亦頗有打脫門牙之象。
來信每怪運氣不好，便不似好漢聲口。惟有一字不說，咬定牙根，
徐圖自強而已。

可見滌生平生之挫辱實多，而卻毫不掩飾，和盤托出，與常人之諱言失敗受
辱者相較，實能反其道而行；足見其素具定見、深識，實事求是，破除情面，
痛加檢討，方克屢敗屢戰、愈挫愈勇，故能藉挫辱以強化實力，轉危機為生
機也。六年二月廿九日致沅弟書曰：

此時須將劾官相之案、聖眷之隆替、言路之彈劾一概不管。袁了凡
所謂「從前種種譬如昨日死，從後種種譬如今日生」，另起爐灶，重
開世界。安知此兩番之大敗，非天之磨煉英雄，使弟大有長進乎？
諺云：「吃一塹，長一智」，吾生平長進全在受挫受辱之時。務須咬
牙厲志，蓄其氣而長其智，切不可荼然自餒也。

當受挫受辱之時，進則無路可循，荊棘遍佈，惟有咬牙硬撐，徐圖再起；若
再灰心喪志，怨天尤人，皆於事有損無益也。而退亦無路可行，徒使親痛仇
快，背負懦弱無能之名，更絕去東山再起之機。簡言之，既已遭值失敗挫折，
難以逃遁遠引，惟有坦然接受，沈潛冷靜、勇於自省，不憚重新改造、培植
實力，以圖自強，再啓新機，所謂「生平長進全在受挫受辱之時」，是乃滌生
爲人行事之眞本領也。其弟國荃任鄂撫時，戰爭受挫，諸事不順，而其本身
亦實有其思慮不周、行事過當者；而晚歲行事益趨謹愼之滌生，當其弟頗覺
氣沮、煩憂難解之際，反勸其咬牙厲志、勿怪命運，藉事磨練意志、增長才
力，另啓新局、重開世界。於此可見滌生之丘壑深廣，有別常人也。

　　悔、硬二字訣，實即能強堪忍之義，最足代表滌生修心養性之工夫，及其
立身處世之精神。其學問事功之成就，即得力於此。其中晚年後，更知謙抑自
牧，致力滌除卑污、省察改過，「取人爲善」、「與人爲善」（《孟子・公孫丑上》），
故能絕處逢生，再開新局，即悔字之功效也。以平凡之資而下學上達，略能引
領一代風氣；以儒生而戡平大敵，庶挽狂瀾於既倒，即硬字之功效也。

第二節　養生之道

　　此節所述，以身體之修練保養爲主。

　　然身體與精神乃一體兩面，不可分離，欲得精神之旺盛，有待乎身體之
健康；欲獲健康之身體，則必先講求養生之道。曾國藩所論，雖似以身體之
保健爲主，而實每與精神修持合論之，故其養生之道，實爲能得內外兼修、
身心合一之趣也。滌生平日常談養生之道，必有其因，故先述之；養生須有
各種門徑，故次言之。

一、重視養生之因

　　滌生重視養生之故，約有三者：

（一）保身行孝

《孝經‧開宗明義》曰：「身體髮膚，受之父母，不敢毀傷。孝之始也」。
為人若生活紊亂，不善自調護，而致身嬰疾病，或虛弱不振，皆貽父母之憂
慮不安；故養生保身，即是孝道也。滌生天性篤孝，故平日即注重身體保養，
不欲勞父母之憂心煩慮也。咸豐九年五月廿四日致澄弟書曰：

> 保養身體，孝之大端也。

身體康健，父母安心，故宜善養其身，此即孝之事也。同治二年二月十四日
諭紀澤書曰：

> 古之言孝者，專以保身為重。鄉間路窄橋孤，嗣後吾家子侄凡遇過
> 橋，無論轎馬，均須下而步行。

其視保身為克盡孝道之要務，故凡出外戒慎小心，不履危地，不行險事，即
孝也。同治五年二月廿五日諭紀澤紀鴻書曰：

> 老年來，始知聖人教孟武伯問孝一節之真切。

《論語‧為政》孟武伯問孝章，孔子曾答以「父母唯其疾之憂」。就父母而言，
子女之疾病或傷損，均造成父母極大之憂煩驚痛。故為子女者，當「以父母
之心為心」（見朱子《四書集註》），善護此身，毋貽父母之痛苦也。

（二）改善體質

滌生身體素弱，三十左右，即說話乏力，精神不濟。道光二十二年十二
月二十日致諸弟書曰：

> 予身體甚弱，不能苦思，苦思則頭暈；不耐久坐，久坐則倦乏。

時滌生僅三十二歲，已身弱如此。道光二十八年七月二十日稟叔父母書曰：

> 侄近年以來精力日差，偶用心略甚，癬疾即發；夜坐略久，次日即
> 昏倦。是以力加保養，不甚用功。以求無病無痛，上慰堂上之遠懷。

身體已弱，又有癬疾糾纏一生，皮膚病雖非致死之疾，然於身心之靜養休息，
生命之清安自得，甚有妨害，乃極惱人之病。滌生中晚年身膺重任，而疾病纏
身，其日記、家書之中，屢見失眠、吐血、目疾、齒痛、耳鳴、肝風、脾虛、
疝氣等字眼，在諸多病痛苦惱折磨之餘，惟有注意養生，以禦病魔，以盡厥職。

（三）為償夙志

滌生入京服官後，胸有大志，抱負不凡；且好學不倦，欲有所樹立。若
無康健之身，何能創業立功，擔當繁劇？又何能研析學術，著書立說？滌生

身體雖弱，卻不悲觀、氣餒，平日頗講養生之道，以培其精神，厚其精力。
咸豐七年十二月十四日致沅弟書曰：

> 身體雖弱，却不宜過於愛惜，精神愈用則愈出，陽氣愈提則愈盛。
> 每日作事愈多，則夜間臨睡愈快活。若存一愛惜精神的意思，將前
> 將却，奄奄無氣，決難成事。

則其養生，心理之要素寓焉。咸豐八年四月九日致沅弟書又曰：

> 精神愈用而愈出，不可因身體素弱，過於保惜。智慧愈苦而愈明，
> 不可因境遇偶拂，遽爾摧沮。

身體雖弱，若能立定生命志向，困知勉行，致力修進，念茲在茲；處世亦能
達觀進取，勤勞從事，不過於顧惜、寬縱，培護鍛練日久，必於身心均有所
裨益，而逐漸厚積學養，提鍊實力，體氣日旺，不再衰憊無力；而亦能由奠
定身心健康之基礎之故，而或能奏修己安人、經綸世務有成之效。此即不因
身體素弱而過於保護愛惜，亦毋須憂心喪志之故。蓋若能藉事上之磨鍊，而
長養雄厚精神、堅強意志、深閎見識，反可促進身體之健康。故知心理之逐
漸強毅、信心之逐漸堅穩，與身體之逐漸健康、擺脫脆弱，有其相輔相成、
互爲表裏之關係。蓋此即是養生之道也，即是滌生所以重視養生之故也。

　　以上三者，爲滌生重視養生之重大因素也。亦因其重視養生，有其獨到之
見識與明確之方法，故其身體雖弱而多病，而無礙其修業立功、任鉅履艱也。

二、養生之要徑

　　滌生於養生之方法，或自身心之合養申論，或單以身體之調護立說。大
抵以身心交養、內外兼顧爲要旨，以有動有靜、一張一弛爲原則，相輔相成，
無所偏廢，養生之道寓焉。

（一）君逸臣勞、身心合養

　　滌生於養生，頗講「君逸臣勞」之道。其言曰：

> 養身之道，以君逸臣勞四字爲要。省思慮，除煩惱，二者皆所以清
> 心，君逸之謂也；行步常勤，筋骨常動，臣勞之謂也。〔註55〕

少思少惱，可保持精神之愉悅清寧；多事運動，鍛鍊筋骨，可增進身體之健
壯與活力。關於身心合養，則以勸人斷藥祛病爲例，證明不藥而愈，實非虛

〔註55〕同註8，卷二，〈覆李希菴〉，頁3～4。

言。同治元年七月二十日致沅弟季弟書曰：

> 我在外日久，閱事日多，每勸人以不服藥爲上策。……希菴五月之
> 季病勢極重，余緘告之，云「治心以廣大二字爲藥，治身以不藥二
> 字爲藥」。並言作梅醫道不可恃。希乃斷藥月餘，近日病已全愈，咳
> 嗽亦止。

所云「治心」之藥，即「君逸」之謂。凡能令人清心寡憂者皆是。

「治身」之藥，一則多行路、多運動，以鍛鍊筋骨。二則爲恪守其祖星
岡公「不信醫藥」之訓。醫藥原可療病，而滌生却屢誡家人、友朋，不宜輕
用藥物。上函即以勸吳彤雲、李希菴二人斷藥而病癒之例，勸其幼弟國葆以
不服藥治病。咸豐十年十二月廿四日致澄弟書曰：

> 合家大小老幼，幾於無人不藥，無藥不貴。迨至補藥吃出毛病，則又
> 服涼藥以攻伐之；陽藥吃出毛病，則又服陰藥以清潤之；展轉差誤，
> 不至大病大弱不止。……余意欲勸弟少停藥物，專用飲食調養。澤兒
> 雖體弱，而保養之法，亦惟在愼飲食、節嗜欲，斷不在多服藥也。

此以調養飲食、節嗇嗜欲二端，代替好行用藥及進補之務，既不易出錯，又
省錢財。滌生於醫藥深懷戒意，實本其個人之長久閱歷，非剛愎自用也。同
日諭紀澤書曰：

> 爾體甚弱，咳吐鹹痰，吾尤以爲慮，然總不宜服藥。藥能活人，亦
> 能害人。良醫則活人者十之七，害人者十之三；庸醫則害人者十之
> 七，活人者十之三。余在鄉在外，凡目所見者，皆庸醫也。余深恐
> 其害人，故近三年來，決計不服醫生所開之方藥，亦不令爾服鄉醫
> 所開之方藥。見理極明，故言之極切，爾其敬聽而遵行之。每日飯
> 後走數千步，是養生家第一秘訣。三個月後，必有大效矣。

以身體多動多走路，促進體氣之健實，代以亂服方藥，是爲養生之根本。同
治元年七月二十日致沅弟季弟書亦曰：

> 吾不以季病之易發爲慮，而以季好輕下藥爲慮。吾在外日久，閱事
> 日多，每勸人以不服藥爲上策。

當日良醫少，庸醫多，往往有誤投藥物，使病勢轉劇或喪命者；其不信醫藥，
亦非全無其理。同月廿五日又致書曰：

> 余閱歷已久，覺有病時斷不可吃藥，無病時可偶服補劑調理，亦不
> 可多。吳彤雲大病二十日，竟以不藥而癒，鄧寅皆終身多病，未嘗

> 服藥一次。

蓋以平日能慎飲食、節嗜欲、適量運動，以此平實可行之作為，即可奏健身養生之效，而其關鍵則在有無恒心與毅力而已矣。故每據其先祖之遺教，及其多年豐富之見聞，得出養生以不服藥為尚之旨；而生病不服藥，竟成其家訓而屢申之。實則，其晚歲時，亦未必能全不服用方藥也。

（二）順其自然、冥心優游

滌生不信醫藥，除遵守祖訓及預防庸醫誤人外，另一重要之原由，即養生宜得自然之妙也。同治五年二月廿五日諭紀澤紀鴻書曰：

> 爾雖體弱多病，然只宜清靜調養，不宜妄施攻治。莊生云：「聞在宥天下，不聞治天下也」。東坡取此二語，以為養生之法。爾熟於小學，試取「在宥」二字之訓詁體味一番，則知莊、蘇皆有順其自然之意。養生亦然，治天下亦然。若服藥而日更數方，無故而終年峻補，疾輕而妄施攻伐，強求發汗，則如商君治秦、荊公治宋，全失自然之妙。柳子厚所謂「名為愛之，其實害之」；陸務觀所謂「天下本無事，庸人自擾之」；皆此義也。東坡〈游羅浮〉詩云：「小兒少年有奇志，中宵起坐存《黃庭》」。下一「存」字，正合莊子「在宥」二字之意。蓋蘇氏兄弟父子皆講養生，竊取黃老微旨，故稱其子為有奇志。以爾之聰明，豈不能窺透此旨？余教爾從眠食二端用功，看似粗淺，却得自然之妙。爾以後不輕服藥，自然日就壯健矣。

不用醫藥，而以講求眠食之道代之。同治八年二月十八日諭紀澤書曰：

> 吾觀鄉里貧家兒女愈看得賤愈易長大，富戶兒女愈看得嬌愈難成器。爾夫婦視兒女過於嬌貴。柳子厚〈郭橐駝傳〉所謂「旦視而暮撫、爪膚而搖本者，愛之而反以害之」。彼謂養樹通於養民，吾謂養樹通於養兒。爾與家婦宜深曉此意。莊子每說委心任運、聽其自然之道，當令人讀之首肯，思之發省。東坡有目疾不肯醫治，引《莊子》曰：「聞在宥天下，不聞治天下也」。吾家自爾母以下皆好吃藥，爾宜深明此理，而漸漸勸諫止之。

將養生與治天下並論，要皆以符於自然之旨為歸趨也。身體之運行，本有一定之規律，此乃天賦之本能；若不明其理，妄施藥物攻伐，反致破壞身體之自然規律，於健康有害無益。以眠食二者言之，若運用恰當，合於身體之所需，已符自然之道，自能有益於養生矣。故滌生於眠食二端，特予注意，其日記曰：

養生之道，當於眠食二字，悉心體驗。食即平日飯茶，但食之甘美，
即勝於珍藥也。眠亦不在多寢，但實得神凝夢甜，即片刻亦足攝生
矣。〔註56〕

滌生平日好學苦思，凡事用心；然其養生之道，則極其淺顯平凡、簡要易行，
蓋此即自然之道也。此於其早歲時，已體會鬆緊互用之重要。思慮太緊，用
心太過，極耗心神，復損血氣，頗不利於養生。故須有暫息思慮、放鬆心情
之時，而以「冥心無用，優游涵養」之趣為養生之原則。道光二十一年五月
十八日稟父書曰：

男身體如常。每夜早眠，起亦漸早。惟不耐久思，思多則頭昏。
故常冥心於無用，優游涵養，以謹守父親保身之訓。

其父手諭滌生保身之道有三：即節勞、節欲、節飲食三項，見於其三十二歲
時之自訂課程第八條「保身」；揭出「節」字為保身之要訣。所謂「冥心無用」，
並非無所事事，毫不用心，乃指每日有休養或靜坐之定課，凡事放開，略無
牽掛，以資調節；所謂「優游涵養」，即於緊張繁冗之中，或放慢急遽之步調，
暫置世事之縈纏於不顧，藉以保持心境之鬆放愉悅、悠然自得，而使精神獲
致適時之緩和也。如此，則可避免思慮過勞、心弦太緊以傷生，而得身心合
養、勞逸均衡之趣，乃使生命之運行，回歸於自然之規律中；是以無用為用，
不養而養，而將養生提升至更高之境界也。

有關養生如何符於自然之妙，實滌生自青年以迄晚歲，均在思索其理，
蘄能踐履其道者也。

（三）懲忿窒慾，少食多動

滌生論及養生之法頗多，說法不一，而以「懲忿窒慾，少食多動」八字
最為精要。其日記有云：

養生家之法，莫大於「懲忿窒慾，少食多動」八字。〔註57〕

此八字乃其養生之綱領。

1、懲忿窒慾

「懲忿窒慾」，以促進精神之健康為主，所謂「去忿慾以養體」（同治二
年正月十二日致沅弟書），乃從事心理之修養，針對忿慾痛下工夫，以資養生。

〔註56〕同註35，頁69。
〔註57〕同註35，頁69。

同信中復申之曰：

> 肝氣發時，不惟不和平，並不恐懼，確有此境。不特弟之盛年為然，
> 即余漸衰老，亦常有勃不可遏之候。但強自禁制，降伏此心，釋氏
> 所謂「降龍伏虎」。龍即相火也，虎即肝氣也。多少英雄豪傑打此兩
> 關不過，亦不僅余與弟為然。要在稍稍遏抑，不令過熾。降龍以養
> 水，伏虎以養火。古聖所謂「窒慾」，即「降龍」也；所謂「懲忿」，
> 即「伏虎」也。釋儒之道不同，而其節制血氣，未嘗不同，總不使
> 吾之嗜欲，戕害吾之軀命而已。

「慾」、「忿」二大病根，稍過其度，已能傷己傷人，況其多慾、易怒者乎？
故亟須尋求其對治之道。同治四年九月一日諭紀澤書曰：

> 吾於凡事，皆守「盡其在我，聽其在天」二語，即養生之道亦然。
> 體強者，如富人因戒奢而益富；體弱者，如貧人因節嗇而自全。節
> 嗇非獨食色之性也，即讀書用心，亦宜儉約，不使太過。余八本匾
> 中，言養生以少惱怒為本。又嘗教爾胸中不宜太苦，須活潑潑地，
> 養得一番生機，亦去惱怒之道也。既戒惱怒，又知節嗇，養生之道，
> 已盡其在我者矣。此外壽之長短，病之有無，一概聽之在天，不必
> 多生妄想去計較他。凡多服藥餌，求禱神祇，皆妄想也。

所言尤確切明白，具體可行；少惱少怒，知所節嗇，乃可由盡其在我，以致
其效；至於非盡其在我所能為力者，則聽之於天；此中亦寓養生之意也。同
年九月晦日（按：即廿九日）諭紀澤紀鴻書曰：

> 以後在家則蒔養花竹，出門則飽看山水，環金陵百里內外，可以遍
> 遊也。算學書切不可再看，讀他書亦以半日為率。未刻以後，即宜
> 歇息游觀。古人以「懲忿窒慾」為養生要訣。「懲忿」，即吾前信所
> 謂「少惱怒」也；「窒慾」即吾前信「知節嗇」也。因好名好勝而用
> 心太過，亦慾之類也。

種植、旅遊，亦可養生，蓋能適度運動，有助於身體之代謝循環也；看書適
量，歇息定時，亦符於自然之道也。以上皆自去忿、去慾二端，就不同之層
面詳加發揮，及指點少怒寡慾之道；乃其長期致力踐履、有所體驗者也。

「懲忿」以「少惱怒」為要務，蓋易怒則肝火上升，火氣上炎，血不養
肝；惟恃乎心理之修養以化治，非藥物所能為力也。乃弟國荃攻打金陵後期，
受謗受辱，緊張危殆，壓力沈重如山，勞苦、鬱怒之餘，致罹肝病，逢人輒

怒，遇事即憂，引起滌生之極度關心，同治三年四月十三日致沅弟書曰：

> 此病非藥餌所能爲力，必須將萬事看空，毋惱毋怒，乃可漸漸減輕。
> 蝮蛇螫手，則壯士斷其手，所以全生也。吾兄弟欲全其生，亦當視
> 惱怒如蝮蛇，去之不可不勇。

惱怒之戕害身心至劇，且每易暴躁債事、得罪他人，有百弊而無一益，若不能慎加克治、化解，後果實不堪設想也。此則有待乎理智之清明冷靜，精神之調養得宜，故宜與修養之道緊密配合，方克有濟也。

「窒慾」者，乃以「知節嗇」爲首務，凡事當求平和穩靜，順理而行，知所節制，不可妄求，不宜放縱，太過、太急，均有害養生也；食色之外，好名好勝、好利好貨之心，均勿太甚，則不爲客氣所奪，內心清寧安適，亦能漸符自然之規律矣。此則亦不能離於修心養性之道也。

2、少食多動

「少食多動」者，乃以促進身體之健康爲主。飲食當謹守一定之時刻，不可過飽；亦不必求山珍海味，惟食之甘美、富於滋養即可。平居時，則蒔花養竹，遊觀山水，以資調攝，亦「多動」筋骨，既可資調節生活，亦有不過耽安逸之意也。同治四年閏五月十九日諭紀澤書曰：

> 吾近夜飯不用葷菜，以肉湯炖蔬菜一二種，令其爛如齏，味美無比，必可以資培養菜不必貴，適口則足養人，試炖與爾母食之星岡公好於日入時手摘鮮蔬，以供夜餐。吾當時侍食，實覺津津有味，今則加以肉湯，而味尚不逮於昔時。後輩則夜飯不葷，專食蔬而不用肉湯，亦養生之宜，崇儉之道也。

此以食莫過飽，輔以新鮮、適口、滋補之菜蔬，有承乎其家世樸實儉約之風，且於健康亦有助益也。

至於「多動」者，滌生平生素不喜嬌生慣養、好逸惡勞之人；蓋以嬌養享受太甚、懶散偷惰太過，則體魄衰弱、志氣墮落，自此頹廢委靡，難以吃苦耐勞，學習、工作、辦事、爲人，均乏實心實力，學問無功，事業難成，平日已無所作爲，自然難禁風霜，而爲時代所淘汰；故可謂愛之適足以害之也。《論語·憲問》所云：「愛之，能勿勞乎？忠焉，能勿誨乎」？其義簡而深矣。《國語·魯語下》亦云：「夫民勞則思，思則善心生；逸則淫，淫則忘善，忘善則惡心生」。足見吾國聖賢智慧之深厚確切，其旨趣亦大皆爲滌生之所本也。咸豐九年三月三日諭紀澤曰：

> 身體雖弱，處多難之世，若能風霜磨煉、苦心勞神，亦自足堅筋骨
> 而長識見。沅浦叔向最羸弱，近日從軍，反得壯健，亦其證也。

面對現實，不懼艱難，藉吃苦耐勞以健身益智，此乃養生之積極作為。同治三年二月十四日致澄弟書曰：

> 後輩體氣遠不如吾兄弟之強壯也。吾所以屢教家人崇儉習勞，蓋艱
> 苦則筋骨漸強，嬌養則精力愈弱也。

「多動」之原則，不外是「行步常勤，筋骨常動」八字。除前云蒔花養竹、遊觀山水之外，如勤灑掃，莫坐轎，種灌蔬菜，養飼魚豬，射有常時，飯後千步，睡前以極熱水洗腳等，皆屬多動之舉也。

以上為滌生調養身心之大要。「懲忿窒慾」者，以促進精神之健康為主；「少食多動」者，以促進身體之健康為主：是為身心交養、內外兼顧。人非木石，忿慾豈能全無？壓抑太甚，亦非其宜；要在平日從事修養工夫，心志可趨沈穩，且讀書積理，以長見識：忿慾來時，冷靜以對之，能少忍須臾，則便不致易怒傷生矣。滌生下一「少」字、「節」字，其義深矣。少食多動，卑之無甚高論，然得與齊家之道相配合，即不外立身勤勞、持家儉約，簡單易行，而於養生已得其要矣。

（四）具體之作法

滌生於養生之具體作法，在家書中屢有提示，其項目或少或多。咸豐十年三月廿四日致澄弟沅弟書曰：

> 學射最足保養，起早尤千金妙方，長壽金丹也。

此以學射、早起二項為養生之要，而早起尤為養生之首務。同年閏三月四日致澄弟沅弟書曰：

> 起早亦養身之法，且係保家之道，從來起早之人，無不壽高者。吾
> 近有二事效法祖父，一曰起早，二曰勤洗腳，似於身體大有裨益。

此則益以勤洗腳一事，即睡前以極熱之水洗腳也。同治五年六月五日致澄弟書曰：

> 養生之法約有五事：一曰眠食有恒，二曰懲忿，三曰節欲，四曰每
> 夜臨洗腳，五曰每日兩飯後各行三千步。

此則為其晚年所說，主要加飯後各行三千步一項。同治十年八月廿五夜諭紀澤紀鴻書曰：

> 養生無甚可恃之法，其確有益者：曰每夜洗腳，曰飯後千步，曰黎

明吃白飯一碗不沾點菜，曰射有常時，曰靜坐有常時。

同年十月廿三日致澄弟沅弟書曰：

> 吾見家中後輩體皆虛弱，……曾以養生六事勗兒輩：一曰飯後千步，
> 一曰將睡洗腳，一曰胸無惱怒，一曰靜坐有常時，一曰習射有常時
> 射足以習威儀、強筋力，子弟宜多習，一曰黎明吃白飯一碗不沾點菜。此
> 皆聞諸老人，累試毫無流弊者，今亦望家中諸侄試行之。

最後兩函為其辭世前一年所書，又加入靜坐及晨食白飯不沾菜二項。歸納以
上諸說之後，除懲忿、窒慾二端，已述之於前外，約有下列六事：（1）早起，
（2）靜坐有常時，（3）眠食有恒，（4）習射有常時，（5）飯後千步（按：初
定為三千步，晚年易為千步），（6）臨睡洗腳。以今日之眼光視之，要亦不失
為衛生之道也。

早起，可呼吸新鮮、清淨之空氣，吐故納新，大有益於健康。或以之治
事為學，事半而功倍，其鄉賢魏源亦曰：

> 聖賢志士，未有不夙興者。清明在躬，志氣如神，求道則易悟，為事
> 則易成。故相士相家相國之道，觀其寢興之蚤晏而決矣。〔註58〕

當是其躬行有得之語。早起，為滌生言養生之要務，且於修身齊家治世各端，
皆極所重視，蓋與其所倡勤儉之道息息相關者也。其次為靜坐，滌生主張筋
骨宜少逸多動，但又謂每日須有靜坐之時，所謂「一張一弛，精神自可提振
得起」（咸豐八年八月十七日致沅弟書）；滌生以勤學多讀自勉勉人，又主靜
坐養生與力學用功宜加兼顧，謂「每日須有靜坐養神之時，有發憤用功之時。
一張一弛，環循以消息之，則學可進而體亦強矣」（同治十年八月十四夜諭紀
澤紀鴻書）。其次為眠食有恒，滌生釋之曰：「眠所以養陰也，食所以養陽也。
養眠貴有一定時刻，而戒其多思；養食亦貴有一定時刻，而戒其過飽」。〔註
59〕眠食正常，則其生活規律，自有益於養生。滌生於靜坐、眠食之道，有其
深入之體會，其日記曰：

> 養生之道，視息眠食四字最為要緊。息必歸海，視必垂簾，食必淡
> 節，眠必虛恬。歸海，謂藏息於丹田氣海；垂簾，謂半視不全開，
> 不苦用也。虛謂心虛而無營，腹虛而不滯也。謹此四字，雖無醫藥

〔註58〕《默觚：魏源集·學編二》（魏源撰，遼寧人民出版社，瀋陽，民國83年），
頁7。
〔註59〕同註8，卷二，頁32。

丹訣，而足以卻病矣。〔註60〕

起居飲食，既有常度，又能定時，則作息規律，復能節制，乃有正常生活；人皆知之。而視息二者，亦有調養之法，則知之者鮮，滌生因習靜坐有年，故略能得其大要也。

至於習射、飯後千步，皆爲鍛鍊身體、強健筋骨之運動；而臨睡以熱水洗足，可以舒暢血液，促進循環，有益睡眠。故此三者，滌生平生均極力倡之；飯後千步與臨睡洗足二者，更是終身行之者也。

綜合以上所述，可知其養生包涵養心、養身、養口三者，養心以懲忿窒慾、寡思少慮爲主；養身以不藥、多動爲主；養口以愼言語、節飲食爲主。滌生之養生，可謂面面俱到；而尙不止於此，復將其養生之道，配以禮樂之精神，撰爲簡扼清晰之文，以資警惕與遵行。其言曰：

> 治心之道，先去其毒，陽惡曰忿，陰惡曰慾。治身之道，必防其患，
> 剛惡曰暴，柔惡曰慢。治口之道，二者交惕，曰愼言語，曰節飲食。
> 凡此數端，其藥維何？禮以居敬，樂以導和。陽剛之惡，和以宜之；
> 陰柔之惡，敬以持之。飲食之過，敬以檢之；言語之過，和以斂之。
> 敬極肅肅，和極雍雍，穆穆綿綿，斯爲德容。容在於外，實根於內，
> 動靜交養，眸面盎背。〔註61〕

其養生之特色，冶陰陽動靜於一爐，融心身內外爲一體。以經世之禮學，運用於經國輔民、治軍行政，又施之於養生之道，亦得其理。然若就眞切著明而易曉能行而言，究嫌其略涉抽象、複雜，而不如前云養生六事之親切簡要、易知可行也。

滌生養生之具體作法，庸常易行，平淡無奇，貴在行之有恒，不稍間斷，即能有所裨益。故以滌生早年之羸弱多病，却因愼加調攝，其後投身於戎馬倥傯、政務繁劇之間，數十年治軍治政，治家治人，事無鉅細，均運用心思，努力以赴；此外尙不廢讀書治學，著述立說，此已非精力旺沛者所能勝任，矧以羸弱之軀而長期任鉅履艱者乎？由此觀之，可知其平日養生雖未奏大效，却非無裨也。

〔註60〕同註35，頁71。
〔註61〕同註5，頁7。

第五章　曾國藩家書與齊家之道

　　曾國藩自三十歲入京後，惟於母喪父喪期間，居家共約一年半之外，即從未回湘家居；其長年在外，忙於治軍、治政之暇，對家庭之關懷、子弟之教養，却面面俱到，無微不至，數十年如一日，以勤作家書之方式，長期不斷提撕開示，督導脩身、立業、居家、處世、治學、作人之道。有關齊家之理念及方法，於其家書中闡述綦詳、用心極深，無論家道興衰之幾，或防微杜漸之道，惜福以保長遠之策，皆有深切之體察及清晰之指點。滌生所云者，大皆承自嚴謹之家風，及其親身閱歷之所得，並證之以古聖先賢之遺教宏規，而以誠摯之心、溫厚之語，娓娓道出，殷殷誘導，頗能啓發人心，令人深省。本章先述其家道興衰之幾，次申其家道長遠之策。

第一節　家道興衰之幾

　　曾國藩秉承嚴明之家風，輔以深厚之學識、豐富之閱歷、獨到之眼光，故於家道興衰利弊之幾，特予重視，蘄能歸納可長可久之傳家精神，並與家中成員共勉共守。歷經數十載之思索審察，得其與家道興衰、家運起廢密切相關者如下：

一、稼穡之澤可大可久

　　滌生齊家之理論，首將家道之興衰，歸根於士大夫志趣之高低與學術之良窳，故曰：

　　　　士大夫之志趣、學術，果有異於人者，則修之於身，式之於家，必

> 將有流風餘韻傳之子孫，化行鄉里，所謂君子之澤也。就其最善者
> 約有三端：曰詩書之澤、禮讓之澤、稼穡之澤。……國藩竊以爲稼
> 穡之澤，視詩書、禮讓之澤尤爲可大、可久。吾祖光祿大夫星岡公
> 嘗有言曰：「吾子孫雖至大官，家中不可廢農圃舊業」。懿哉至訓，
> 可爲萬世法已。〔註1〕

強調士大夫之志趣，及其學術之爲用，實有異於人者，則其眞切著明之成果，
即得落實爲君子之澤：詩書之澤、禮讓之澤、稼穡之澤三端。於此可察士大
夫之志學，其爲虛矯空泛或篤實平正之趣，皆清晰可判也。

　　以滌生之學養及其當日之地位，似當重於「詩書之澤、禮讓之澤」二者，
然却獨鍾於「稼穡之澤」，具見其力持寒素家風及不忘本之精神，可謂見識獨
到；故亦於此不斷開示提醒，並將其祖父之理念及自身之體會，細加董理，
甚至形成口訣，以利記誦奉行，蘄能延續曾家「稼穡之澤」於久遠，而維繫
質樸家風於不墜也。

二、人人能自樹立

　　滌生之齊家方法，頗能與其治學觀及修養論相通，即督導其家中子弟，
皆能盡其在我、能自樹立始。咸豐元年七月八日致諸弟書曰：

> 凡人一身，只有遷善改過四字可靠；凡人一家，只有修德讀書四字
> 可靠。此八字者，能盡一分，必有一分之慶；不盡一分，必有一分
> 之殃。其或休咎相反，必其中有不誠，而所謂改過修德者，不足以
> 質諸鬼神也。吾與諸弟勉之又勉，務求有爲善之實，不使我家高曾
> 祖父之積累自我兄弟而剝喪。此則余家之幸也。

爲善之實，未有得諸言行相違或能言而不能行之者，故與能否勇於改過、樂
於遷善息息相關。人皆不免有過，聞過則喜，有過能改，是爲心誠，如此方
有進善修德之實也。又曰：

> 所貴乎世家者，不在多置良田美宅，亦不在多蓄書籍字畫，在乎能
> 自樹立，子孫多讀書，無驕矜習氣。〔註2〕

一家之中，人人皆能用心於遷善改過，皆能致力於讀書修德，舉家自易漸趨
純樸篤厚，遠離惡習，自此方可謂之有「爲善之實」；進而人人均可自立自達，

〔註1〕《曾國藩全集・雜著》：〈筆記二十七則・世澤〉，頁 359～360。
〔註2〕《曾文正公全集・日記・倫理》（世界書局），頁 47。

德術兼備，即爲一家無盡之慶、無窮之福矣，又豈在多積財貨金銀、良田美宅等身外物乎？滌生所云，可謂務本之道、長遠之計矣。

滌生之齊家理念，又通於治國之理，蓋均崇尚人治，重視人事之努力，所謂「萬化始於閨門，除『刑于』以外無政化，除『用賢』以外無經濟」。〔註3〕同治九年六月四日諭紀澤紀鴻書曰：

> 歷覽有國有家之興，皆由克勤克儉所致。其衰也，則反是。

故爲人立身處世，無論在國在家，皆當以勤儉自惕；尤須「力崇儉德，善持其後」（同上信）。以之期許子孫皆有以自立於世，以免淪於貧困潦倒，難以生存，而低顏求人也。

國之本在家，家之興在人之能自樹立始；舉家皆能致力進德修業、改過遷善、勤勉儉樸、不驕不矜，則必能自立爲君子，有益於社會、有功於邦家矣。《大學》所云「心正而後身修，身修而後家齊，家齊而後國治」。《中庸》亦云「君子之道，造端乎夫婦；及其至也，察乎天地」。理正相通也。

三、培養賢良子弟

就家道之維繫言之，則有恃乎闔家之謹愼護持，緬念祖德，遵守家規，以肇立深厚悠久之基；此外，更宜以嚴格之家教，培養賢良子弟，家道方克深固、興旺。同治五年六月五日致澄弟書曰：

> 余與沅弟同時封爵開府，門庭可謂極盛，然非可常恃之道。記得己亥正月，星岡公訓竹亭公曰：「寬一雖點翰林，我家仍靠作田爲業，不可靠他吃飯」。此語最有道理，今亦當守此二語爲命脈。望吾弟專在作田上用些工夫，而輔之以書、蔬、魚、豬、早、掃、考、寶八字，任憑家中如何貴盛；切莫全改道光初年之規模。凡家道所以可久者，不恃一時之官爵，而恃長遠之家規；不恃一二人之驟發，而恃大眾之維持。我若有福罷官回家，當與弟竭力維持。老親舊眷、貧賤族黨不可怠慢，待貧者亦與富者一般，當盛時預作衰時之想，自有深固之基矣。

其祖星岡公，可謂有見識之鄉紳、有智慧之大家長；此段所云，頗能揭示曾氏齊家之主要精神。滌生對「稼穡之澤」之重視與倡導，蓋源自其祖父嚴明

〔註3〕同註2，頁47。

素樸之家教；以當日曾家之權勢地位，其居心可謂樸素謹厚，思深慮遠，亦見其眼光之異於一般顯宦也。同年十二月六日致澄弟書又曰：

> 家中要得興旺，全靠出賢子弟。若子弟不賢不才，雖多積銀積錢積穀積產積衣積書，總是枉然。子弟之賢否，六分本於天生，四分由於家教。

家道之維持，不在官爵之高崇，財產之豐饒，而務須有賢子弟出，可見滌生之胸襟。

夫以經世崇尚禮治、人治之思想，貫穿於家庭教育中；其背後之指導方針，固源自儒家「修身、齊家、治國、平天下」之道，而亦歸因於滌生之凡事用心、眼光獨到、見識高遠也。

四、恪守孝悌倫常

齊家與治國之思想，固然息息相通，但亦有所區別，蓋兩者之組織成員究有不同。國以君臣為中堅，君明臣賢為準繩；家以父子兄弟為中堅，父慈子孝、兄友弟恭為要務。國乃由無數之家庭組成，則家庭教育之重要，不言可喻，故曰國之本在家也。

家道之興衰，則繫乎有無端整之倫理關係，故滌生最重孝友之道。道光二十四年五月十二日致諸弟書曰：

> 吾所望於諸弟者，不在科名之有無，第一則孝弟為瑞，其次則文章不朽。諸弟若果能自立，當務其大者遠者，毋徒汲汲於進學也。

可見其早歲於齊家之道，即關於子弟何以自立之事，已見其大者、遠者。同治九年六月四日諭紀澤紀鴻書曰：

> 孝友為家庭之祥瑞。凡所稱因果報應，他事或不盡驗，獨孝友則立獲吉慶，反是則立獲殃禍，無不驗者。

兩書相距近三十年，滌生之重視孝友，始終一貫，可想見其用意矣。

孝友乃家庭倫常之大者，於此可覘家道運作之正常與否，蓋絕無倫常乖謬紊亂，而能見家庭和睦興旺之氣象者也。

五、培植篤厚家風

滌生考察家道興衰之故，又覘於有無篤厚之家風。其言曰：

> 大約興家之道，不外內外勤儉，兄弟和睦，子弟謙謹等事。敗家則

反是。〔註4〕

居家四敗曰：婦女奢淫者敗，子弟驕怠者敗，兄弟不和者敗，侮師慢客者敗。〔註5〕

此二條載於滌生五十八歲之日記，蓋晚年之閱歷語也。再約而言之，家道之興衰，與「勤」、「敬」二字息息相關。故滌生再三提醒子弟，務必力行。咸豐四年六月十八日致諸弟書曰：

諸弟在家教子侄，總須有勤敬二字。無論治世亂世，凡一家之中能勤能敬，未有不興；不勤不敬，未有不敗者。至切至切！

同年七月廿一夜致諸弟書曰：

家中兄弟子侄，總宜以勤敬二字為法。一家能勤能敬，雖亂世亦有興旺氣象；一身能勤能敬，雖愚人亦有賢智風味。

同年九月十三日致諸弟書曰：

諸弟在家，總宜教子侄守勤敬。吾在外既有權勢，則家中子弟最易流於驕、流於佚，二字皆敗家之道也。萬望諸弟刻刻留心，勿使後輩近於此二字。

無論自理論或事實觀之，勤、敬二字，均攸關家道之興衰至大。蓋勤則不佚，敬則不驕，有為有守，內外兼修，其於家道之興旺，殆可不難達致矣。相對於勤、敬二端，滌生又特重婦女之教養，以內政之整散，卜家道之興衰，謂「凡世家之不勤不儉者，驗之於內眷而畢露」（同治四年閏五月九日諭紀澤紀鴻書）。為避免家中婦女之流，因富貴而習於不勤不敬，漸趨奢侈懶逸，故特重婦教；其言詳見於下節。

諺云：「家和萬事興」，若能於勤、敬之外，再輔以和字，以之驗證家道之興衰，則更明確不易矣。同年八月十一日致諸弟書曰：

兄弟妯娌總不可有半點不和之氣。凡一家之中，勤敬二字能守得幾分，未有不興；若全無一分，未有不敗。和字能守得幾分，未有不興；不和未有不敗者。諸弟試在鄉間將此三字於族戚人家歷歷驗之，必以吾言為不謬也。

滌生以勤、敬、和三字，為驗察家道興衰、家風良窳之準則，乃其齊家思想之要義也。

〔註4〕 同註2，頁47。
〔註5〕 《日記・省克》，頁31。

勤而能敬，和自生焉；故勤、敬、和三端，足以維繫家道興旺之動力，塑造家人健全之品格，營建家庭良好之氣氛，宜為人間幸福之本、社會安定之基也。其為建立篤厚家風之三大基石，殆無疑焉，故為滌生所再三開示督導者也。

以上五者，均為滌生審察勘鑑家道興衰之憑據：力倡「稼穡之澤」之旨，延續寒素質樸之家風；督教人人之能自樹立，家中成員可皆有為有守；承繼嚴明而長遠之家教，不斷培養賢良子弟出；以孝友倫常之道，驗一家之吉凶；以勤、敬、和三端，勘家風之良窳。以此五者，卜家道之興衰、覘家運之起廢，雖不中亦不遠矣。

第二節　家道長遠之策

曾國藩之家書中，述及齊家之道者極多，每每重疊言之，或略或詳，反復叮嚀；細加爬梳，其齊家之大略，可得之如下：

一、八好六惱、八本三致祥

滌生為人穩重冷靜，善於思索，精於擘劃，凡事每歸納其所見所思，為簡明易行之口訣；其於齊家之道，更極費心力，長期構思，撰為方便子孫記誦、遵行之文字。

（一）齊家之道素有所承

滌生先世素有嚴整之家風，其規模大皆奠立於星岡公之手，〈大界墓表〉一文，所述其祖父之言論，頗能得其梗概。其言曰：

> 吾少耽遊惰，往還湘潭市肆，與裘馬少年相逐，或日高酣寢，長老有譏以浮薄將覆其家者，余聞而立起自責，貨馬徒行，自是終身未明而起。余年三十五，始講求農事，居枕高嵋山下，壠峻如梯，田小如瓦，吾鑿石決壤，開十數畛，而通為一，然後耕夫易於從事。吾昕宵引水，聽蟲鳥鳴聲以知節候，觀露上禾顛以為樂。種蔬半畦，晨而耘，吾任之；夕而糞，庸保任之。入而飼豕，出而養魚，彼此雜職之。凡菜茹手植而手擷者，其味彌甘；凡物親歷艱苦而得者，食之彌安也。吾宗自元明居衡陽之廟山，久無祠宇，吾謀之宗族諸老，建立祠堂，歲以十月致祭；自國初遷居湘鄉，至吾曾祖元吉公，

基業始宏，吾又謀之宗族，別立祀典，歲以三月致祭。世人禮神徼
福，求諸幽遐，吾以為神之陟降，莫親於祖考，故獨隆於生我一本
之祀，而他祀姑闕焉。後世雖貧，禮不可隳；子孫雖愚，家祭不可
簡也。吾早歲失學，壯而引以為深恥，既令子姪出就名師；又好賓
接文士，候望音塵；常願通材宿儒，接跡吾門，此心乃快。其次，
老成端士，敬禮不怠；其下泛應群倫。至於巫、醫、僧徒、堪輿、
星命之流，吾屏斥之，惟恐不遠。舊姻窮乏，遇之惟恐不隆。識者
觀一門賓客之雅正疏數，而卜家之興敗，理無爽者。鄉黨戚好，吉
則賀，喪則弔，有疾則問，人道之常也，吾必踐焉，必躬焉。財不
足以及物，吾以力助焉。鄰里訟爭，吾常居間以解兩家之紛，其尤
無狀者，屬辭詰責，勢若霆摧，而理如的破，悍夫往往神沮；或具
樽酒通殷勤，一笑散去。君子居下，則排一方之難；在上，則息萬
物之囂，其道一耳！津梁道途廢壞不治者，孤嫠衰疾無告者，量吾
力之所能，隨時圖之，不無小補；若必待富而後謀，則天下終無可
成之事。〔註6〕

謂此段所述，乃「府君平昔所恒言者」，故為其早歲所稔聞，可謂曾氏家風之
創軔，其齊家之條理規模亦略已揭出；滌生平生最敬重其祖父，故每以星岡
公之言行為法，自少時既頗受薰陶，復以天性篤孝，故終身以保持家風及遵
守祖訓為念，惟恐有失，而愧對祖先；故家書中屢以星岡公之言行風教，勸
諭其子弟。咸豐十一年二月廿四日致澄弟書曰：

家中兄弟子姪，惟當記祖父之八個字，曰：「考、寶、早、掃、書、
蔬、魚、豬。」又謹記祖父之三不信，曰：「不信地仙、不信醫藥、
不信僧巫。」……無論世之治亂、家之貧富，但守星岡公之八字與
余之八本，總不失為上等人家。

此函書於軍事危急之際，有預留遺言之意。可見其於祖父之遺教，無時不謹
記之；宜其晚歲更撰為八好六惱之口訣，欲以永傳後代子孫也。

（二）齊家口訣之演進

　　滌生平生極其欽敬星岡公，對其處世之法、持家之道，每每筆諸家書，
教化子弟。道光二十七年七月十八日致澄弟沅弟季弟書曰：

我家祖父、父親、叔父三位大人規矩極嚴，榜樣極好，我輩踵而行之，極易爲力。別家無好榜樣，亦須自立門戶，自立規條；況我家祖父現樣，豈可不遵行之而忍令墮落之乎？……我有三事奉勸四弟：一曰勤，二曰早起，三曰看《五種遺規》。

早期所說較簡，中年後隨其閱歷之增廣，見識之提昇，而於齊家之道，有更深刻之思考，更周延之歸納，更具體之施設，其明確之作法，亦常爲子弟述之。咸豐十年閏三月四日諭紀澤書曰：

昔吾祖星岡公最講求治家之法：第一起早，第二打掃潔淨，第三誠修祭祀，第四善待親族鄰里。凡親族鄰里來家，無不恭敬款接，有急必周濟之，有訟必排解之，有喜必慶賀之，有疾必問，有喪必弔。此四事之外，於讀書、種菜等事，尤爲刻刻留心。故余近寫家信，常常提及書、蔬、魚、猪四端者，蓋祖父相傳之家法也。爾現讀書無暇，此八事，縱不能一一親自經理，而不可不識得此意，請朱運四先生細心經理，八者缺一不可。

時其四弟國潢已移寓新居，而黃金堂舊宅歸長子所有，滌生長年在外，故斯時曾紀澤即是一家之主，故特示以星岡公之家法各端，指導其長子於理家伊始，即能曉解曾氏家風，善體先祖用心，自此逐步營建家道之基石也。同月廿九日致澄弟書曰：

余與沅弟論治家之道，一切以星岡公爲法，大約有八個字訣。其四字即上年所稱「書、蔬、魚、猪」也，又四字則曰「早、掃、考、寶」。早者，起早也；掃者，掃屋也；考者，祖先祭祀，敬奉顯考、王考、曾祖考，言考而妣可該也；寶者，親族鄰里，時時周旋，賀喜弔喪，問疾濟急，星岡公常曰：「人待人，無價之寶也」。星岡公生平於此數端最爲認眞。故余戲述爲八字訣曰：「書、蔬、魚、猪、早、掃、考、寶」也。

至此，其祖星岡公之齊家要點，已整理略備，可見雛形矣。

（三）齊家規矩之定型

滌生除精心歸納其祖齊家之道外，復益之以平日觀察所得，整合爲口訣家訓。歷經近一年之思索，「八字訣」之秩序易爲：考、寶、早、掃、書、蔬、魚、猪，益以「三不信」之說，凡此皆承自星岡公者；而其個人之閱歷所得者，則又手訂爲「八本」、「三致祥」之說。發展至此，其於齊家之道，更見

完備周全矣。咸豐十一年三月四日致澄弟沅弟季弟書曰：

> 余近年在外勤謹和平，差免愆尤，惟軍事總無起色。自去冬至今，
> 無日不在危機駭浪之中。所欲常常告誡諸弟與子侄者，惟星岡公之
> 八字、三不信及余之八本、三致祥而已。八字曰：「考、寶、早、掃、
> 書、蔬、魚、豬」也；三不信曰：「藥醫也，地仙也，僧巫也」；八
> 本曰：「讀書以訓詁為本，作詩文以聲調為本；事親以得歡心為本，
> 養生以少惱怒為本，立身以不妄言為本，居家以不晏起為本，做官
> 以不愛錢為本，行軍以不擾民為本」；三致祥曰：「孝致祥、勤致祥、
> 恕致祥」。茲因軍事日危，旦夕不測，又與諸弟重言以申明之。

此信作於軍事極危殆之際，其大意又述於同月十三日諭紀澤紀鴻書中：「吾教
子弟，不離八本、三致祥」；「吾祖星岡公教人，則有八字、三不信」。兩函之
於齊家規範，已大致建立，其中亦有預作遺言之意。

其後，滌生意猶未盡，復因押韻之便，調整「八好」之排序，而易「三
不信」為「六惱」，至此，則其祖父之家規，定型為「八好六惱」口訣，頗便
子弟之誦記、奉行也。同治五年十二月六日致澄弟書曰：

> 吾家代代皆有世德明訓，惟星岡公之教，尤應謹守牢記。吾近將星
> 岡公之家規編成八句，云：「書蔬魚豬，考早掃寶，常說常行，八
> 者都好；地命醫理，僧巫祈禱，留客久住，六者俱惱」。蓋星岡公
> 於地、命、醫、僧、巫五項人，進門便惱，即親友遠客久住亦惱。
> 此八好六惱者，我家世世守之，永為家訓。子孫雖愚，亦必略有範
> 圍也。

八好、六惱，乃滌生承自其祖父者，且撰為家訓口訣，以貽後代子孫；八本、
三致祥，乃其長年進德修業及親身閱歷所融攝而成者，亦已形成簡明易記之
要訣：兩者結合，更見其齊家之道之嚴謹樸素、遠大周詳矣。自此，其八好
六惱及八本三致祥之說，共二十五事之齊家規範，已完整呈現於世。

最可貴者，乃滌生以大家長之地位，為父為兄，躬自勤儉，敬恕自守，
長期苦心倡導，肫摯教誨，使全體成員常存警覺，不致因家世之顯赫尊貴而
驕惰，而奢靡，而放逸邪侈。此固由於其先世有醇厚端謹之家風，惟須恪遵
勿失，身體力行，即可光大其緒風；然若無滌生光前裕後之承嗣精神，念茲
在茲，長期反復叮嚀，作全家表，為子弟先，則其祖星岡公之遺範，能否順
暢延續，亦未可知。洵可謂用心良苦，思慮深遠，善繼先人之志者矣。

二、孝友爲本、耕讀是尙

滌生自幼成長於貧寒之家，入仕後宦途順暢，中晚年高居要津，始終一本初衷，儉樸自持，盡力公門，輔國濟民；却不留戀權勢名利之場，而以致力於爲家道奠基爲首務。

（一）榮華虛幻

高官顯宦，榮華富貴，乃世人之所忻羨，然滌生却深以爲戒，惟恐子弟習於驕奢、放逸，則富貴適成敗家之主因矣。道光二十九年四月十六日致諸弟書曰：

> 吾細思凡天下官宦之家，多只一代享用便盡。其子孫始而驕佚，繼而流蕩，終而溝壑，能慶延一、二代者鮮矣。商賈之家，勤儉者能延三、四代；耕讀之家，謹樸者能延五、六代；孝友之家，則可綿延十代、八代。我今賴祖宗之積累，少年早達，深恐其以一身享用殆盡，故教諸弟及兒輩，但願其爲耕讀孝友之家，不願其爲仕宦之家。

滌生之先世，半耕半讀，素重孝友，後雖顯達，仍常告誡家中子弟，務須紹承良淑、寒素之家風。蓋中國之文化，素重倫理；家中之倫理，則以孝友爲根本。孝乃中國特有之文化，由《孝經》一書所述，可知其義至廣，自一身以至家國天下，有一不善，即非孝也。孝又與悌息息相關，知孝敬父母者，未有不尊敬其兄姊、友愛其弟妹者；知孝悌之義者，未有不禮敬長上、謙謹處世者也。故《論語‧學而》曰：

> 其爲人也孝弟，而好犯上者鮮矣。不好犯上，而好作亂者，未之有也。孝弟也者，其爲仁之本與！

可知孝弟乃穩固家庭關係之基石，發之於外，又爲社會安定、人群和諧之本源也。

滌生不樂爲仕宦之家，以其能延續一二代者罕矣；而最欣賞孝友之家，次則爲耕讀之家，若能將孝友與耕讀二者合一，家道其將不易衰敗矣。而懼其諸弟不明其中之理，不悉其心意之所期、志行之所歸，反以入仕升官者爲肖子賢孫，故同信中復剴切說明：

> 諸弟讀書不可不多，用功不可不勤，切不可時時爲科第仕宦起見。若不能看透此層道理，則雖巍科顯宦，終算不得祖父之賢肖，我家之功臣。若能看透此道理，則我欽佩之至。澄弟每以我升官得差，便謂我是肖子賢孫，殊不知此非賢肖也。如以此爲賢肖，則李林甫、

盧懷慎輩，何嘗不位極人臣，赫奕一時，詎得謂之賢肖哉？予自問
學淺識薄，謬膺高位，然所刻刻留心者，此時雖在宦海之中，却時
作上岸之計。要令罷官家居之日，己身可以淡泊，妻子可以服勞，
可以對祖父兄弟，可以對宗族鄉黨。如是而已。諸弟見我之立心制
行與我所言有不符處，望時時切實箴規。至要至要！

年僅卅九而居大員，不因高官顯宦爲榮，常以富貴無常、易致傲惰爲憂，家
道長久深固、子弟讀書明理爲念，身在宦海之中，時作罷官居家之想。其思
慮之深遠，胸志之端正，確有逸乎常人者矣。

（二）孝友是務

　　滌生之家書中，親情洋溢，充塞孝友之義。當時交通極爲不便，然滌生
無論於勤苦力學、政務繁冗之時，或戰火漫天、危急震駭之際，每於數千里
之外，頻頻遣人致書，稟告祖父母、父母、叔父母，及督教諸子侄。蓋其出
身耕讀、孝友之家，復以熟稔儒道、沈潛理學，最重躬行實踐，由修身而齊
家，乃必然之事也。嘗云：「絕大學問，即在家庭日用之間。於孝弟兩字上盡
一分，便是一分學；盡十分，便是十分學」（道光二十三年六月六日家書）。
故云能於孝友二字下工夫者，即所謂「學」也。

1、盡心孝道

　　滌生任職京師期間，經濟困窘，然時有返鄉省親及迎親奉養之志。道光
三十年正月九日致諸弟書曰：

父親兩次手諭，皆不欲予乞假歸家。而予之意，甚思日侍父母之側，
不得不爲迎養之計。今父親手示，既不許歸省，則迎養之計，更不可
緩。所難者，堂上有四位老人，若專迎父母而不迎叔父母，不特予心
中不安，即父母心中亦必不安；若四位並迎，則叔母病未全好，遠道
跋涉尤艱。予意欲於今年八月初旬迎父親、母親、叔父三位老人來京，
留叔母在家，諸弟婦細心伺候。明年正月元宵節後，即送叔父回南，
我得與叔父相聚數月，則我之心安；父母得與叔父同行數千里到京，
則父母之心安；叔母在家半年，專雇一人服侍，諸弟婦又細心奉養，
則叔父亦可放心；叔父在家抑鬱數十年，今出外瀟灑半年，又得觀京
師之壯麗，又得與侄兒、侄婦、侄孫團聚，則叔父亦可快暢。

可知其心意之誠篤，計慮之周到，可見其孝心也。其後以不得假歸及奉養，
乃勉諸弟克盡孝道，以補其憾。咸豐元年八月十九日致諸弟書曰：

季弟又言願盡孝道，惟親命是聽，此尤足補我之缺憾。我在京十餘年，定省有闕，色笑遠違，寸心之疚，無刻或釋。若諸弟在家能婉愉孝養，視無形，聽無聲，則余之盡忠，弟能盡孝，豈非一門之祥瑞哉？願諸弟堅持此志，日日勿忘，則兄之疚可以稍釋。幸甚幸甚！

其季弟國葆來函，謂願克盡孝道，滌生聞之大慰，謂此即最重大之學問，特予嘉勉指導；信中，並亦與諸弟相勉以孝行也。

《論語‧里仁》曰：「事父母幾諫，見志不從，又敬不違，勞而不怨」。國有諫臣，家亦有諍子，故《孝經》有〈諍諫〉一章。父母行事若有不當，為子女者當和婉以勸，或以書面懇摯稟告，方為人子之道。若在背後議論，不敢諫言，甚或不予理會，任由事態惡化，均將增益父母之過失，乃屬不孝也。滌生深曉此理，故道光二十五年十月一日稟叔父母書曰：

聞四弟、六弟言父親大人近來常到省城、縣城，曾為蔣市街曾家說墳山事、長壽庵和尚說命案事。此雖積德之舉，然亦是干預公事。姪現在京四品，外放即是臬司。凡鄉紳管公事，地方官無不銜恨。無論有理無理，苟非己事，皆不宜與聞。地方官外面應酬，心實鄙薄，設或敢於侮慢，則姪覥然為官，而不能免親之受辱，其負疚當何如耶？以後無論何事，望勸父親總不到縣，總不管事，雖納稅正供，使人至縣。伏求堂上大人鑒此苦心，姪時時掛念獨此耳。

滌生學養日深，官位日升，其思想境界亦有不同，對其父之好管公事，實感憂慮不安，故致書其叔父先行勸導，以觀其效。道光二十六年正月三日稟父母書曰：

前信言莫管閒事，非恐大人出入衙門。蓋以我邑書吏欺人肥己，黨邪嫉正，設有公正之鄉紳，取彼所魚肉者之善良而扶植之，取彼所朋比之狐鼠而鋤抑之，則於彼大有不便，必且造作謠言，加我以不美之名，進讒於官，代我構不解之怨；而官亦陰庇彼輩，外雖以好言待我，實則暗笑之而深斥之，甚且當面嘲諷。且此門一開，則求者踵至，必將日不暇給，不如一切謝絕。今大人手示，亦云杜門謝客，此男所深為慶幸者也。

滌生深以其父干預地方公事而苦惱，乃先透過其叔父之婉勸，稍後再詳稟莫管閒事之故；可謂行事周謹、盡理守分，善盡人子之道者矣。

2、克行悌道

滌生本以「教弟即所以孝親」之理，克盡悌道，教誨諸弟。自其入仕至去世止，歷時逾三十載，舉凡治學、修身、齊家、作人、軍政大事等等，無不詳盡抒發，耐心指導；對其九弟國荃，尤爲煞費苦心，俾成一代將才。

曾國荃，世稱九帥，小於其長兄十四歲。道光二十一年，年十七，隨滌生在京讀書，忽思歸家，不肯用功，又不肯與兄嫂共餐，始終不明言欲歸之故。滌生委婉誘導，苦勸不聽，相持一年，惟有准其返湘。足見其性格之倔強。滌生雖極無奈，然仍虛心檢討，而未感情用事、推諉卸責也。道光二十二年八月一日稟祖父母書曰：

> 父親出京後，孫未嘗按期改文，未嘗講書，未能按期點詩文，此孫之過，無所逃罪者也；讀文作文，全不用心，凡事無恒，屢責不改，此九弟之過也。好與弟談倫常、講品行，使之擴見識、立遠志，目前已頗識爲學之次第，將來有路可循，此孫堪對祖父者也；待兄甚敬，待任輩甚慈，循規蹈矩，一切匪彝愍淫之事，毫不敢近，舉止大方，性情摯厚，此弟之好處也。弟有最壞之事，在於不知艱苦。年紀本輕，又未嘗辛苦，宜其不知；再過幾年，應該知道。九弟約計可於九月半到家。孫恐家中駭異，疑兄弟或有嫌隙，致生憂慮，故將在京出京情形，述其梗概。

此見滌生遇事時之一貫態度，用心檢討，冷靜分析，亦見其於乃弟之瞭解與寬忍。凡成大功、立大業之人，性格大皆倔強剛毅。作父兄者，當子弟之行爲異常之時，應先審察其原因，因勢利導，耐心開示；不宜暴躁動怒，操之過急，反易逼入歧途，斷送有用之才。其後國荃果以堅忍之性，助乃兄成就大功也。

滌生對於諸弟，愛護備至，關懷交加，亦師亦友，相互攻錯；且凡事以身作則，不吝自我檢討，以責人之心責己，恕己之心恕人，諸弟在其用心指導及誠心感發之下，無論讀書作人、居家行事，或經綸世務，皆能略具規模，甚且卓然有成。家書中，滌生每自勉以克盡悌道，並督求諸弟進盡忠言，以補闕殆，以彌過失。道光二十二年十一月十七日致諸弟書曰：

> 馮樹堂進功最猛，余亦教之如弟，知無不言。可惜九弟不能在京與樹堂日日切磋，余無日無刻不太息也。九弟在京半年，余懶散不努力。九弟去後，余乃稍能立志，蓋余實負九弟矣。余嘗語岱雲曰：「余

欲盡孝道，更無他事，我能教諸弟進德業一分，則我之孝有一分；
能教諸弟進十分，則我孝有十分；若全不能教弟成名，則我大不孝
矣」。九弟之無所進，是我之大不孝也。惟願諸弟發奮立志，念念有
恒，以補我不孝之罪。幸甚幸甚！

見友生之修進勤敬不已，而思諸弟德業之有無進展。所云「發奮立志，念念
有恒」者，乃揭示人生之較高境界，以勉其諸弟也。道光二十三年正月十七
日致諸弟書曰：

四弟之信三頁，語語平實，責我待人不恕，甚爲切當。謂月月書信
徒以空言責弟輩，卻又不能實有好消息，令堂上閱兄之書，疑弟輩
粗俗庸碌，使弟輩無地可容云云。此數語，兄讀之不覺汗下，我去
年曾與九弟閒談，云爲人子者，若使父母見得我好些，謂諸兄弟俱
不及我，這便是不孝；若能族黨稱道我好些，謂諸兄弟俱不如我，
這便是不弟。何也？盡使父母心中有賢愚之分，使族黨口中有賢愚
之分，則必其平日有討好底意思，暗用機計，使自己得好名聲，而
使其兄弟得壞名聲，必其後日之嫌隙由此而生也。……但願兄弟五
人，各各明白這道理，彼此互相原諒。兄以弟得壞名爲憂，弟以兄
得好名爲快。兄不能使弟盡得令名，是兄之罪；弟不得使兄盡得令
名，是弟之罪。若各各如此存心，則億萬年無纖芥之嫌矣。

滌生克盡悌道之法，即引導諸弟致力於進德修業，蘄能各有所成，皆爲父母
眼中之賢肖，則孝悌兼至矣。故主張兄弟間當勵之以德，相互砥勉；有過則
不稍姑息，彼此規勸。滌生雖爲兄長，稍覺言行有過當者，無不誠心面對，
悔之、改之，如此則嫌隙自可化於無形，以致兄弟情感深篤，家庭和諧無猜
矣。此書洋洋數千言，三十出頭之曾氏，以無比之耐性，詳細答覆諸弟之疑
問：或剖析爲學之道，進德之門；或建議尋師擇友途徑，以得進益；或坦然
面對其弟之問難質疑，化解彼此隔閡與不悅；均見其愛家之切，慮事之明，
用心之苦，見識之閎。其後滌生官位日升，反益形謙邅、戒慎。道光二十五
年五月五日致諸弟書曰：

余蒙祖父餘澤，頻叨非分之榮。此次升官，尤出意外。日夜恐懼修
省，實無德足以當之。諸弟遠隔數千里外，必須匡我之不逮，時時
寄書規我之過，務使累世積德不自我一人而墮。庶幾持盈保泰，得
免速致顛危。諸弟能常進箴規，則弟即吾之良師益友也。而諸弟亦

> 宜常存敬畏，勿謂家有人作官，而遂敢於侮人；勿謂己有文學，而
> 遂敢於恃才傲人。常存此心，則是載福之道也。

官位日高之際，滌生一則要求諸弟常進箴言，以規其過；再則告誡諸弟常存敬畏，不可家勢日興，而生侮慢之心。似此用心，洵為克盡孝友之方，亦乃持家載福之道也。

滌生遠居京師，對諸弟之言行舉措、所思所趨，却瞭然於胸，並適時指點導引。其弟有志身心根本之學，則欣快不已，慰勉有加；其弟行事不遂，考場失利，心緒不平，怨天尤人，則苦心勸解，不斷激勵。咸豐元年八月十九日致諸弟書曰：

> 季弟有志於道義身心之學，余閱其書，不勝欣喜。凡人無不可為聖
> 賢，絕不繫乎讀書之多寡。吾弟誠有志於此，須熟讀《小學》及《五
> 種遺規》二書。此外各書能讀固佳，不讀亦初無所損，可以為天地
> 之完人，可以為父母之肖子，不必因讀書而後有所加於毫末也。匪
> 但四六、古詩可以不看，即古文為吾弟所願學者，而不看亦自無妨。
> 但守《小學》、《遺規》二書，行一句算一句，行十句算十句，賢於
> 記誦詞章之學萬萬矣。季弟又言願盡孝道，惟親命是聽。此尤足補
> 我之缺憾。

此段乃專對其季弟所寫，國葆小於大哥有十八歲之多，滌生對其有志道義身心之學，申以正面之讚許，並予進一步之指點，以加強其見識及信念，語調極為溫和。國葆其後亦有一長信寄京，以率真之語，向長兄詳述家鄉事務點滴，及檢討其學習、生活等情況：於此足見曾氏兄弟之間親情密切、惕厲互勉之狀。道光二十七年二月十二日致澄弟沅弟季弟書曰：

> 諸弟但須日日用功，萬不能作嘆老嗟卑之想。譬如人欲之京師，一
> 步不動而長吁短嘆，但曰京師之遠，豈我所能到乎？則旁觀者必笑
> 之矣。吾願吾弟步步前行，日日不止，自有到期，不必計算遠近而
> 徒長吁短嘆也。

當其諸弟灰心懈怠之際，則耐心開導，適時予以策勵。咸豐元年九月五日致諸弟書曰：

> 溫弟天分本甲於諸弟，惟牢騷太多，性情太懶。……吾家之無人繼
> 起，諸弟猶可稍寬其責，溫弟則實自棄，不得盡諉其咎於命運。吾
> 嘗見友朋中牢騷太甚者，其後必多抑塞，如吳檀台、凌荻舟之流，

> 指不勝屈。蓋無故而怨天，則天必不許；無故而尤人，則人必不服。感應之理，自然隨之。溫弟所處，乃讀書人中最順之境，乃動則怨尤滿腹，百不如意，實我之所不解。以後務宜力除此病，以吳檀台、凌荻舟爲眼前之大戒。凡遇牢騷欲發之時，則反躬自思：吾果有何不足而蓄此不平之氣？猛然內省，決然去之。不惟平心謙抑，可以早得科名，亦且養此和氣，可以消減病患。萬望溫弟再三細想，勿以吾言爲老生常談，不值一哂也。

此乃對其六弟國華好怨尤、不自立之缺陷，予以確切之針砭，繼以積極之鼓勵，並詳示以感應之理、平心之道。

以上乃滌生任職京師時，與諸弟相互規勉之家書，莫不深含懇摯之意、關愛之情。其後領軍作戰，兄弟出生入死，與太平軍對決，書信更大量增加，率皆患難艱苦中語。咸豐十一年三月廿一日致沅弟季弟書曰：

> 二十夜接弟十九早信，知援賊已到後濠之外，弟乃因南岸之事十分焦灼。余不能派兵援救弟處，反以余事分弟心思，損弟精神。此兄之大錯。弟當援賊圍逼，後濠十分緊急之時，不顧自己之艱危，專謀阿兄之安全，殷殷至數千言。昔人云：「讀〈出師表〉而不動心者，其人必不忠；讀〈陳情表〉而不動心者，其人必不孝」。吾謂讀弟此信而不動心者，其人必不友。

滌生任江督後，移師祈門，二度爲太平軍所圍困，危亡僅在眉睫，頗引起乃弟之深憂；當時國荃、國葆正圍攻要城安慶，任務重大、艱辛，所謂「安慶之得失，關係吾家之氣運，即關係天下之安危」也（同月廿四日致澄弟書）。稍後，滌生遂接受乃弟之勸告，四月即移駐東流。

滌生建功立業之最大助手，即爲乃弟國荃。然卻一本勵之以德、不稍姑息之原則，以陶鑄有爲之才。同治元年九月四日致澄弟書曰：

> 來信言余於沅弟，既愛其才，宜略其小節，甚是甚是。沅弟之才，不特吾族所少，即當世亦實不多見。然爲兄者，總宜獎其所長，而兼規其短。若明知其錯，而一概不說，則非特沅一人之錯，而一家之錯也。

獎其所長，規其所短，乃滌生教導子弟之一貫原則，亦是爲父兄者應持之理念。滌生待人較寬厚，對乃弟則要求嚴謹，節制較多；偶又因流言播弄，引發不怡，此皆有賴滌生之誠心化解也。同治二年正月十八日致沅弟書曰：

「拂意之事，接於耳目」，不知果指何事？若與阿兄間有不合，則盡可不必拂鬱。弟有大功於家，有大功於國，余豈有不感激、不愛護之理？余待希、厚、雪、霆諸君，頗自覺仁讓兼至，豈有待弟反薄之理？惟有時與弟意趣不合。弟之志事，頗近春夏發舒之氣；余之志事，頗近秋冬收嗇之氣。弟意以發舒而生機乃旺，余意以收嗇而生機乃厚。平日最好「花未全開月未圓」七字，以為惜福之道，保泰之法莫精於此。……余於弟保舉、銀錢、軍械等事，每每稍示節制，亦猶本「花未全開月未圓」之義。至危迫之際，則救焚拯溺，不復稍有所吝矣。弟意有不滿處，皆在此等關頭。故將余之襟懷揭出，俾弟釋其疑而豁其鬱。此關一破，則余兄弟絲毫皆合矣。

滌生臨晚年後，時取「花未全開月未圓」之趣以處世，其深意不為其弟之所喻，故此詳抒其旨義及諸多行事之用心。同年九月廿二日致沅弟書曰：

末世好以不肖之心待人，欲媒孽老弟之短者，必先說與阿兄不睦。吾之常常欲弟檢點者，即所以杜小人之讒口也。何銑罰款斷不放鬆，幸毋聽謠言而生疑。

同治三年四月三日致沅弟書曰：

弟軍今年餉項之少，為歷年所無，余豈忍更有挑剔，況近來外侮紛至迭乘，余日夜戰兢恐懼，若有大禍臨眉睫者。即兄弟同心禦侮，尚恐眾推墻倒，豈肯微生芥蒂？又豈肯因弟詞氣稍戇，藏諸胸臆？又豈肯受他人千言萬恫，遂不容胞弟片語乎？老弟千萬放心，千萬保養。此時之兄弟，實患難風波之兄弟，惟有互勸互勉互恭維而已。

同年五月廿三日致沅弟書曰：

弟之內疾外症，果愈幾分？凡鬱怒最傷人。余有錯處，弟盡可一一直說。人之忌我者，惟願弟做錯事，惟願弟之不恭。人之忌弟者，惟願兄之不友。弟看破此等物情，則知世路之艱險，而心愈抑畏，氣反愈平和矣。

凡此皆見其處境之艱苦及為人之深達。兄弟相處，亦不易也；然世路艱險，看破世情，反能提升涵養，練達智慧，既足以自立自保，亦可資教弟保弟：兄弟之關係，在危疑震駭之際，尤須苦心經營，以防為外人所乘；而為兄者之內斂自抑，不斷化解芥蒂，乃使兄弟間之思想相通，情感互信，携手共度患難。故滌生之誠摯通達，苦心深慮，乃支撐國荃鏖戰強敵之最大力量；國

荃之堅忍強悍，不屈不撓，咬牙苦撐，絕不放棄，乃輔助滌生成就功業之最大因素也。夫處危疑震駭、流言紛擾之際，兄弟化解嫌疑，並肩作戰；身心雖均備受長期之煎熬，而始終不懈不怠、細心化導、苦心撐持，以致克復金陵，戡定太平天國者：皆有恃其長期之隨機應變、冷靜處治、誠摯溝通也。

3、勉子奉行孝悌

滌生除本身善盡孝友之道外，亦諭示其子能實踐力行，以紹家風。咸豐十一年三月十三日諭紀澤紀鴻書曰：

> 吾父竹亭公之教人，則專重孝字。其少壯敬親，暮年愛親，出於至
> 誠，故吾纂志，僅敘一事。

此舉竹亭公之孝行，示以當克紹孝親家風。滌生於所撰〈台洲墓表〉文中，詳述其父竹亭公侍親之行誼，頗為具體生動，蓋皆其長久之體察而特為表出者也。

針對兄弟間之如何相率以善，滌生亦嚴肅懇切之指點，咸豐八年十月廿五日諭紀澤書曰：

> 爾為下輩之長，須常常存個樂育諸弟之念。君子之道，莫大乎與人
> 為善，況兄弟乎？臨三、昆八，係親表兄弟，爾須與之互相勸勉；
> 爾有所知者，常常與之講論，則彼此並進矣。

此言當克盡悌道，與人為善，率家族眾弟相率以善，相互勸勉，共赴於向上之途也。

滌生之六弟國華、季弟國葆，相繼歿於軍中，予滌生以終身之悲痛；姐妹亦皆先後辭世。暮年回首往日，人事全非，曾曰：「同產骨肉九人，至是僅存吾與弟暨沅弟三人矣，哀哉」（同治三年四月四日致澄弟書）！可見其深心之悲涼、悽愴。故於晚年之遺書中，令其二子切實講求孝友之義，以補其憾。同治九年六月四日諭紀澤紀鴻書曰：

> 吾早歲久宦京師，於孝養之道多疏，後來展轉兵間，多獲諸弟之助，
> 而吾毫無裨益於諸弟。余兄弟姐妹各家，均有田宅之安，大抵皆九
> 弟扶助之力。我身歿之後，爾等事兩叔如父，事叔母如母，視堂兄
> 弟如手足。凡事皆從省嗇，獨待諸叔之家，則處處從厚，待堂兄弟，
> 以德業相勸、過失相規，期於彼此有成，為第一要義。其次則親之
> 欲其貴，愛之欲其富，常常以吉祥善事，代諸昆弟默為禱祝，自當
> 神人共欽。溫甫、季洪兩弟之死，余內省覺有慚德。澄侯、沅浦兩

弟漸老，余此生不審能否相見？爾輩若能從孝友二字切實講求，亦
足爲我彌縫缺憾耳。

念同胞多人之已逝，感猶存兩弟以將老；情懷哀愴而語調懇切，兼及身後之
事；勉其二子盡心孝友，用心篤厚，思慮周詳；孝友乃其生命之眞學問，殆
無疑矣！

（三）耕讀傳家

以上所述，均屬孝友之道，若能再輔以耕讀之事，乃滌生持家之最大心
願，故稱「教諸弟及兒輩，但願其爲耕讀孝友之家，不願其爲仕宦之家」。又
以讀書治學與入仕爲官，並無必然之關係，故稱「讀書不可不多，用功不可
不勤，切不可時時爲科第仕宦起見」。滌生始終重視耕讀傳家，不以身居高位
而稍易其衷；反以宦海多險，飽嘗憂患，世事無常，閱盡滄桑，於厭倦之餘，
更堅定其平日之信念耳！家書中述及耕讀之志者，屢見不鮮。咸豐四年四月
十四日致諸弟書曰：

> 吾家子姪半耕半讀，以守先人之舊，愼無存半點官氣。不許坐轎，
> 不許喚人取水添茶等事。其拾柴收糞等事，須一一爲之；插田蒔禾
> 等事，亦時時學之。庶漸漸務本而不習於淫佚矣。至要至要！千囑
> 萬囑！

後二日又致書諸弟曰：

> 軍中多一人不見其益，家中少一人則見其損。澄侯及諸弟以後盡可
> 不來營，但在家中教訓後輩。半耕半讀，未明而起，同習勞苦，不
> 習驕佚，則所以保家門而免劫數者，可以人力主之。望諸弟愼之又
> 愼也！

此皆告誡諸弟，務須力守先人之風，載耕載讀，習勞習苦，克勤克儉，不驕
不佚，方爲持家務本之策、保家長遠之道。滌生又以閱歷所得，誨其子弟「惟
當一意讀書，不可從軍，亦不必作官」（咸豐十一年三月十三日諭紀澤紀鴻
書）；「仰法家訓，惟早起、務農、疏醫、遠巫四者，尤爲切要」（同治元年七
月廿五日致沅弟季弟書）。晚年更堅定主張，「以耕讀二字爲本，乃是長久之
計」（同治六年五月五日致澄弟書）。同日致歐陽夫人書中，復詳申其意，示
以心志，其言曰：

> 余亦不願久居此官，不欲再接家眷東來。夫人率兒婦輩在家，須事
> 事立個一定章程，居官不過偶然之事，居家乃是長久之計，能從勤

儉耕讀上做出好規模，雖一旦罷官，尚不失爲興旺氣象。若貪圖衙
門之熱鬧，不立家鄉之基業，則罷官之後，便覺氣象蕭索。凡有盛
必有衰，不可不預爲之計。望夫人教訓兒孫婦女，常常作家中無官
之想，時時有謙恭省儉之意，則福澤悠久，余心大慰矣。

滌生後雖未獲罷官返鄉，遂其半耕半讀之志；然其耕讀齊家之根本理念，已
至爲明確矣。

　　滌生平生孝友無虧，盡心盡力，又唱以耕讀爲傳家之本，而非掛念於功
名權勢之有無；故其齊家之道，樸實而深切，宜有佳良子弟之代出焉。

三、勤儉謙和、戒除驕奢傲惰

　　滌生自幼承受端謹之家教，復因入仕後深廣之閱歷，故於如何齊家，以
立其規模，保其悠久，均時時惦記，刻刻留心，嘗謂「吾兄弟斷不可不洗心
滌慮，以求力挽家運」（咸豐八年十一月廿三日致澄弟沅弟季弟書）。其晚年
篤信運與天命，以爲「仕途巨細，皆關時運」；又謂「若家事，亦雖有運，然
以盡人事爲主，不可言運也」（同治十年九月十日致澄弟沅弟書）。其於人事
上之盡心致力，即主張嚴謹治家、不忘根本，保有寒素樸實之風；要求子弟
力行勤儉、謙和，痛戒驕奢、傲惰，以奠立家道長遠之基也。

（一）勤儉持家

　　勤儉二字，看似簡單平易，行之不難。然滌生終身於此著墨極多，蓋其
事關係重大、影響深遠，其所以再三致意、嚴格督教者，實有其深意焉。

1、勤儉之深意

　　滌生自幼秉受庭教，習於勤儉之風，其後入京爲宦，官位亨通，三十七
歲時已任中央大員，然滌生始終未忘其寒素家風；且以閱歷日多，乃益堅定
其勤儉持家之理念，其規範蓋早已具見於家書之中，道光二十九年三月廿一
日致諸弟書曰：

大凡做官的人，往往厚於妻子，而薄於兄弟；私肥於一家，而刻
薄於親戚族黨。予自三十歲以來，即以做官發財爲可恥，以宦囊
積金遺子孫爲可羞可恨，故私心立誓，總不靠做官發財以遺後人。
神明鑒臨，予不食言。此時侍奉高堂，每年僅寄些須，以爲甘旨
之佐。族戚中之窮者，亦即每年各分少許，以盡吾區區之意。蓋

即多寄家中，而堂上所食所衣，亦不能因而加豐；與其獨肥一家，
使戚族因怨我而並恨堂上，何如分潤戚族，使戚族戴我堂上之德，
而更加一番欽敬乎？將來若作外官，祿入較豐，自誓除廉俸之外，
不取一錢。廉俸若日多，則周濟親戚族黨者日廣，斷不蓄積銀錢，
爲兒子衣食之需。蓋兒子若賢，則不靠宦囊，亦能自覓衣飯；兒
子若不肖，則多積一錢，渠將多造一孽，後來淫佚作惡，必且大
玷家聲。故立定此志，決不肯以做官發財，決不肯留銀錢與後人。
若祿入較豐，除堂上甘旨之外，盡以周濟親戚族黨之窮者。此我
之素志也。

此述個人志事、爲官原則，及其教育兒女之理念。滌生之素志，不靠做官發
財，不留銀錢以遺子孫；其中尤以後者，素爲國人之所難行者，而滌生自有
其深意焉：祿入所得，不外供奉高堂，周濟戚族，固極可取；而於兒女則教
以獨立自主之道，更具卓識，蓋若其後人皆成有用之才，又何恃乎祖先之庇
蔭乎？故咸豐五年八月廿七夜致諸弟書謂：

甲三、甲五等兄弟，總以習勞苦爲第一要義。生當亂世，居家之道，
不可有餘財，多財則終爲患害。又不可過於安逸偷惰，如由新宅至
老宅，必宜常常走路，不可坐轎騎馬。仕宦之家，不蓄積銀錢，使
子弟自覺一無可恃，一日不勤，將來有饑寒之患，則子弟漸漸勤勞，
知謀所以自立矣。

其見識實不同流俗，然其事亦有所本。《漢書·雋疏于薛平彭傳》載，或建議
疏廣購置田宅，廣答云：

吾豈老悖不念子孫哉？顧自有舊田廬，令子孫勤力其中，足以共衣
食，與凡人齊。今復增益之以爲贏餘，但教子孫怠墮耳。賢而多財，
則損其志；愚而多財，則益其過。〔註7〕

滌生思慮之深、意量之遠，蓋頗得古賢人之旨矣。同函又曰：

至於兄弟之際，吾亦惟愛之以德，不欲愛之以姑息。教之以勤儉，
勸之習勞守樸，愛兄弟以德也；豐衣美食，俯仰如意，愛兄弟以姑
息也。姑息之愛，使兄弟惰肢體，長驕氣，將來喪德虧行。是即我
率兄弟以不孝也，吾不敢也。我仕宦十餘年，現在京寓所有，惟書
籍、衣服二者。衣服則當差者必不可少，書籍則我生平嗜好在此，

────────────────

〔註7〕《漢書》（班固撰，中華書局，北京，民國76年）卷七十一，頁3040。

　　　是以二物略多。將來我罷官歸家，我夫婦所有之衣服，則與五兄弟
　　　拈鬮均分。我所辦之書籍，則存貯利見齋中，兄弟及後輩皆不得私
　　　取一本。除此二者，予斷不別存一物，以爲宦囊，一絲一粟，不以
　　　自私。此又我待兄弟之素志也。

此言其待兄弟之道，惟當愛之以德，不以姑息，宜視財貨爲外物，習勞守樸
爲首務，蓋以勤儉立身齊家，方爲可久可長之無價資產；且克避免其後之流
於驕惰，難以重返儉風，或竟至喪德虧行，有玷家門也。

　　滌生之治家理念，可於此函中知其梗概。其於父兄、兄弟、兒女、戚族，
均無微不至，盡其本分。一言以蔽之，即無私心而已矣，故而爲官十餘載，
但求清白廉潔，不求發財積錢，以留後人；除衣服、書籍外，別無長物，即
此區區，亦思將來與兄弟均分、共有，可知其胸懷之坦蕩、用心之良苦也。

2、身教言教兼用

　　滌生之先世，至其父止，從未顯達，故一朝尊貴，最易改變家風，罔顧
遺規；子孫復往往不知艱苦，習於驕泰奢靡、安佚淫惰，家道亦將因之而衰
矣。滌生深慮及此，故終身自勉以勤儉之道、謙和之行，亦再三敦促家中大
小，切須身體力行，不得鬆懈。

　　滌生最常以勤儉教子弟，而其本人更無事不勤、無物不儉，蓋身教重於
言教也。咸豐六年九月廿九夜諭紀鴻書曰：

　　　凡人多望子孫爲大官，余不願爲大官，但願爲讀書明理之君子。勤
　　　儉自持，習勞習苦，可以處樂，可以處約，此君子也。余服官二十
　　　年，不敢稍染官宦氣息，飲食起居，尚守寒素家風，極儉也可，略
　　　豐也可，太豐則吾不敢也。凡仕宦之家，由儉入奢易，由奢返儉難。
　　　爾年尚幼，切不可貪愛奢華，不可慣習懶惰。無論大家小家、士農
　　　工商，勤苦儉約，未有不興，驕奢倦怠，未有不敗。爾讀書寫字，
　　　不可間斷；早晨要早起，莫墜高曾祖考以來相傳之家風。吾父吾叔，
　　　皆黎明即起，爾之所知也。

習勞習苦，不惰不奢，持守家風，方爲長遠之計，此於紀鴻年幼時，即殷殷
開導之。《論語・憲問》曰：「愛之，能勿勞乎？忠焉，能勿誨乎？」滌生蓋
得其旨矣。其論子以治學不輟，每日早起，即勤也；不貪奢華，即儉也。滌
生一生爲學、任事，均勤勉不休，精進不已；衣食起居，則尚儉約；所謂「由
儉入奢易，由奢返儉難」，實治家之金玉良言，而爲滌生所欲身體力行者也。

此外，勤於收拾，愛惜物資，亦屬勤儉之道也。咸豐四年五月九日致諸弟書曰：

> 凡諭旨、章奏等件付至家中者，務宜好爲藏弆。我兄弟五人，無一人肯整齊好收拾者，亦不是勤儉人家氣象。以後宜收拾完整，可珍之物，固當愛惜；即尋常器件，亦當彙集品分，有條有理。竹頭木屑，皆爲有用，則隨處皆取携不窮也。

此強調家庭宜收拾整齊，凡物件，不分貴賤，均常以類歸位，養成良好習慣，亦是勤儉之事也。滌生中年後，益重物品之分類整理、歸位保管；有關文書檔案、書函、日記等，皆錄有副本寄家收藏，故貽後世大量之寶貴史料。

欲成勤儉之風，亦宜輔以內在之修省、行爲之整飭，若能常行敬恕、忠恕之道，則於一家之尚勤崇儉，更能得其正面之助益也。咸豐八年九月廿九日致澄弟季弟書曰：

> 子姪輩須以敬恕二字常常教之。敬則無驕氣、無怠惰之氣；恕則不肯損人利己，存心漸趨於厚。

同治十年三月三日致澄弟沅弟書曰：

> 吾鄉顯宦之家，世澤綿延者本少。吾兄弟忝叨爵賞，亦望後嗣子孫讀書敦品，略有成立，乃不負祖宗培植之德。……望兩弟於吾之過失，時寄箴言；並望互相切磋，以勤儉自持，以忠恕教子，要令後輩洗淨驕惰之氣，各敦恭謹之風，庶幾不墜家聲耳！

常教子弟以忠恕、敬恕之道，則較易去其驕惰之氣、傲逸之氣，以培忠厚之心、敦恭謹之風，而於尚勤崇儉之道，更易見踐履篤實也。

3、勤與謙敬

單以勤字言之，亦非易行。蓋凡人之情，好逸而惡勞，惰性或潛或作，驕氣有時而生。故滌生每以勤敬或勤謙合言，以爲教誨子弟、挽持家運之道，實有其深意焉。咸豐四年六月二日致諸弟書曰：

> 兒姪輩總須教之讀書，凡事當有收拾。宜令勤愼，無作欠伸懶漫樣子。至要至要！吾兄弟中惟澄弟較勤，吾近日亦勉爲勤敬。即令世運艱屯，而一家之中，勤則興，懶則敗，一定之理。願吾弟及吾兒姪等聽之省之。

爲使家運不衰，即處亂世時亦能根本穩固、屹立不搖，故務求其子弟立下勤儉規模。以勤字而論，不但於讀書明理處宜加勤勉，而於書本外之事務亦須

勤加講求；凡事皆宜勤敬，方是持家長久之計、家運不敗之道。同年閏七月十四日致諸弟書曰：

> 諸子姪輩于勤敬二字，略有長進否？若盡與此二字相反，其家未有不落者；若個個勤而且敬，其家未有不興者：無論世亂與世治也。諸弟須刻刻留心，爲子姪作榜樣也。

勤敬二字，攸關家道之興衰，前節亦已論之。故滌生每於家書中，反復叮嚀，再三致意也。勤敬而外，復常以勤謙合言，咸豐十年十月二十日致沅弟季弟書曰：

> 回首生年五十，除學問未成，尚有遺憾外，餘差可免於大戾。賢弟教訓後輩子弟，總以勤苦爲體，謙遜爲用，以藥佚驕之積習，餘無他囑。

勤者，勤慎也、勤勞也、勤苦也、勤勉也、勤快、勤奮也；謙者，謙渾也、謙抑也、謙遜也、謙退也、謙讓、謙和也；一體一用，以藥驕佚之習氣也。同年十一月十四日致沅弟季弟書曰：

> 家中萬事，余俱放心，惟子姪須教一勤字一謙字。謙者，驕之反也；勤者，佚之反也。驕奢淫佚四字，惟首尾二字，尤宜切戒。

以勤謙對治驕佚，則能漸離奢淫之習，故言居家以力袪驕佚爲要務。咸豐十一年三月四日致澄弟沅弟季弟書曰：

> 家中無論老少男婦，總以習勤勞爲第一義，謙謹爲第二義。勞則不佚，謙則不傲，萬善皆從此生矣。

勤以藥佚，謙以戒驕，萬善自能漸生漸長，實修身齊家治國之根本、教導子弟自立之首務也。上引第三函謂「自去冬至今，無日不在危機駭浪之中」，故此三則皆有預留遺言、警惕後人之意。言簡意賅，用心良苦，足見其遇事之鎮定工夫，及對家庭之眞切關懷也。

總而言之，勤敬、勤謙之義略近，能敬則能謙，反之亦然；謙敬雙修，則勤心自生，而惰性伏焉，驕氣去焉：則家風規模漸立，家道漸興矣。常言道：「勤則不匱」，滌生於危急存亡之際，猶殷殷以「勤」字督勉其子弟，實有其深意焉。

4、崇儉之道

滌生早歲，家境貧寒，除四弟國潢略知其情外，其他之子弟，皆未識家道艱難之苦況。惟恐子弟習染奢侈浮華，將墮先人之餘緒，故又每示以崇儉

之道。同治二年十一月十四日致澄弟書曰：

> 以後望弟於儉字加一番工夫，用一番苦心，不特家常用度宜儉，即
> 修造公費，周濟人情，亦須有一儉字的意思。總之，愛惜物力，不
> 失寒士之家風而已。莫怕寒村二字，莫怕慳吝二字，莫貪大方二字，
> 莫貪豪爽二字。弟以爲然否？

蓋念念以篤守寒素家風爲念，故凡事務存一儉字之意，而其致力處爲愛惜物
力、不講排場。同治三年正月四日致澄弟書曰：

> 余身體平安，合署內外俱好，惟儉字日減一日。余兄弟無論在官在
> 家，彼此常以儉字相勖，則可久矣。

同年二月廿四日致澄弟書曰：

> 儉之一字，弟言時時用功，極慰極慰，然此事殊不易易。由既奢之
> 後，而返之於儉，若登天然。即如雇夫赴縣，昔年僅轎夫二名，挑
> 夫一名，今已增至十餘名。欲挽回僅用七八名且不可得，況挽至三
> 四名乎？隨處留心，牢記有減無增四字，便極好耳。

尊貴人家，實行儉字最難。滌生僅以一儉字屢誡家人，實有苦心焉。蓋以其
當時地位之高、權勢之盛，欲其子弟保有儉德，殊非易事。惟有勤教苦勸，
時加督勉，力求家人勿改本色，愛惜物力，保守寒士之風；故雖在戰事危緊
震駭之際，亦念茲在茲，反復告誡；三月四日又致函叮嚀：

> 弟之勤爲諸兄弟之最，儉字工夫，日常稍有長進否？諸侄不知儉約
> 者，弟常常訓責之否？至爲廑繫。

子弟後輩但能行一儉字，則斷不至奢侈淫佚、墮落放蕩，有辱門楣矣。故滌
生稱「居家之道，惟崇儉可以長久」（咸豐十一年八月廿四日諭紀澤書），實
有其理也。

　　滌生家書，每以勤儉自勵，並勉其家人，以防子弟之日趨惰逸、奢靡；此乃
莫忘寒素家風之堅持，不因富貴而改易，足見其護念家道、關照家人之苦心也。

（二）謙和處世

　　勤儉持家，乃滌生一生之最大心願；若再益以謙和二字，則更可使子弟
之心性平穩、操守無虞，家道之悠久可期矣。

1、謙字工夫

　　富貴家庭，其子弟若非嚴格教誨、細密觀察、勤加引導，欲求其謙抑、

謙謹、謙和者難矣。滌生頗注意及此。同治三年八月四日致澄弟書曰：

> 門第太盛，余教兒女輩，惟以勤儉謙三字爲主。

同治五年八月廿四夜致沅弟書曰：

> 吾兄弟位高功高，名望亦高，中外指目爲第一家。樓高易倒，樹高
> 易折，吾與弟時時有可危之機。專講寬平謙巽，庶幾高而不危。

《老子》五十八章曰：「禍兮福之所倚，福兮禍之所伏」。古來門第太盛、功名太高者，其能家道長旺而不疾敗速墮者幾希？然《左傳》襄公二十三年亦曰：「禍福無門，唯人所召」。善處富貴者，無論持家、應世、待人接物，若能謙愼退讓、寬厚溫平，無凌人之氣焰，無驕慢之態度，則亦庶可高而不危、危而不蹶矣。《老子》七十七章曰：「爲而不恃，功成而不處，其不欲見賢」。滌生蓋頗得謙退、歛抑之旨矣。

2、和字工夫

滌生於持家之道，又最重和字；每與勤敬二字合觀，以驗家道興敗之幾。蓋家庭能常保一團和氣，兄弟姒娌雍穆諧好，然後子孫薰沐其間，是爲最佳之境教也。人世之溫暖與怡悅，莫善於此；家道之漸致深固興昌，自可期也。道光二十三年正月十七日稟父母書曰：

> 夫家和則福自生。若一家之中，兄有言弟無不從，弟有請兄無不應，
> 和氣蒸蒸而家不興者，未之有也；反是而不敗者，亦未之有也。

同年二月十九日稟父母書曰：

> 兄弟和，雖窮氓小户必興；兄弟不和，雖世家宦族必敗。……男之
> 意實以和睦兄弟爲第一。

此言兄弟和睦，關係家道之興衰最鉅。滌生平生於此極費心神，以維繫手足之情意；更用力教導，以提升諸弟之見識。故其手足之間，雖有人生境界之高下差異，意見之磨擦爭議，然在其苦心引領、護念之下，大皆能相互協助提攜、共同爲曾家勞心勞力也。

若遇姒娌不諧，則須自我反省，修身型妻，方爲根本之計、避咎之方。道光二十七年二月十二日致澄弟沅弟季弟書曰：

> 九弟信言諸姒娌不甚相能，尤望諸弟修身型妻，力變此風。若非諸
> 弟痛責己躬，則閫內之氣象必不改，而乖戾之致咎不遠矣。望諸弟
> 熟讀《訓俗遺規》、《教女遺規》，以責己躬，以教妻子。

家庭之中，固重和睦；對於戚族、鄉鄰，亦以和睦爲尚。道光二十四年十二

月十八日致諸弟書曰：

> 宗族姻黨，無論他與我家有隙無隙，在弟輩只宜一概愛之敬之。孔
> 子曰：「泛愛眾而親仁」；孟子曰：「愛人不親反其仁，禮人不答反其
> 敬」。此刻未理家事，若便多生嫌怨，將來當家立業，豈不個個都是
> 仇人？古來無與宗族鄉黨爲仇之聖賢，弟輩萬不可專責他人也。

同治五年十一月廿六日諭紀澤書曰：

> 李申夫之母嘗有二語云：「有錢有酒款遠親，火燒盜搶喊四鄰」，戒
> 富貴之家不可敬遠親而慢近鄰也。我家初移富墺，不可輕慢近鄰，
> 酒飯宜鬆，禮貌宜恭。建四爺如不在我家，或另請一人款待賓客亦
> 可。除不管閒事、不幫官司外，有可行方便之處，亦無吝也。

對戚族，和睦愛敬，不生嫌怨；對鄉鄰，恭謹和平，相互協助，得方便處不
稍慳吝。蓋自早年以迄晚歲，觀點未變，足見其用意之眞、居心之厚也。

富貴之家，能行謙和之道，足見其家長之識見不凡、涵養有得；且進而
以之愛敬戚族鄉鄰，而無驕泰之行，彼此和諧共處、互信互助，亦不易爲人
所指目議論也。滌生終身不斷以謙和勸勉家人，引導子弟建立居家、處世之
道，自是維繫家道長遠之良策也。

（三）戒驕奢、除傲惰

以上所云，皆屬積極之訓導。綜而言之，即以勤勞對治驕佚，以儉約對
治奢侈，以謙和對治傲慢。此乃滌生教養子弟、護持家運之根本大計也。而
於消極之防範上，則常倡以戒惰戒奢戒驕戒傲。蓋爲一體之兩面也。咸豐十
年十月廿四日致澄弟書曰：

> 余在外無他慮，總怕子姪習於驕奢逸三字。家敗離不得個奢字，人
> 敗離不得個逸字，討人嫌離不得個驕字，弟切戒之！

此就反面之勸誡言，揭出修身齊家方面，切須注意之三大弊病：驕奢逸，亦
爲滌生持家之大本所在也。

1、去驕去傲

驕字之弊最爲可懼，蓋乃諸惡之所從出，故滌生所作之針砭，亦最爲痛
切。其日記曰：

> 達官之子弟，聽慣高議論，見慣大排場，往往輕慢師長，譏彈人短，
> 所謂驕也。由驕而奢、而淫、而佚，以至於無惡不作，皆從驕字生

> 出之弊。而子弟之驕，又多由於父母為達官時，得運乘時，幸致顯官，遂自忘其本領之低、學識之陋，自驕自滿，以致子弟效其驕而不覺。吾家子姪輩，亦多輕慢師長、譏彈人短之惡習，欲求稍有成立，先力除此習，力戒其驕；欲禁子弟之驕，先戒吾心之自驕自滿，願終身自勉之。〔註8〕

此論驕字之弊病，最為透闢。蓋由驕則極易導致奢靡淫佚，無惡不作。溯其總因，乃肇於其父兄尊貴之際，虛妄自大，驕滿自是，以致子弟效其驕而不覺，而不察己身之陋、己才之低、己德之薄，故日漸衍生無窮之禍害矣。大約巨宦顯官之子弟，能免於此者，實不易易也。滌生察覺其子弟已漸染驕傲之氣，故家書中深以為憂，再三提醒諸弟，務須自省自惕，以身作則，並善加管教子姪後輩之言行，引導其力袪驕慢之惡習也。咸豐十年九月廿四日致沅弟季弟書曰：

> 吾於道光十九年十一月初二日進京散館，十月二十八日早侍祖父星岡公於階前，請曰：「上次進京，求公教訓」。星岡公曰：「爾的官是做不盡的，爾的才是好的，但不可傲。滿招損，謙受益，爾若不傲，更好全了」。遺訓不遠，至今尚如耳提面命。今吾謹述此語誥誡兩弟，總以除傲字為第一義。

同年十月四日致沅弟季弟書曰：

> 余家後輩子弟，全未見過艱苦模樣，眼孔大，口氣大，呼奴喝婢，習慣自然，驕傲之氣入於膏肓而不自覺，吾深以為慮。前函以傲字箴規兩弟，兩弟不深信，猶能自省自惕；若以傲字誥誡子姪，則全然不解。蓋自出世以來，只做過大，並未做過小，故一切茫然，不似兩弟做過小，吃過苦也。

滌生深知子弟驕傲之故，蓋以出世即已身在大貴大勢、衣食豐足之家，不知人世艱難，未曾做小、吃苦，故視眼前之一切皆理所當然，驕傲早伏其心；乃詳舉其祖父之教訓及驕傲之成因以誨之。而其弟但有驕傲之意，亦立予規誡，以資警惕，毫不姑息。咸豐十一年正月四日致澄弟書曰：

> 弟於世事閱歷漸深，而信中不免有一種驕氣。天地間惟謙謹是載福之道；驕則滿，滿則傾矣。凡動口動筆，厭人之俗，嫌人之鄙，議人之短，發人之覆，皆驕也。無論所指未必果當，即使一一切當，

已爲天道所不許。吾家子弟滿腔驕傲之氣，開口便道人短長，笑人
鄙陋，均非好氣象。賢弟欲戒子姪之驕，先須將自己好議人短、好
發人覆之習氣痛改一番，然後令後輩事事警改。

同年二月四日致澄弟書曰：

弟言家中子弟無不謙者，此却不然。余觀弟近日心中即甚驕傲。凡
畏人、不敢妄議論者，謙謹者也；凡好譏評人短者，驕傲者也。弟
於營中之人，如季高、次青、作梅、樹堂諸君子，弟皆有信來譏評
其短，且有譏至兩次三次者。營中與弟生疏之人，尚且譏評，則鄉
間之與弟熟識者，更鄙睨嘲斥可知矣。弟尚如此，則諸子姪之藐視
一切，信口雌黃可知矣。諺云：「富家子弟多驕，貴家子弟多傲」。
非必錦衣玉食、動手打人而後謂之驕傲也，但使志得意滿，毫無畏
忌，開口議人短長，即是極驕極傲耳。

可見其弟猶茫然不知己病，滌生則已見微知著，力勸其弟痛改驕傲之病，務
須以身作則，謙虛謹慎，不妄議論，不譏人短，以爲子姪輩之榜樣。所見極
深刻、所言極痛切，蓋出諸一片愛家、愛子弟之心，故不厭其詳，加以條分
縷析，懇切引導再三也。

2、戒奢戒惰

世家子弟，又易習染奢侈、佚惰之氣。滌生每以驕奢或傲惰合論，亦有
其理。蓋驕傲之心一生，便易流於自滿自大，無所忌憚；由驕而奢、而惰，
乃自然之勢也。咸豐六年十一月五日諭紀澤書曰：

世家子弟最易犯一奢字、傲字。不必錦衣玉食而後謂之奢也，但使
皮袍呢褂，俯拾即是，輿馬僕從，習慣爲常，此即日趨於奢矣。見
鄉人則嗤其樸陋，見雇工則頤指氣指，此即日習於傲矣。《書》稱：
「世祿之家，鮮克有禮」。《傳》稱：「驕奢淫佚，寵祿過也」。京師
子弟之壞，未有不由於驕奢二字者。爾與諸弟其戒之！

咸豐十年四月廿四日致澄弟書曰：

家中之事，望賢弟力爲主持，切不可日趨於奢華；子弟不可學大家
口吻，動輒笑人之鄙陋，笑人之寒村，日習於驕縱而不自知。至戒
至囑！

此論戒驕傲、戒奢侈之道。茲就奢字言之：滌生每以家中用度日漸奢華爲憂，
如云：「知家中用度日趨於奢，實爲可怕，望弟時時存緊一把之心」（咸豐九

年十月十八日致澄弟書）；「聞弟居家用費甚奢，務宜收嗇，累世儉樸之風，不可盡改」（同治二年四月十四日致澄弟書）。欲達戒奢之目標，惟有力行儉約收嗇、有減無增之策，以保家風。

滌生又以傲惰合論。咸豐十一年七月十四日致澄弟書曰：

> 傲爲凶德，惰爲衰氣，二者皆敗家之道。戒惰莫如早起，戒傲莫如多走路、少坐轎，望弟時時留心儆戒。如聞我有傲惰之處，亦寫信來規勸。

同治六年正月四日致澄弟書曰：

> 吾家現雖鼎盛，不可忘寒士家風味，子弟力戒傲惰。戒傲以不大聲罵僕從爲首，戒惰以不晏起爲首。吾則不忘蔣市街賣菜籃情景，弟則不忘竹山坳拖碑車風景。昔日苦況，安知異日不再嘗之？自知謹慎矣。

此論戒傲、戒惰之道。驕傲之病，爲富貴人家所易患，已論於前；要以不嗤笑他人、不大聲罵僕從等爲要務。茲就惰字言之，滌生以早起爲戒惰之首務，亦乃養生健身之要訣，更是其勤以持家、提振子弟志氣之不二法門。其所以屢言戒惰之事者，意在告其子弟後輩，切勿因家世之顯赫，而流於貪懶散漫、放蕩淫佚，以致敗壞樸素、踏實之家風也。

夫崇尚勤儉、謙和，力戒驕奢、傲惰，實爲一體之兩面，乃滌生護持家道、教養子弟之根本理念也。所論皆淺顯易曉，而行之則甚不易易，故絕不可輕忽，滌生生平所以繫念至切、告諭極多者亦在此。

四、重視婦女教育

滌生所謂居家四敗者，首云「婦女奢淫者敗」。故特重內教之端整。傳統之社會，以父權爲重，男子爲家庭之中心，責任重大，須全面擔負家中之事務；婦女若無所事事，而習於驕奢放逸，因而家風壞墮者，所在多有，尤以富貴世家爲甚。故滌生特重婦女之教養，以內政之整散，卜家道之興衰，其理已略申於前，此復述其具體、明確之施爲。同治四年閏五月九日諭紀澤紀鴻書曰：

> 凡世家之不勤不儉者，驗之於內眷而畢露。余在家深以婦女之奢逸爲慮，爾二人立志撐持門戶，亦宜自端內教始也。

爲使家風不因富貴而轉移，而漸趨奢侈懶逸，故宜未雨綢繆，規範定課，預立良規：

（一）婦女居家定課

滌生以勤儉為持家興家之無上法寶，對家中婦女之教育極其重視，同治五年十一月三日諭紀澤書曰：

> 家中興衰，全繫乎內政之整散。爾母率二婦諸女，於酒食、紡績二事，斷不可不常常勤習。目下官雖無恙，須時時作罷官衰替之想。

勤儉乃治家之大本，婦女亦須有所當務，不因家世驟顯而改易門風，始不致流於奢逸而不可拔也。

同年十二月一日致歐陽夫人書曰：

> 家中遇祭酒菜，必須夫人率婦女親自經手。祭祀之器皿，另作一箱收之，平日不可動用。內則紡績、做小菜，外則蔬菜養魚、款待人客，夫人均須留心。吾夫婦居心行事，各房及子孫皆依以為榜樣，不可不勞苦，不可不謹慎。

中國古代之農業社會，百姓所從事者，要以男耕女織為主。滌生為承繼耕讀之家風，故雖至大貴，仍恒以耕種、讀書課其子弟，以紡織、酒食課其婦女。同治七年五月廿四日，滌生為家中婦女訂定功課，其幼女曾紀芬述曰：

> 文正公為余輩定功課單如左：
>
> | 早飯後 | 做小菜點心酒醬之類 | 食事 |
> |---|---|---|
> | 巳午刻 | 紡花或績麻 | 衣事 |
> | 中飯後 | 做針黹刺繡之類 | 細工 |
> | 酉刻 | 做男鞋女鞋或縫衣 | 粗工 |
>
> 吾家男子於看讀寫作四字缺一不可，婦女於衣食粗細四字缺一不可。吾已教訓數年，總未做出一定規矩。自後每日立定功課，吾親自驗功，食事則每日驗一次，衣事則三日驗一次，紡者驗線子，績者驗鵝蛋。細工則五日驗一次，粗工則每月驗一次。每月須做成男鞋一雙，女鞋不驗。〔註9〕

其附註曰：「家勤則興，人勤則健，能勤能健，永不貧賤」。其言極簡，其旨甚深；而於具體之工作，則力求周詳明確。可見其臨老關切之要務及其致力之所在，既極力倡導勤儉素樸之風，以維繫家庭之健旺，亦施設婦教之嚴明軌範，以立居家之規模。同治五年六月廿六日諭紀澤紀鴻書曰：

〔註9〕　《崇德老人紀念冊・崇德老人自訂年譜》（聶其杰輯，文海出版社，台北，民國63年），同治七年，頁313。

吾家門第鼎盛，而居家規模禮節總未能認眞講求。歷觀古來世家久長者，男子須講求耕讀二事，婦女須講求紡織酒食二事。〈斯干〉之詩，言帝王居室之事，而女子重在「酒食是議」；〈家人〉卦以二爻爲主，重在「中饋」；〈內則〉一篇，言酒食者居半。故吾屢教兒婦諸女親主中饋，後輩視之，若不要緊。此後還鄉居家，婦女縱不能精於烹調，必須常至廚房，必須講求作酒作醯醢、小菜、換茶之類。爾等亦須留心於蒔蔬養魚，此一家興旺氣象，斷不可忽。紡織雖不能多，亦不可間斷。大房唱之，四房皆和之，家風自厚矣。

同年八月三日諭紀澤紀鴻書曰：

吾家婦女須講究作小菜，如腐乳、醬油、醬菜、好醋、倒筍之類，常常做些寄來我吃。〈內則〉言事父母舅姑，以此爲重。若外間買者，則不寄可也。

此示家中婦女宜講求紡織酒食，亦如男子之講求耕讀，皆居家正事之要者也。婦女親主中饋、自作小菜等，可保勤樸之風，即是孝也。在安慶期間，戰事正殷，滌生仍不稍忘婦教，「共辦棉花車七架，每日紡聲甚熱鬧」（同治二年十二月四日致澄弟書）。可想見其內心之欣快。

滌生之家書中，除令家中婦女寄小菜外，又要求寄鞋及衣襪，以驗勤惰；所寄物質雖微，而其用意則佳。咸豐六年十月二日諭紀澤書曰：

大、二、三諸女已能做大鞋否？三姑一嫂，每年做鞋一雙寄余，各表孝敬之忱，各爭針黹之工；所織之布，做成衣襪寄來，余亦得察閨門以內之勤惰也。

其重視婦教，力守勤儉家風，可謂時時叮嚀、處處留心矣。

（二）謹守儉風

滌生出身於耕讀孝友之家，後雖入仕，而於兒女之婚事，則不欲與富貴之家聯姻，蓋恐其子弟習染驕奢、佚惰之氣也。故但求與耕讀孝友之家聯姻，以其子女較能知書達理，吃苦耐勞；蓋家中成員，若出身略同，生活習尚相去不遠，皆能認同儉樸之風，共同護持家道，家運方克生旺不衰也。道光二十四年五月十二日稟父母書曰：

常南陔之世兄，聞其宦家習氣太重，孫男孫女尚幼，不必急於聯婚。且男之意，兒女聯姻，但求勤儉孝友之家，不願與宦家結契聯婚，不使子弟長奢惰之習。不知大人意見何如？望即日將常家女庚退

去，托陽九婉言以謝。

道光二十九年四月十六日稟父母書曰：

> 紀澤兒之姻事，屢次不就。……或求大人即在鄉間選一耕讀人家之
> 女，或男在京自定，總以無富貴氣習者為主。

當時滌生尚未大顯，亦已高居中央二品大員，然其無講求門第之迂腐觀念，
欲以耕讀孝友之家為婚配聯姻之考慮，實有其思想開明、冷靜之處。然其部
分之行事，亦有其時代之局限，故除幼女外，其諸女之婚姻均未幸福，如長
女紀靜年僅廿九，即為惡婿折磨而死；蓋其為人猶不免為禮教所拘囿，未能
略加變通，令其女暫回娘家安置，故導致其女之悲苦際遇，婚姻未得幸福，
亦未能善終；為父者實難辭其咎也。

又於兒女婚嫁，以儉樸為尚，在京師時，即定下奩資不得過二百金之例。
咸豐十一年九月廿四日諭紀澤書曰：

> 又寄銀百五十兩，合前寄之百金，均為大女兒于歸之用。以二百金
> 辦奩具，以五十金為程儀，家中切不可另籌銀錢，過於奢侈。遭此
> 亂世，雖大富大貴，亦靠不住，惟勤儉二字可以持久。

時滌生任職兩江總督，節制四省軍事，權重天下，關涉國家安危。婚嫁子女，
竟而簡單若此。其幼女曾紀芬曰：

> 文正公手諭嫁女奩貲不得逾二百金，歐陽夫人遣嫁四姊時，猶恪秉
> 成法，忠襄公聞而異之曰：烏有是事？發箱奩而驗之，果信。再三
> 嗟歎實難敷用，因更贈四百金。〔註10〕

其尚儉之風，不因大貴而稍易也。

（三）教婦初來

滌生頗主新婦初來，即當施教，惟須教之以漸，日久則習於夫家之規範
矣。咸豐六年二月八日致諸弟書曰：

> 新婦始至吾家，教以勤儉：紡績以事縫紉，下廚以議酒食。此二者，
> 婦職之最要者也。孝敬以奉長上，溫和以待同輩。此二者，婦道之
> 最要者也。但須教之以漸。渠係富貴子女，未習勞苦，由漸而習，
> 則日變月化，而遷善不知；若改之太驟，則難期有恒。

其教育之目標，至為明確而堅定；而教育之手法，則甚平穩而合理。同年十

〔註10〕同註9，同治五年，頁312。

月二日，其長子紀澤新婚之初，懼其過於安逸，則開示曰：

> 古人云：「勞則善心生，佚則淫心生。」孟子曰：「生於憂患，死於安樂。」吾慮爾之過於佚也。新婦初來，宜教之入廚作羹，勤於紡織，不宜因其爲富貴子女不事操作。

針對新婚夫妻，皆有所督導教示：子則防其耽於男女繾綣之情，而浪擲光陰，荒於學業；媳則令其操作家事，盡其本分，不可因出身富貴而忽之。務使男女各有所事，各自盡心致力，毋墮放逸、驕惰，以保寒素樸實家風；可見其齊家用心之深切、教育理念之一貫。

以上言滌生內政之理念及婦教之規範。爲常保居家儉樸之風，而使家道平實運行，不外使全體家庭成員，不論男女老幼，均須有所當務，最忌游手好閒、無所事事，而致放逸、散惰，積習難返也。家中人人各司其職，各勤其事，遠離驕奢淫逸、傲惰放縱，自有裨於家風之嚴整、家道之興旺也。

五、惜福以保家道長久

滌生自稱「生平頗講求惜福二字之義」（咸豐十年三月廿四日致澄弟沅弟書）。前章以惜福自抑，以遠忌害，是爲其修身處世之要務。此則由齊家之道論之，亦有深義焉；其意要在督導子弟，皆能知足節制，謹言慎行，以保家道之長久，無愧於先人也。蓋大富大貴人家，最易流於驕奢、傲惰，甚或放蕩邪淫，無惡不作；不旋踵間，而家道已傾已敗，爲世人所恥笑矣。滌生有鑒於此，故平日力倡惜福之道，以警誡其子弟毋忘先世之艱難，人間之變幻；當有福、有勢之際，尤須言行謹慎、謙敬也。同治二年十月十三日致沅弟書曰：

> 古詩云：「美服患人指，高明逼神惡」，吾兄弟皆處高明之地，此後惟倍增敬慎而已。

敬慎二字，乃勢力鼎盛者之處世法寶；滌生丘壑深廣，理智冷靜，官職益高，權勢益重，而益見謙敬節制、言行謹慎也。

滌生講惜福之道，以得「花未全開月未圓」之旨爲本。同治二年正月十八日致沅弟書曰：

> 弟之志事，頗近春夏發舒之氣；余之志事，頗近秋冬收嗇之氣。弟意以發舒而生機乃王，余意以收嗇而生機乃厚。平日最好昔人「花未全開月未圓」七字，以爲惜福之道、保泰之法，莫精於此。……

> 星岡公昔年待人，無論貴賤老少，純是一團和氣，獨對子孫諸姪則
> 嚴肅異常，遇佳時令節，尤爲凜不可犯。蓋亦具一種收嗇之氣，不
> 使家中歡樂過節，流於放肆也。余於弟營保舉銀錢、軍械等事，每
> 每稍示節制，亦猶本「花未全開月未圓」之義。至危迫之際，則救
> 焚拯溺，不復稍有所吝矣。

日中則昃，月圓則虧，滌生頗懍於此理，故特重惜福保泰之義：家庭固須有
發舒之氣，然亦不得無收嗇之氣也。擴而至經綸世務，亦須有收嗇之氣，故
即使軍事對峙，情勢緊迫，對其弟亦不忘稍予節制、限縮資源，其後再將行
事之用心和盤道出。

以上述其生平講求惜福之用心。至於其具體之作法，則可歸納如下：

（一）不干預公事

滌生自服官之後，即極重視公私之分際，每以家人之涉足公事爲慮。同
治三年六月四日致澄弟書曰：

> 弟能從此少管公事，甚慰甚慰。余蒙先人餘蔭，忝居高位，與諸弟
> 及子姪諄諄相守者，但有二語，曰「有福不可享盡，有勢不可使盡」
> 而已。福不多享，故總以儉字爲主，少用僕婢，少花銀錢，自然惜
> 福矣；勢不多使，則少管閒事，少斷是非，無感者亦無怕者，自然
> 悠久矣。

「福」、「勢」二者，世人每以福多及勢盛爲期，而汲汲追求之。然一旦得之，
若未能謙退，不知慎用；享福太過、使勢太甚，則有害而無益，且無益於子
弟之教養，惟促使子弟之驕滿墮落、家道之早衰速毀耳。故於居家保泰之道，
富貴之家尤宜知所收嗇、預留退步也。同治元年閏八月四日致澄弟書曰：

> 莫買田產，莫管公事。吾所囑者，二語而已。盛時常作衰時想，上
> 場當念下場時，富貴人家，不可不牢記此二語也。

即是居安思危、自我收斂之意。既已富矣貴矣，而猶多居田產，引人側目；
好管公事，令人嫌恨：皆不智之舉，非長遠之計也。

關於莫管公事者，素爲滌生所警惕。中國社會，素來重視情面，重視關
係，非正人君子者，遇事常不循正路，喜走旁門左道，以達其目的。鄉紳之
不明理或不自愛者，每以能干預公事自負，甚且以之謀利害人或仗勢欺人；
實於吏治大有妨害，亦爲公理所不容也。咸豐四年五月二十夜稟父書曰：

> 大人此次下縣，係因公事紳士之請，以後總求不履縣城，男心尤安。

尤望不必來省，軍務倥傯之際，免使省中大府多出一番應酬。

滌生行事謹慎，見識深刻，最重視爲人處世之分際，極不喜家人干預公事，對其父固然諫諍之，對其弟更時予勸誡，咸豐五年八月廿七日致諸弟書曰：

> 澄侯弟在縣何日歸家？辦理外事，實不易易，徒討煩惱。諸弟在家，吾意以不干預縣府公事爲妥，望細心察之。

同治元年九月四日致澄弟書曰：

> 吾家於本縣父母官，不必力贊其賢，不可力詆其非。與之相處，宜在若遠若近、不親不疏之間。渠有慶弔，吾家必到；渠有公事，須紳士助力者，吾家不出頭，亦不躲避。渠於前後任之交代，上司衙門之請托，則吾家絲毫不可與聞。弟既如此，並告子侄輩常常如此。子侄若與官相見，總以謙謹二字爲主。

此敘與地方官相處之道，必須把持分寸、恰到好處，要以不干預公事爲首務。何以不可干預公事？滌生亦有其深意焉。同治三年三月廿四日致澄弟書曰：

> 馮樹堂勸弟不必晉省。金石之言，望弟以後信而從之。不特不必到省管閒事，即衡州東征局務及鹽局之務，亦可不必與聞。「貴价弟」三字極不易當，動輒惹人談論，生出謠言。此時家門極盛，處處皆行得通。一旦失勢，炎涼之態，處處使人難堪。故不如預爲之地，不見不聞之爲愈也。

其四弟國潢本是平民身分，卻爲人躁動，好出頭露臉，熱衷表現，涉足公務，實已引人之側目議論，而猶不知收斂，故滌生惟有再三喻解勸阻也。同年四月廿四日致澄弟書曰：

> 然捐務公事，余意弟總以絕不答一言爲妙。凡官運極盛之時，子弟經手公事，格外順手，一倡百和，然閒言即由此起，怨謗即由此興。吾兄弟當於極盛之時，預作衰時設想；當盛時百事平順之際，預爲衰時百事拂逆地步。弟此後若到長沙、衡州、湘鄉等處，總以不干預公事爲第一義。此阿兄閱歷極深之言，望弟記之。

所言皆閱歷親切、思慮深刻之語，惜福惜勢、未雨綢繆之義寓焉。

由本節所引前後家書所載，自道光二十五年（1845）迄同治三年（1864），歷時二十年，滌生已由青年至老年，始終爲其父其弟之好入官衙、喜管閒事所苦惱，而不斷進行諫諍或規勸之務。具見滌生與其家人生命境界之迥別，亦知其護持家道之不易，特須付出長期之警覺及深廣之耐心也。

（二）不積錢財、不買田產

惜福之道，乃務求子弟能自樹立，能恪守耕讀勤儉之風，而不在銀錢、田產之多寡也。咸豐十年十月十六日諭紀澤紀鴻書曰：

> 銀錢、田產，最易長驕氣、逸氣，我家中斷不可積銀錢，斷不可買田，爾兄弟努力讀書，決不怕沒飯吃。至囑！

此明示勤學足以自立，決不可分心於身外之物；故令其子放眼於當務之急，不可積銀、買田也。常人以多銀多產為務，而滌生則避之唯恐不及，具見其齊家之道之不同流俗也。

平居不多積錢財於家中，身後不貽銀錢與子孫，乃惜福之道，亦為處亂之方；因令子弟知其無所憑恃，而知謀所以獨立自主之計也。故咸豐五年八月廿七日致諸弟書曰：

> 甲三、甲五等兄弟，總以習勞苦為第一要義。生當亂世，居家之道，不可有餘財，多財則終為患害。又不可過於安逸偷惰。如由新宅至老宅，必宜常常走路，不可坐轎、騎馬。又常常登山，亦可以練習筋骸。仕宦之家，不蓄積銀錢，使子弟自覺一無可恃，一日不勤，則將有饑寒之患，則子弟漸漸勤勞，知謀所以自立矣。

同治五年十二月六日致澄弟書曰：

> 前致弟處千金，為數極少，自有兩江總督以來，無待胞弟如此之薄者。然處茲亂世，錢愈多則患愈大，兄家與弟家總不宜多存現銀。現錢每年足敷一年之用，便是天下之大富，人間之大福。家中要得興旺，全靠出賢子弟。若子弟不賢不才，雖多積銀積錢積穀積產積衣積書，總是枉然。子弟之賢否，六分本於天生，四分由於家教。

對子孫則注意教養，使其習勞勤學，務求成才，然態度曠達；對錢財則敷用即止，而不求多積，宜有知足惜福之念。滌生雖出將入相，權勢顯赫，却不欲多寄銀錢回家，亦有其深意焉。同治二年十月廿四日致澄弟書曰：

> 團山嘴橋告成，余只能出二百金，即日寄回。蓋沅弟寄回銀兩大多，半為兄弟五家之私，半為宗族鄉黨之公，余不能不節儉少寄。為私家固宜少，即公事義舉亦宜少。公私雖微有別，其由營搬銀回湘鄉則一耳。身家自奉固宜少，戚友餽贈亦宜少。人己雖微有別，其以公銀作私用則一耳。

同治三年正月十四日致澄弟書曰：

吾不欲多寄銀物至家，總恐老輩失之奢，後輩失之驕。未有錢多而子弟不驕者也。吾兄弟欲爲先人留遺澤，爲後人惜餘福，除却勤儉二字，別無做法。弟與沅弟皆能勤而不能儉，余微儉而不甚儉，子侄看大眼、吃大口，後來恐難挽回。

由軍中寄銀錢回家，一則於家人無益，再則於公家有損，蓋於公私兩不宜也。由家教視之，多銀多產，適足長子孫驕惰之氣，似此有害無益之舉，却正由搬移公錢而成就之，宜爲智者所不爲，而卻爲其弟國荃所常爲者也；然滌生與其諸弟之人生境界，落差實大，故惟有不厭其煩，反復開導其間之道理也。

滌生又於不置田產一事，特加堅持。對其弟國潢之買田置產，極其苦惱、不悅，既絕不欲受之，且求能速棄之。咸豐五年十二月一夜致諸弟書曰：

聞屢次長夫言及我家去年在衡陽五馬衝買田一所，係國藩私分等語。並云係澄侯弟玉成其事。國藩出仕二十年，官至二品，封妻蔭子，且督師於外，薄有時名。今父親與叔父尚未分析，兩世兄弟怡怡一堂，國藩無自置私田之理。況田與蔣家壠相近，尤爲鄙陋。此風一開，將來澄弟必置私產於暮下，溫弟必置私產於大步橋，植弟、季弟必各置私產於中沙、紫甸等處，將來子孫必有輕棄祖居而移徙外家者。昔祖父在時，每譏人家好積私財者爲將敗之徵。……內子女流不明大義，紀澤兒年幼無知，全仗諸弟教訓，引入正大一路；若引之入鄙私一路，則將來計較錙銖，局量日窄，難可挽回。茲特備陳大略，求澄侯弟將五馬衝田產爲我設法出脫：或捐作元吉公祭田，或議作星岡公祭田，或轉售他人，以錢項備家中日用之需。但使不爲我私分之田，並不爲父親私分之田，則我之神魂爲之少安，心志爲之少暢。

咸豐十年十月四日致澄弟書曰：

家事有弟照料，甚可放心，但恐黃金堂買田起屋，以重余之罪戾，則寸心大爲不安，不特生前做人不安，即死後做鬼也是不安。特此預告賢弟，切莫玉成黃金堂買田起屋。弟若聽我，我便感激爾；弟若不聽我，我便恨爾。但令世界略得太平，大局略有挽回，我家斷不怕沒飯吃。若大局難挽，劫數難逃，則田產愈多，指摘愈眾；銀錢愈多，搶劫愈甚，亦何益之有哉？嗣後黃金堂如添置田產，余即以公牘捐於湘鄉賓興堂，望賢弟千萬無陷我於惡。

可見其弟之心態，無異一般俗人，一再以積田買產起屋等為要務，故滌生亦惟有一再反對之、曉諭之、勸止之，蘄能導正其觀念、勸止其行為也。

滌生持家之理念，以孝友、耕讀為要務，如此則子弟自能有為自立；著眼錢財田產之多寡，適足妨礙家道之長久也。咸豐六年十月二日諭紀澤曰：

> 余在軍中不廢學問，讀書寫字未甚間斷，惜年老眼蒙，無甚長進。爾今未弱冠，一刻千金，切不可浪擲光陰。四年所買衡陽之田，可覓人售出，以銀寄營，為歸還李家款。父母存，不有私財，士庶人且然，況余身為卿大夫乎？

謂宜趁年少勤學立志，奠立事業基石，並速謀出脫非必要之田產，以符父母在不有私財之旨；蓋欲藉此將正大之理念，植入其子之心中，而養成恢閎之人生觀；以免「計較錙銖，局量日窄」，淪為庸俗淺陋、志氣卑劣之人。此即滌生看似平凡而非平凡之家教也。同治五年七月六日致澄弟書曰：

> 余意吾兄弟處此時世，居此重名，總以錢少產薄為妙。一則平日免於覬覦，倉卒免於搶掠；二則子弟略見窘狀，不至一味奢侈。

常人累積錢財、買田置產，多多益善。滌生則却之惟恐不及，蓋其思想境界超乎乃弟、不同流俗，其意量亦可知矣。

《老子》九章曰：「持而盈之，不如其已。揣而銳之，不可長保。金玉滿堂，莫之能守。富貴而驕，自遺其咎」。凡事超出常情太多，如大名大利極富極貴即是，此乃芸芸眾生所難擁有者，而擁有者若不知謙抑節制，即易因滿而傾、因驕而敗；斷非為人處世、安身立命之道，斷非教導子女自立自足之理，斷無家道可保久長之事也。四十四章復曰：

> 名與身孰親？身與貨孰多？得與亡孰病？甚愛必大費，多藏必厚亡。知足不辱，知止不殆，可以長久。

觀滌生以上所述，家庭以孝友耕讀、勤儉謙和為尚，用費則略足即可，此皆知足、知止之義。子弟則督其習勞習苦，戒除驕奢傲惰，用心讀書明理，冀其品格端正、能自樹立，此即「可以長久」之道。夫不積錢財，不買田產，乃滌生早歲入宦時，即已立志持守不移者，在其則終身不易其道，行其「不如其已」之旨；而於常人則每每反其道而行，汲汲於「莫之能守」之物，忙碌一生，轉瞬皆空，對其子孫亦未必有利焉。然則，觀滌生之所行，惜福而非求福，蓋深得老氏之旨矣；似此極平凡而實深切之理，方為保家長久、教子自立之要道，宜為有識長者之所寶用也。

（三）保持生旺氣象

滌生論家道之興衰，可從一家氣象之盛衰窺其徵兆。故謂「凡盛衰在氣象，氣象盛則雖饑亦樂，氣象衰則雖飽亦憂」（道光二十四年三月十日致溫弟沅弟書）。可見一家之中，能否保持生旺之氣，關係重大。咸豐八年七月二十日致澄弟季弟書曰：

> 家中種蔬一事，千萬不可忽忽。屋門首塘養魚，亦有一種生機。養豬亦內政之要者。下首台上新竹，過伏天後有枯者否？此四事者，可以覘人家興衰氣象，望時時與朱見四兄熟商。

同年八月廿二日致澄弟季弟書曰：

> 家中養魚、養豬、種竹、種蔬四事，皆不可忽。一則上接祖父以來相承之家風，二則望其外有一種生氣，登其庭有一種旺氣。

同年十一月廿三日致澄弟沅弟季弟書曰：

> 書、蔬、魚、豬，一家之生氣；少睡多做，一人之生氣。勤者生動之氣，儉者收斂之氣。有此二字，家運斷無不興之理。

咸豐十一年四月四日諭紀澤書曰：

> 鄉間早起之家，蔬菜茂盛之家，類多興旺。晏起無蔬之家，類多衰弱。

凡此皆勸誡其子弟，人人力行早起、多讀書、多勞動，並注意養魚、養豬、種竹、種蔬四事，以保家中生旺氣象。

滌生所言促進生旺氣象諸事者，皆有一「勤」字貫於其間。夫一家之人，均能樸實守分，承紹耕讀之家風，少睡多動，吃苦耐勞，勤勉上進，不染驕佚、傲惰之習，乃可保其生旺之氣；其為惜福之道，持家長遠之策，乃無疑矣！

（四）時存收歛之心

「勤者生動之氣，儉者收斂之氣」。家庭中保有生旺之氣，此乃舒發之良好氣象；然又須常懷收嗇歛抑之意，以資警惕，以防不測。尤以富貴之家為然。同治元年五月廿七日諭紀鴻書曰：

> 凡世家子弟衣食起居，無一不與寒士相同，庶可以成大器；若沾染富貴氣習，則難望有成。吾忝為將相，而所有衣服不值三百金。願爾等常守此儉樸之風，亦惜福之道也。

同治五年十二月廿三日諭紀澤書曰：

> 讀書乃寒士本業，切不可有官家風味。吾於書籍及文房器具，但求
> 為寒士所能備者，不求珍異也。家中新居富垺，一切須存此意，莫
> 作代代做官之想，須作代代做士民之想。門外掛區不可寫侯府相府
> 字樣。天下多難，此等均未必可靠，但掛「宮太保第」一區而已。

居家應同於寒士，以讀書為首務，保有儉樸之風，不炫榮華之表，不染富貴
氣息，此即惜福之道也。而在行事上，亦須小心自制，不必惹人矚目為妙。
同治二年八月五日致沅弟書曰：

> 生日在即，萬不可宴客稱慶。此間謀送禮者，余已力辭之矣；弟在
> 營亦宜婉辭而嚴却之。至囑至囑！家門太盛，常存日慎一日而恐其
> 不終之念，或可自保。否則顛蹶之速，有非意計所能及者。

同年九月十四日致澄弟書曰：

> 閏十月十九日家廟落成，將由縣城叫省中戲班以誌慶。吾意我家方
> 在鼎盛之際，此等處總宜收斂，不宜過於發揚，望弟時時留心。

凡此皆見其心懷戒慎，自我歛抑，惟恐家運顛墜、無常難料之意。

　　滌生又主張建屋莫太華麗，不可用錢太多，不必要者以不建為妙。咸豐
九年二月三日致澄弟沅弟季弟書曰：

> 沅弟言「外間訾議，沅自任之」。余則謂外間之訾議不足畏，而亂世
> 之兵燹不可不慮。如江西近歲，凡富貴大屋無一不焚，可為殷鑒。
> 吾鄉僻陋，眼界甚淺，稍有修造，已駭聽聞，若太閎麗，則傳播尤
> 遠。苟為一方首屈一指，則亂世恐難幸免。望弟再斟酌，於豐儉之
> 間妥善行之。

咸豐十年十月四日致澄弟書曰：

> 余所改書院圖已接到否？圖係就九弟原稿改正，中間添一花
> 園。……。余所改規模太崇閎。當此大亂之世，興造過於華麗，殊
> 非所宜，恐劫數未滿，或有他慮。弟與邑中諸位賢紳熟商。去年沅
> 弟起屋太大，余至今以為隱慮，此事又係沅弟與弟作主，不可不慎
> 之於始。弟向來於盈虛消長之機頗知留心，此事亦當三思。

建築太過華麗，有違儉樸之風，平日已惹人議論，亂世亦易遭搶掠、焚毀，
其不宜也明矣！實則，其弟國潢正乃闇於「盈虛消長之機」者，故而長期躁
動好事，熱衷買田置產、花大錢起大屋、干預公事等等，莫不令其長兄苦惱
不已。同治二年十一月十四日致澄弟書曰：

圍山嘴橋稍嫌用錢太多，南塘竟希公祠宇亦盡可不起。湖南作督撫者，不止我曾姓一家，每代起一祠堂，則別家恐無此例，為我曾姓所創見矣。沅弟有功於國，有功於家，千好萬好；但規模太大，手筆太闊，將來難乎為繼。吾與弟當隨時斟酌，設法裁減。此時竟希公祠宇業將告竣，成事不說；其星岡公祠及溫甫、事恒兩弟之祠皆可不修，且待過十年之後再看（好從慢處來）。

同治六年二月十三日諭紀澤書曰：

富埠修理舊屋，何以花錢至七千串之多？即新造一屋，亦不應費錢許多。余生平以大官之家買田起屋為可愧之事，不料我家竟爾行之。澄叔諸事皆能體我之心，獨用財太奢與我意大不相合。凡居官不可有清名，若名清而實不清，尤為造物所怒。我家欠澄叔一千餘金，將來余必寄還，而目下實不能遽還。

此於其弟國荃用錢不能節制、起修祠堂太多，均深不以為然；而於家中之修理舊屋，亦因其弟國潢用費太奢，深感不悅。蓋皆大違於其平生素志，豈能無愧？復於崇儉之義、惜福之道，大相逕庭也。而其諸弟之每每未能善體其意，其間人生境界之高下立判，亦可見其欲維繫家風於不墜之不易矣。

　　以上所云，處處皆見其每懷戒慎之心，常有收斂之意，而以一「儉」字貫於其間焉。所謂「勤者生動之氣，儉者收斂之氣」，勤儉相輔，護持家運，可保家道之悠久不衰。惜福之精義即在此。

　　滌生齊家之道，要以不忘寒素之風，耕讀傳家為尚；孝友為本，倫常不乖；勤儉謙和持家，毋陷驕奢傲惰；端整內教，以防懶逸；勤奮樸實，保有生旺氣象；自我收斂，知所節制，克勤克儉以惜福：則家道之深固久大，亦可覘矣。

第六章　曾國藩家書與經世之術

　　曾國藩之功業，以平定太平天國為最。然大亂之起，乃肇因於長期之政治腐敗，官吏貪暴，未能解決社會問題，消除人民痛苦，致使廣大百姓輾轉呻吟，苟延殘喘，終於引起動亂，爆發抗爭。王之平曰：

> 平亂固在軍事，而其根本究在政治。蓋吏治修明，四民樂業，則國
> 家自無游惰之民，不致有作亂之事。〔註1〕

故探究滌生之經世方略，當由知其治政之道入手。夫大亂之根本成因，既為政治上之重弊疊生，惟當由此亂源痛下工夫，培植良才，澄清吏治，剷除官邪，扭轉風氣，以蘇民之困迫，解民於倒懸，徹底振刷精神，挽回人心，方克進行軍事作為，以靖亂局。其經世之重大方針，呈現於奏議者較為完備，然與經世相關之理念及方法，亦散見其書函、批牘、詩文、日記之中；其發揮於家書者，則因戰爭之故，而以論軍事者為多，談政事者次之，其所述每屬臨機指點之性質，較為瑣碎而分散，而却實用且真切，細加歸納董理，亦可得知其梗概。

　　滌生早歲即負超羣之襟抱、深閎之志量，嘗謂：「君子之立志也，有民胞物與之量，有內聖外王之業」，方「不愧為天地之完人」（道光二十二年十月廿六日致諸弟書）；道光二十五年，又謂其友人：「僕之所志，其大者蓋欲行仁義於天下，使凡物各得其分」。〔註2〕雖其所言猶嫌空泛，然其經世、濟人之志，早已懸諸胸臆。其後學行日進，見解益廣；復以經歷世變，洞悉時弊，

〔註1〕　《曾胡左兵法》（王之平編撰，武陵出版社，台北，民國73年）第一篇第二
　　　　章：〈平亂宜軍事政治並重〉，頁23。
〔註2〕　《曾國藩全集・書信・答劉蓉》（嶽麓書社），頁22。

遂確立其施政之中心理念，嘗述之曰：

> 治世之道，專以致賢、養民爲本。其風氣之正與否？則絲毫皆推本
> 於一己之身與心，一舉一動，一語一默，人皆化之，以成風氣。故
> 爲人上者，專重修身，以下之效之者，速而且廣也。〔註3〕

可見其治世之道，著眼於致賢、養民與化俗三事。夫大亂之際，拯救之道，惟有廣泛羅致人才，加以培養、調教、鍛鍊，進而量才適用，置於各領域，以發揮其作用，方足以言經世、濟人。養民之道，則不外乎加強民生建設，注重農務，以改善人民之生活，使其安居樂業，無轉徙凍餒之苦。《管子·牧民》曰：「倉廩實而後知禮義，衣食足而後知榮辱」，故復重教養兼施，提倡文教，務使人人皆知禮義、榮辱；且使舉國上下，社會各業，皆盡展其能，盡敬其事：則養民之事畢矣。至欲引導一代之風氣，使其歸於淳厚樸實，則端恃乎在上位者之以身作則，樹立嚴整之規範及廉潔之操守，以收上行下效之功。嘗云：「拼命報國，側身修行」（同治元年正月十四日沅弟書）。則其志行，欲以報國之務綰合修身之道者也。又云：「余不願爲大官，但願爲讀書明理之君子。……凡富貴功名，皆有命定，半由人力，半由天事。惟學作聖賢，全由自己作主」（咸豐六年九月廿九日諭紀鴻書）。能否功成名就，屬諸天命；惟有學作聖賢，致力學問道德，則可困知勉行，賴一己之努力而有其所成；若逢機遇，則進而以學問濟世，以道德化人，整飭社會之邪風惡習，使人人皆能按天理、循正途而行事，舉世斯有再造之機，而使國運轉危爲安，風俗由澆化淳。此即滌生匡時濟世之中心理念也。茲先述其治政之道，計以「培育人才」、「澄清吏治」二節，見其大略焉。

　　另則，滌生本爲道地之文人，早年翰苑養望，埋首讀書，惟世局不寧，內憂外患交至，故於當時兵事亦略有所悉，嘗曰：「自英夷滋擾，已歷二年，將不知兵，兵不用命，於國威不無少損」（道光二十二年九月十七日稟祖父母書）。自道光廿九年起，世局益壞，動亂不已，憂患加劇，時滌生以禮部右侍郎兼兵部右侍郎，身居中央大員，乃得以接觸實務，進而研究時事，探討兵學；太平軍起，清軍屢挫，乃於咸豐元年奏〈議汰兵疏〉，深入分析精兵強國及充裕財用之道。然至此均尚止於理論之研究，未有戰場實際之歷練也。其後，由奉辦團練至成立湘軍，對抗太平天國，及督師剿捻，前後十四年（咸豐三年至同治五年，西元 1853 年至 1866 年）。由於滌生之勤勉好學，苦思以

〔註3〕《曾文正公全集·日記·治道》（世界書局），頁36。

求通；復以長期之作戰，躬行以求效。其軍事之學養，隨經歷以俱進，遂形成其獨立之軍事思想。故次述其治軍之道，計分「練兵之方」、「用兵之法」二節以探之。

第一節　培育人才，撥亂反治

曾國藩以爲政治黑暗，人心墮落，導致風氣敗壞，世亂不已，其根本之原因，即爲缺乏人才所致。故於進〈敬陳聖德三端預防流弊〉之諫疏，引發皇帝震怒、各方矚目及家人耽心後，曾以長函表明其用心，咸豐元年五月十四日致諸弟書曰：

> 現在人才不振，皆謹小而忽於大，人人皆習脂韋唯阿之風。欲以此疏稍挽風氣，冀在廷皆趨於骨鯁，而遇事不敢退縮。此余區區之餘意也。

即於政風敗壞、人才不振之沈痼，深表痛心焦灼。將欲由亂返治、起死回生，非恃人才不爲功。故於人才之重視、覓求、培養、裁用，遂成其平生經世濟民之首務也。

一、求才相輔

滌生早年即「有效法前賢，澄清天下之志」。〔註4〕然茲事體大，談何容易焉！官邪充塞須澄之，群盜如毛須澄之，人心澆薄須澄之，風氣腥羶須澄之……；何況內憂外患洶洶交至之亂世，無論個人之才智何等超凡卓越、精力何等充沛旺盛，亦難以獨任澄清天下之大事也。領導者須有大格局、大胸襟，品格端正、不蔽於私，方能取信於天下，爲英傑賢士所歸往焉。

（一）為政在人、取人以身

滌生任鉅履艱，故有求才求賢相輔相助之迫切心聲，嘗云：「天下滔滔，何處英傑，翩然來止，以輔不逮而張屛嵎乎」？〔註5〕欲弭平大亂，董理萬事，人才不可不多，品類不可不廣，蓋一人兩人固不足運用，一類兩類亦不足施展，惟恃乎大批之人才同心同德，目標堅確，群起奮勉，前仆後繼，方克有濟。故曰：

〔註4〕《曾文正公全集·年譜》（世界書局），道光十八年，頁3。
〔註5〕《三名臣書牘》卷一，〈與羅羅山劉霞仙〉，頁52。

中興在乎得人，不在乎得地。……鄙人閱歷世變，但覺除得人以外，

無一事可恃。〔註6〕

人才之有無，固為由亂返治之要素，然一時之間，絕難立致眾多人才以供驅策，故必先自少數在位之賢智者，認清育才之重要，掌握綱領，以恢宏之氣度，謙謹之襟懷，身體力行，為之倡導，然後以氣類相聚，復施以獎育培養，則人才乃可漸次蔚起，轉移一代，再肇新機。故《中庸》謂「為政在人，取人以身，修身以道，修道以仁」。經國濟民之關鍵，在人才之有無，而能否吸引人才之歸趨，端視在上者德行涵養之有無也。

在京時，滌生即注意實務，有志經世，探研用人之道及考察方法，進而形諸奏章，以為乃澄清吏治、輔物濟時之急務也。其後出身平亂，任軍政之要職，乃得以大力網羅人才、作育人才。歷經長久之努力，功不唐捐，終獲絕處逢生之績效，成其撥亂反治之事功。故知培植人才，運用人才，務使人才輩出，羣策羣力，實乃國族自立自強、轉危為安之根本大計，亦古來成大功、立大業者不可或缺之要素。咸豐八年三月三十日致沅弟書曰：

善覘國者，睹賢哲在位，則卜其將興；見冗員浮雜，則知其將替。

賢哲在位，不必人多，若有三數人以君相師儒兼任之姿，宏獎人才，提攜人才，則人才相率而出，天下不患無才矣。嘗云：

今之君子之在位者，輒曰：「天下無才」。彼自尸於高明之地，不克

以己之所嚮，轉移習俗，而陶鑄一世之人，而翻謝曰「無才」，謂之

不誣可乎？否也。〔註7〕

有勢有位者高高在上，動輒宣稱「天下無才」，滌生則甚不以為然。以為人才之有無，端視乎在上位者有無表率羣倫之德望、作育人才之器識。所謂「無才」，乃因未能認真訪求、造就，若能以類相求，以氣相引，則天下人才，自然不絕於途、源源而至矣。

（二）取人為善、與人為善

人才固由在上者造就宏獎而成，然人才則非驟然可得，故未可求備於一人，凡有一長一藝者，即不可輕而易之，遽爾棄絕。嘗曰：「人才以陶冶而成，不可眼孔甚高，動謂無人可用」。〔註8〕可見在上位者之態度，務須平實謙抑，

〔註 6〕同註5，卷一，〈覆方子白〉，頁122。
〔註 7〕《曾國藩全集・詩文・原才》，頁182。
〔註 8〕同註3，頁34。

方克吸引四方之人，以資造就廣大之才。孟子曰：

> 子路，人告之以有過則喜。禹聞善言則拜。大舜有大焉，善與人同。
> 舍己從人，樂取人以爲善。自耕、稼、陶、漁以至於帝，無非取於
> 人者。取諸人以爲善，是與人爲善者也。故君子莫大乎與人爲善。
> （《孟子·公孫丑上》）

滌生之自許甚切，用心至深，深體孟子「善與人同」、「取人爲善」、「與人爲善」之趣，亦即樂於取人優點，補己不足；樂以己善己長，貢獻於人也。《易經·咸卦·彖》曰：

> 天地感而萬物化生，聖人感人心而天下和平，觀其所感而天地萬物
> 之情可見矣。

能「捨己從人，樂取人以爲善」，即虛己容物，眞誠無私，胸懷坦蕩，與人能相通相感以善，是以能致天下和平者也。故《易經·咸卦·彖》又曰：「咸，君子以虛受人」。虛者，誠也、虛中也、無物也、無成見也；受者，通也、感也、容納也、從善如流也；誠則能通，虛中則能感，無物故能容納，無成見故能從善如流。故能虛能誠，方能與人相通互感，毫無滯礙隔閡；若有不虛不誠，則蔽於物、蔽於私，則視而不見、聽而不聞，其先入爲主之見，已堵塞通、感之機，難以「諮諏善道、察納雅言」（諸葛亮〈出師表〉）矣。

滌生深體誠虛一體之道，故謂「君子之道，莫大乎以忠誠爲天下倡」（〈湘鄉昭忠祠記〉）、「君子大過人處，只在虛心而已」（同治二年七月廿一致沅弟書）、「誠者，不欺者也；不欺者，心無私者也。無私著者，至虛者也。是故天下之至誠，天下之至虛者也」（《日記·問學》）、「凡辦一事，必有許多艱難波折。……吾輩總以誠心求之，虛心處之」（〈與程尚齋〉）。能虛則能誠，能誠則能虛，故能通能感，能受人也。滌生以其深廣之閱歷、苦思力索之精神，與儒家之說相互融會，又有其獨到而親切之體驗，其言曰：

> 古聖人之道，莫大乎與人爲善。以言誨人，是以善教人也；以德薰
> 人，是以善養人也；皆與人爲善之事也。然徒與人，則我之善有限，
> 故又貴取諸人以爲善，人有善則取以益我，我有善則與以益人，連
> 環相生，故善端無窮；彼此把注，故善源不竭。君相之道，莫大乎
> 此；師儒之道，亦莫大乎此。仲尼之學無常師，即取人爲善也；無
> 行不與，即與人爲善也。爲之不厭，即取人爲善也；誨人不倦，即
> 與人爲善也。余忝竊高位，劇寇方張，大難莫平，惟有就吾之所見，

多教數人，因取人之所長，還攻吾短，或者鼓盪斯世之善機，因以
挽回天地之生機乎？〔註9〕

其作育人才之道，頗有得於儒家思想，將孔孟自立立人、經世致用之說，盡
情道出；強調由「與人爲善」入手，更進一步「取人爲善」，實則，此二事乃
循環交用，人我受益，相互成長，而主導者即爲君相師儒。因滌生望才殷切，
「一面自負提擢人才之責，一面又自負作育人才之責」，〔註10〕故其言曰：

十室之邑，有好義之士，其智足以移十人者，必能拔十人中之尤者
而材之；其智足以移百人者，必能拔百人之尤者而材之。然則轉移
習俗，而陶鑄一世之人，非特處高明之地者然也，凡一命以上，皆
與有責焉者也。〔註11〕

此謂負發掘人才、提拔人才、轉移習俗、陶鑄人才之責者，不僅人君爲然；
舉凡負政治、教育之責任者，不論地位高卑，皆負有斯責焉。其言曰：

若夫風氣無常，隨人事而變遷。有一二人好學，則數輩皆思力追先
哲；有一二人好仁，則數輩皆思康濟斯民。倡者啓其緒，和者衍其
波。倡者可傳諸同志，和者又可禪諸無窮。倡者如有本之泉，放乎
川瀆，和者如支河溝澮，交匯旁流。先覺後覺，互相勸誘，譬之大
水小水，互相灌注。〔註12〕

「好仁」者，進德之事也；「好學」者，修業之事也。以爲政治家與教育家均
負轉移習俗、造就人才之責，蓋欲將君相道、師儒之道結合爲一；其立足點
即注重身教，亦即「修身以道，修道以仁」（《中庸》）之義；並輔以孜孜學習、
探究實務之功，器識漸闊，才略漸生：則德術兼備，足爲眾人之表率焉。此
乃源自儒家思想之範疇，即在上位者，宜能自我修飭，以德服人，導以人格
之感化力、號召力，斯能上行下效，引領良好風氣、陶鑄有用之才，相率以
善，移風易俗，共赴世患。滌生平生莫不力求實踐此一理念，故其對待屬員，
頗有父兄愛護之意，師弟督課之風。嘗曰：

爲督撫之道，即與師道無異。其訓飭屬員殷殷之意，即「與人爲善」
之意，孔子所謂「誨人不倦」也。其廣諮忠益，以身作則，即「取

〔註9〕《日記・問學》，頁16。
〔註10〕《曾國藩治學方法》（胡哲敷撰），第六章〈治事的精神〉，頁62。
〔註11〕同註7，頁4～5。
〔註12〕《曾國藩全集・雜著・勸學篇示直隸士子》，頁443～444。

人爲善」之意，孔子所謂「爲之不厭」也。爲將帥者之於偏裨，此
皆以君道而兼師道。故曰：「作之君，作之師」。又曰：「民生於三，
事之如一」。皆此義爾。〔註13〕

頗見其以君道、師道自任，殷殷化人、育人之意，並斬能以身作則，廣儲有
爲之才，以備臨時之需也。

　　滌生洞悉世務，憂時心切，深知用人之道，乃治世之本。嘗謂：「國家之
強，以得人爲強」。〔註14〕蓋因人才之問題，攸關天下之興亡、國家之理亂、
風俗之淳薄，故亟須由識拔、獎育、培養、陶鑄人才入手，以爲力挽世亂國
危之要務。其弟子薛福成曰：

自昔多事之秋，無不以人才之多寡判功效之廣狹。曾國藩知人之鑑，
超軼古今：或邂逅於風塵之中，一見以爲偉器；或物色於形跡之表，
確然許爲異才。平日持議，常謂天下至大，事變至殷，決非一手一
足之所能維持，故其振拔幽滯，宏獎人才，尤屬不遺餘力。……又
謂人才以培養而出，器識以磨練而成。故其取人，凡於兵事、餉事、
吏事、文事有一長者，無不優加獎借，量才錄用。將吏來謁，無不
立時接見，殷勤訓誨。或有難辦之事，難言之隱，鮮不博訪周咨，
代爲籌畫，別後馳書告誡，有師弟督課之風，有父兄期望之意，非
常之士與自好之徒，皆樂爲之用。〔註15〕

最能道出其重視及作育人才之精神。因其平日即留心人才，研究人才，復結
合其深厚之學識、涵養、閱歷，故其識拔人才，確有知人之明；更因其注重
身教、言教，故每每以德化人，以誠待人，以己善己長教人，故亦能養成一
批有爲有用之人；而四方有識有志之士，自然聞風相引而至，其幕府乃成當
日之人才淵藪焉！

二、人才獎育

　　人才之多寡，乃爲能否匡時濟世、撥亂反治之關鍵，故亟須重視之，亟
待培養之。然「人才至難」，故於發掘及造就人才之道，尤須詳加探研，明確

〔註13〕同註3，頁36。
〔註14〕同註5，卷一，〈與左季高〉，頁64。
〔註15〕《庸菴文編・代李伯相擬陳督臣忠勳事實疏》（薛福成撰，文海出版社，台北，
　　　　民國63年）卷一，頁92～94。

掌握，量才施用，方能獲致成效也。滌生曰：「得人不外四事，曰：廣收、愼用、勤教、嚴繩」。〔註16〕茲結合其家書與相關著述，分述其要點於后：

（一）廣　收

即廣泛訪求、搜羅人才也。滌生之〈應詔陳言疏〉，曾詳論轉移人才之道，培養人才之方，考察人才之法三端。何貽焜釋之曰：

> 人才之尚未成熟者，固當轉移之，培養之；人才之業已晤對者，固
> 可考察之；其尚未晤對而素已成熟之人才，則當訪之求之也。〔註17〕

故滌生之初步工作，乃先藉訪求之法，延攬更多必要之人才、有爲之人才。其要有二：

1、衡才不拘一格

人才難得，天下無現成之人才可供運用，務須平日儲才以備之。尤以亂世之際，需才最殷，斷難復以出身及資歷衡量人才。咸豐十年七月十二日致沅弟季弟書曰：

> 沅弟「多置好官、遴選將才」二語，極爲扼要，然好人實難多得，
> 弟爲留心采訪。凡有一長一技者，兄斷不敢輕視。

處於非常時期，亟需大批人才以供驅策，故「不宜復以資地限之。衛青人奴，拜將封侯，身尙貴主。此何等時，又何以尋常行墨困倔奇男子乎」？〔註18〕滌生以爲當今非無人才，唯有待在位者之努力搜羅及發掘耳。故其當剿捻之時，有求才之昭告，其言曰：

> 淮、徐一路，自古多英傑之士，山左、中州，亦爲偉人所萃。方今
> 兵革不息，豈無奇材崛起？無人禮之，則棄於草澤饑寒賤隸之中；
> 有人求之，則足爲國家干城腹心之用。〔註19〕

謂「如有救時之策、出眾之技」者，皆可自薦，以備酌用。故非常時期，凡人有一長一節者，即爲可取可用之才，不可因微瑕而棄之、絕之：「要以衡才不拘一格，論事不求苛細；無因寸巧而棄連抱，無施數罟以失巨鱗」。〔註20〕人才有高有低，若能調教得宜，即成適用之才。咸豐十年八月十二日致沅弟

〔註16〕同註3，頁36。
〔註17〕《曾國藩評傳・政治思想》（何貽焜編著，正中書局），頁334。
〔註18〕同註5，卷二，〈與李次青〉，頁52。
〔註19〕《雜著・剿捻告示四條》「詢訪英賢」條，頁421。
〔註20〕同註5，卷一，〈覆莊衛生〉，頁76。

季弟書曰：

> 天下無完全無間之人才，亦無完全無隙之友情。大者得正，而小者
> 包荒，斯可耳。

可見其延訪人才之開闊襟胸、理性眼光。故不分才大才小，雖一藝一材，罔
不甄錄；又能不分畛域，不拘出身：則必能廣收人才矣。

2、求才不遺餘力

非常之時期，人才可貴，故務須力求有為之士以自輔，態度積極懇切；
尤須恃乎氣類之相吸相引，使各方之才相率而至，方能廣羅眾多人才也。滌
生曰：

> 求人之道，須如白圭之治生，如鷹隼之擊物，不得不休；又如蚨之有
> 母，雉之有媒，以類相求，以氣相引，庶幾得一而可及其餘。〔註21〕

白圭，戰國時周人。滌生謂求才須如白圭之善於經營生產，一旦看準，即如
鷹隼獵物之迅速，有務求獲致目的之決心；故於平日即注意觀察僚屬，其日
記中載有「記人」之類，記其親身察訪之所得，〔註22〕可見其平日即致力求
才，處處留意，用心良深。且亦再三囑咐其弟曰：「求人自輔，時時不可忘此
意」（咸豐八年四月九日致沅弟書）。「天下之事理人才，為吾輩所不深知、不
及料者多矣，切弗存一自是之見」（同治五年三月廿六日致澄弟沅弟書）。因
物以類聚，人以群分；故滌生以青蚨子母相依不離，家雉能招致野雉之譬，
喻求才須重人才之相互吸引，使其相伴而來，接踵而至，以收「得一而可及
其餘」之效也。

以上言人才廣收之道，可見其延才之胸襟、取才之門徑，亦見當日乏才
之困窘、需才之孔急也。

（二）慎 用

人才既經訪求、招引而至，勢須加以任用，則宜因才位置，不得用違其
才，此即知人而善任之意。嘗曰：「收之欲其廣，用之欲其慎」。〔註23〕人才
互有短長高下，未能盡善盡美，故須具知人之明，知所分判揀擇，然後慎加
運用。此亦一大學問。蓋用之太早，則長逞才之能；用之太晚，則生遲暮之
感；用之太高，則或經歷欠缺；用之太卑，則每抑鬱怨嘆。故用人務須適得

〔註21〕同註5，卷一，〈覆李黼堂〉，頁109。
〔註22〕參見《曾文正公手寫日記》及《曾國藩全集・日記》各冊所載。
〔註23〕同註5，卷一，〈致李黼堂〉，頁105。

其所，恰如其分；器使適宜，方能展其所長，共濟時艱。求才、育才固當不遺餘力，用事之際則宜慎擇其人，人少有人少之益，故謂：

> 凡治大事以員少爲妙。少則薪資較省，有專責而無推諉，少則必擇才足了事者，而劣員不得濫竽其間。少則各項頭緒，悉在二三人心中手中，不至叢雜遺忘，多則反是。總之，爲事擇人，則心公而事舉；爲人謀事，則心私而事廢。〔註24〕

可見求才、育才固不易，而慎加考量、擇才用事，更不易也；此則有恃乎領導者之公心也。尤於臨大事之際，更當慎選核心幹才，以員少爲佳。至於不堪一用者，則宜破除情面，絕不留用。咸豐八年四月九日致沅弟書曰：

> 求人自輔，時時不可忘此意。人才至難，往時在余幕府者，余亦平等相看，不甚欽敬。洎今思之，何可多得？弟常常以求才爲急，其闒冗者雖至親密友不宜多留，恐賢者不願共事一方也。

人才固須汲汲求之，亦當量才位置；然無其才者，絕不得濫竽充數，以壞影響：亦慎用之義也。夫「慎用」人才者，約有二義：

1、用其長，盡其能

世難時艱、需才孔殷之際，用人切忌饑不擇食，用非所長；人才若因用違其才，亦無濟於事、無補於時，故滌生曰：

> 雖有良藥，苟不當於病，不逮下品；雖有賢才，苟不適於用，不逮庸流。梁麗可以衝城，而不可窒穴；犛牛不可以捕鼠，麒驥不可以守閭。千金之劍，以之析薪，則不如斧；三代之鼎，以之墾田，則不如耜。當其時，當其事，則凡材亦奏神奇之效；否則鉏鋙而終無所成。故世不患無才，患用才者不能器使而適宜也。〔註25〕

此以種種比喻，評論用人不當，則形同廢物，適成戕害人才。湘人李元度擅長文學、勤於著作，曾與滌生患難與共，情誼深厚；而滌生於其兵敗棄城、貽誤戎機之後，深致歎悔曰：「哀哉此人！吾用之違其才也」（咸豐十年八月廿八日致沅弟書）。故於人才務須「器使而適宜」，始可展其所能、盡其所長，。此乃主政者必備之用人智慧。蔡鍔評之曰：

> 曾謂人才以陶冶而成，胡亦曰人才由用才者之分量而出，可知用人不必拘定一格，而薰陶裁成之術，尤在用人者運之以精心，使人人

〔註24〕曾文正公全集・批牘・批江寧萬藩司啓琛等稟》，頁60。
〔註25〕《雜著・筆記十二篇・才用》，頁392～393。

> 各得顯其所長、去其所短而已。〔註26〕

可見得才不易，而育才、用才亦匪易也。

2、量才錄用

欲使國家無乏才之虞，且令人才發揮其專長，須先廣納各方人才，如薛福成所云：「凡於兵事、餉事、吏事、文事有一長者，無不優加獎借，量才錄用」。滌生告方子白曰：「承薦令弟及武舉張君，請即束裝來敝營，量才位置」。〔註27〕所謂「量才位置」者，即視屬員之才能高低、專偏，而安置任用也。此乃歷經觀察、考驗、培植後之措施矣。然處非常時期，需才孔急之際，在高位者之於進用人才，更宜高度冷靜、慎重其事。為使人盡其才，滌生於各方所薦之人員，及州府以上之官員，皆親加考察，並擬出評語；復依各人之特長，予以適當安排，使其盡展所長。如奏言胡林翼才勝其十倍，可資大用；而左宗棠、李鴻章、沈葆楨三人，均有統率全局之才，奏請委以疆吏之職；李鴻裔、王家璧、薛福成等人，皆才高學瞻，乃留置幕中，以專司謀議。滌生雖用心於求才，然尚能一本公心，冷靜考量，不輕易提拔人，亦不示人以特別親密之感。咸豐十年七月十五日致沅弟書曰：

> 不輕進人，即異日不輕退人之本；不妄親人，即異日不妄疏人之本。

可見其用人之慎重態度。又於極親近之人，亦宜注意其才識之短長、分寸之掌握，以作更周延之安排，如同月十七日致沅弟季弟書曰：

> 霞仙識力過人，為統領則恐其不耐勞；為地方官，則親家例須迴避，
> 或勸潤帥用之更妥協也。

劉蓉乃其平生少數之至交，亦思避其短而慎其用。又如靖港之役中，章壽麟曾捨命將滌生救起，而僅以一太守之官終；故章氏其後繪〈銅官感舊圖〉，以抒其怨氣也。

以上皆見滌生之保舉、薦拔人才，尚能秉諸公心；量才錄用，量才位置，有其較明確之原則也。

（三）勤　教

收錄人才之後，復須諄諄教誨，與人為善。所謂「有師長課督之風，有父兄期望之意」；「以己之所向，轉移習俗而陶鑄一世之人」；最足以表現滌生

〔註26〕《曾胡治兵語錄》（蔡鍔編撰，黎明文化事業公司，台北，民國76年）第二章：〈用人〉，頁35。
〔註27〕同註5，卷一，〈覆方子白〉，頁106。

育才之精神。又以爲督撫之道與師道同，其殷殷訓飭屬員者，即與人爲善、誨人不倦之意。由滌生所遺之日記、書札、家信、批牘中，每見其對子弟、朋友、僚屬之盡力誘導之情。如咸豐十年八月十二日致沅弟季弟書曰：

> 文士之自命過高，立論過亢，幾成通病。……然天分高者，亦可引
> 之一變而至道。如羅山、璞山、希庵皆極高亢，後乃漸歸平實。即
> 余昔年亦失之高亢，近日稍就平實。

可見人才皆有待教育而成，自視不凡者、言論高亢者，均宜抑之、教之、導之，使漸趨於平實之道，以免倉促用之、適以害之也。督撫之位雖高，然訓飭下屬，應如師長之於學子，細心指導，勤加督教，以期人才之養成也。

「天下無完全無間之人才」，若一意求全責備，將無可用之人，則惟有廣納而勤教，適時以引領之、調教之、裁成之；人才既無法憑空而生，惟有示之以求才若渴之誠，不拘一格，廣納天下之士；其後，復須細加考察分析、量才愼用，勤於教導磨練、陶鑄裁成，則人才漸出漸多矣。

（四）嚴　繩

用人不濫、量才位置之餘，又須訂以嚴格之規範，上下共同約守，方能相率人才，共成事業。其主要之原則，滌生曰：

> 閣下涖事伊始，其察之也不嫌過多，其發之也不宜過驟，務求平心
> 靜氣，考校精詳，視委員之尤不職者，撤參一二員；將司役之尤無
> 良者，痛懲一二輩。袁簡齋云：「多其察，少其發」。僕更加一語云：
> 「酷其罰」。三者並至，自然人知儆懼，可望振興。〔註28〕

用才不察，易生弊端，再行補救，害亦已成。平時固以禮約束之、引導之，不失儒家之本色。然於用事之際，則宜確立規範、訂定標準，嚴格執行、痛懲劣員。大抵須先有「考察之法」，次則須「循名責實」，而終以「信賞必罰」。同治五年三月廿六日致澄弟沅弟書曰：

> 督撫本不易做，近則多事之秋，必須籌兵籌餉。籌兵，則恐以敗挫
> 而致謗；籌餉，則恐以搜括而致怨。二者皆易壞聲名。沅弟愛博而
> 面軟，向來用人失之於率，失之於冗。以後宜愼選賢員，以救率字
> 之弊；少用數員，以救冗字之弊。位高而資淺，貌貴溫恭，必貴謙
> 下。天下之事理人才，爲吾輩所不深知、不及料者多矣，切弗存一

〔註28〕同註5，卷二，〈復蔣薌卿觀察〉，頁96。

自是之見。用人不率冗，存心不自滿，二者本末俱到，必可免於咎
戾，不墜令名。至囑，幸勿以爲泛常之語而忽視之。

時曾國荃以軍事之功勛，甫任湖北巡撫，位高而資淺，毫無政務之歷練、治
民之經驗，故此詳示以用才治事之道，所言較爲廣泛，雖非專論「嚴繩」之
事，亦已涉及之矣。所謂用人失諸率冗者，其害難料，不可不警惕，故務須
從「愼選賢員」、「少用數員」二端，力加扭轉也。故在上位者能存不自是之
見、不自滿之心，選用賢才，愼加位置，仔細評量而後任之，以免形成冗員。
若不幸用人未察於先，冗員充斥於後，則宜謀求汰除多餘之人，以免破壞行
政效率；此則有恃乎平日精勤之考察，而適時施以必要之處治或懲戒，此亦
嚴繩之事也。

　　以上略述「廣收、愼用、勤教、嚴繩」四端。滌生得人之法，蓋經「廣
收」而致，又因「愼用」而量才位置，以各展其長、各盡其能；再施以「勤
教」、「嚴繩」，歷經培育、裁成，復須考察確切、賞罰嚴明，人才乃陶冶、鍛
鍊而出。薛福成謂其吸收人才、作育人才、位置人才之道曰：

遭值時變，一以賢才爲夷難定傾之具。其取之也，如大匠之門，自
文梓楩柟以至竹頭木屑之屬無不儲；其成之也，始之以規矩繩墨，
繼之以斧斤錐鑿，終之以磋磨文飾；其用之也，則樞棟樆梲，根閞
居楔，位置悉中度程，人人各如其意志，斯所以能回輪軸而變風氣
也。〔註29〕

雖云過於藻飾，然亦能道出其造就人才之深意與苦心也。

三、人物品衡

　　除得人四事外，滌生復極講求人物之品衡。嘗曰：「動心忍性，斯大任之
基；側身修行，乃中興之本」。〔註30〕蓋以官場之風氣良窳、人物高下，影響
社會至鉅，務須正本清源，由吏治人心下手，方克有濟。故其品衡人才，重
視才德兼備，其言曰：

余謂德與才不可偏重。譬之於水，德在潤下，才即其載物漑田之用；
譬之於木，德在曲直，才即其舟楫棟樑之用。德若水之源，才即其
波瀾；德若木之林，才即其枝葉。德而無才以輔之，則近於愚人；

〔註29〕同註15，卷四，〈敘曾文正公幕府賓僚〉，頁386。
〔註30〕《雜著‧筆記二十七則‧悔吝》，頁360。

才而無德以主之，則近於小人。〔註31〕

乃主才與德之相互爲用，缺一不可。才德兼備者，固爲可貴可取，然患在其人之難得稀有。故等而下之，不得不於取才之道有所調整，方有人才以濟時需也。其言曰：

> 凡人材高下，視其志趣。卑者安流俗庸陋之規，而日趨污下；高者慕往哲盛隆之軌，而日即高明。賢否智愚，所由區矣。〔註32〕

人才之高下，宜自考察其志趣爲何以辨之。所謂志趣，簡言之，即指有無高尚之人生目標，有無忠義血性及進德之誠也；再約言之，即有無志氣之謂也。有志者，則內心有其堅確目標，能促其奮發向前，故斷不甘爲下流，若予以造就獎育，事上磨練，以培養其才識，宜可育成有爲之士也。

滌生於人才之揀擇，又特重樸實、廉介之人。咸豐十年七月八日致沅弟季弟書曰：

> 觀人之法，以有操守而無官氣、多條理而少大言爲主。以後兩弟如有所見，隨時推薦，將其人長處短處一一告知阿兄，或告筱荃，尤以習勞苦爲辦事之本。引用一班能耐勞苦之正人，日久自有大效，無以不敢冒奏四字塞責。

滌生嘗分人才爲二：一爲官氣較多者，一爲鄉氣較多者；而樂取後者，亦以其較能吃苦耐勞，較爲可造可塑，故樂取之，以資培植運用也。其言謂：

> 觀人之道，以樸實廉介爲質，有其質而更傅以他長，斯爲可貴。無其質，則長處亦不足恃。〔註33〕

質者，本也，無本不立，故取用人才，不可不由根本下手，不可不預先愼察其本質也。故取人先觀其本質，有其樸實廉介之美質，雖是才力普通之人，亦可加以調教鍛鍊，俾成有爲之才。又謂：

> 吾欲以勞苦忍辱四字教人，故且戒官氣而姑用鄉氣之人，必取遇事體察，身到、心到、口到、眼到者。〔註34〕

滌生之取才，喜用心性純樸之人、鄉氣之人，因其較能刻苦耐勞，不喜好高騖遠；又較能廉潔無私，厭棄投機取巧，不致敗亂風氣。然此等人，未必即

〔註31〕《雜著·筆記十二篇·才德》，頁390。
〔註32〕同註5，卷一，〈答歐陽功甫〉，頁8。
〔註33〕同註5，卷一，〈覆方子白〉，頁106。
〔註34〕同註5，卷一，〈覆李黼堂〉，頁108。

能遇事體察及擁有四到工夫，未必能立即位置用事，此則有待於其後之教導訓練也；因而有其質又有其才者固佳，否則即當勤施獎育鍛鍊，方克成才以用事也。人之本質乃天賦之事，才略、才學、才識、才幹等，則可藉培養陶鑄以漸出焉；故滌生之取才，重其本質，亦重獎育之功；足見其用人行事之謹慎與穩重也。

第二節　澄清吏治，紓解民困

自鴉片戰爭至太平天國起事之十餘年間，清廷內外交迫，政治、社會之種種弊端，暴露無遺，全國各地之反抗風起雲湧，帝國主義者之野心日益猙獰。國勢遽衰，世局將裂；而時代愈亂，風俗愈壞，曾國藩之憂心愈深；故於世亂俗澆之起因，亦愈投注心力研究，而獲致較深刻之理解。

一、世局動亂之因

滌生入仕後，內憂外患紛至沓來，國勢江河日下，事出有因，非自近日始也。滌生出身民間，又官至各部大員，覺察由朝自野，均已沈疴在身、憂患重重，故震駭、痛心之餘，乃進而推求其故也。

（一）上位懈怠、吏治敗壞

滌生其日記中，舉隋煬帝及唐明皇為例，謂「國之富不足恃，獨恃有人主兢兢業業之一心耳」。〔註35〕此與其齊家重視「勤儉」字同義，不勤則治可轉衰，不儉則富亦旋貧，端在領導者之居心行事為何也。又謂：

> 李牧在趙，匈奴不侵；汲黯在朝，淮南寢謀；林甫為相，閣鳳反；
> 盧杞柄政，李懷光叛。反叛，非其本心也。故人君謹置左右之臣，
> 其益於人國者多矣。〔註36〕

忠奸在位與否，其結果判若天壤，千古不易其理。其後又舉匡衡抑陳湯、宋璟抑郝靈荃之例，謂「宰相妨功病能，人之不得伸其志者多矣」。〔註37〕清廷專制猜忌，對漢人之賢能者防範綦嚴，此雖未論列清代之實況，然由此亦可知其言外之意矣。忠賢若不在位，或處處受壓抑、冷落，難展其才、難伸其

〔註35〕同註3，頁32。
〔註36〕同註3，頁32。
〔註37〕同註3，頁32。

志，朝政之欲得清明、社會之思獲安定，未有可能也。

內亂之主因在政治之腐朽，政治之腐朽則由於上位者之無能、懈怠，致令官吏之逞其貪虐凶惡，魚肉百姓。自道光朝以來，中國從南至北，自沿海至內地，由城市至鄉村，處處皆呈現動盪不安之亂象。太平軍起事之初，滌生即曰：

> 今春以來，粵盜益復猖獗，西盡泗鎮，東極平梧，二千里內，幾無一尺淨土。推尋本原，何嘗不以有司虐用其民，魚肉日久，激而不復反顧？蓋大吏之泄泄於上，而一切廢置不問者，非一朝一夕之故矣。〔註38〕

東南固以洪楊亂起，幾無寧日；中原繼又因捻黨雲屯，絕少樂土。要亦源於「山東河南兩省大府，不講吏治，從亂之民日多」。〔註39〕吏治之壞，變亂之起，「必先由於是非混淆，白黑不分」（咸豐四年四月二十日致諸弟書）；「君子愈讓，小人愈妄」。〔註40〕小人肆虐逞凶、違法亂紀，而正人君子卻無生存空間。滌生沈痛指出：

> 二、三十年來，士大夫習於優容苟安，揄修袂而養姁步，倡為一種不白不黑不痛不癢之風，見有慷慨感激以鳴不平者，則相與議其後，以為是不更事、輕淺而好自見。〔註41〕

認清士大夫苟安鄉愿之心態及黑白不分之風氣後，滌生已幾至不能容忍之地步，痛批「誤人家國，已非一日」。〔註42〕吏治之敗壞顢頇、毫無作為，實與是非不明、風俗澆薄息息相關，遂成其惡性循環之局面。

（二）人心陷溺、麻木不仁

滌生頗不滿於當日之人心不古，尤於士人之貪鄙、學風之偏差，更深惡痛絕。嘗曰：

> 今世之士，自束髮受書，即以干祿為鵠，惴惴焉恐不媚悅於主司。得矣，又挾其術以釣譽而徼福；祿利無盡境，則干人無窮期。下此以求，上以此應，學者以此學，教者以此教，所從來久矣。百步之

〔註38〕同註5，卷一，〈覆胡蓮舫〉，頁10。
〔註39〕同註5，卷一，〈覆左季高〉，頁66。
〔註40〕同註5，卷一，〈覆胡宮保〉，頁128。
〔註41〕同註5，卷一，〈覆龍翰臣〉，頁41。
〔註42〕同註5，卷一，〈興劉孟容〉，頁32。

矢，視其所發，差若毫釐，謬以千里。振古君子多途，未有不自不
干人始者也。小人亦多途，未有不自干人始者也。〔註43〕

士風之貪鄙至此，蓋始於初學時，即已心念卑劣、名利是務，非爲學問而學、非爲實現人生正大目標而學、非爲解決社會問題而學；簡言之，即「今之學者爲人」之寫照，爲名爲利，心馳於外，其不趨於處處干人者亦得乎？《孟子・滕文公下》云：「枉己者，未有能直人者也」。「干人」者，皆「枉己者」之輩也。故此輩人以「干人」始，不以「枉己」爲恥，當其晉身爲官僚士大夫之時，遂成鮮廉寡恥、吏治腐敗之關鍵因素。滌生痛切指出：

顧如足下所稱今日不可救藥之端，惟在人心陷溺、絕無廉恥云云。
則國藩私見，實與賢者相脗合。竊嘗以爲：無兵不足深憂，無餉不
足痛哭，獨舉目斯世，求一攘利不先，赴義恐後，忠憤耿耿者，不
可亟得；或僅得之，而又屈居卑下，往往抑鬱不伸，以挫，以去，
以死；而貪饕退縮者，果驤首而上騰，而富貴，而名譽，而老健不
死，此其可爲浩歎者也。〔註44〕

足見當日世道之敗壞、人心之沈淪，竟較諸無兵無餉之爲害猶大；彼時滌生內心之激昂憂憤可知也。

夫以上位者之無能懈怠、吏治敗壞，人心之陷溺沈淪、貪鄙無恥，而導致政局動盪、風俗澆薄，實爲世衰時亂、民生疾苦、內憂外患交至之主因，而爲滌生之所親歷而深痛者也。

二、端本澄源之道

針對世亂之成因，既已略說如上；而滌生有鑒於當日之吏治人心，已敗壞惡劣至極，爲端本澄源，乃提出其對治之要點。

（一）崇尚禮治

滌生匡世輔人之根本要圖，即是崇尚禮治，闡發經世之禮學，以爲撥亂反正之總綱。嘗曰：

首仲尼好語求仁，而雅言執禮，孟氏亦仁禮並稱。蓋聖王所以平物
我之情，而息天下之爭，內之莫大於仁，外之莫急於禮。〔註45〕

〔註43〕《詩文・田崑圃先生六十壽序》，頁137。
〔註44〕同註5，卷一，〈復彭麗生〉，頁16。
〔註45〕《詩文・王船山遺書序》，頁278。

禮者，理也、履也，實未離於仁也。仁與禮內外合一、相輔相成，實一體之
兩面也。又曰：

> 古之君子之所以盡其心、養其性者，不可得而見。其修身、齊家、
> 治國、平天下，則一秉乎禮。自其內焉者言之，舍禮無所謂道德；
> 自外焉者言之，舍禮無所謂政事。〔註46〕

滌生每以禮攝內外之道，內則涵養德性，外則盡心政務，皆是禮也，故為修
己治人、經世致用之根本要務也。

惟其崇尚道德禮治，故又主盡力扶持名教。其〈討粵匪檄〉，即於太平軍
之破壞中國數千年之禮義人倫、詩書典則、社會秩序，猛烈抨擊，謂「乃開
闢以來名教之奇變」；而為兩湖三江之廣大生靈報仇、為受辱之上下神祇雪
恨、為維護清廷之統治諸端，亦為其中之要點。然要以維護「名教」、「衛道」
之旨，以打動士人君子為重心，此亦猶湘軍上下之中心思想也。稻葉君山謂
「湘軍非勤王主義，亦非雷同性之侵略，意在維持名教」，〔註47〕實非無見也。
滌生嘗曰：

> 維持是非之公，則吾輩皆有不可辭之任，顧亭林先生所謂匹夫與有
> 責焉者也。〔註48〕

亦即「拚命報國、側身修行」之義（同治二年三月廿九日致沅弟書）。其毅然
扶持名教，務求人格挺立、有用於世之志，已昭示無遺矣。

滌生平生之學，以「經世之禮學」為歸趨，蓋本諸先秦儒家經世致用之
精神也。故其所撰〈聖哲畫像記〉中，最為推崇顧炎武之學行，謂其書中言
及禮俗教化，有毅然承先待後之壯志；致列為有清聖哲之首，以為終身致力
專習之典範。而於平定太平天國後，又全力倡印《船山遺書》，發揚船山學術；
蓋以王夫之所撰《正蒙》數萬言、《禮記》數十萬言，皆是明體達用、仁禮兼
備之義也。故而一則廣求遺文，托太常寺卿劉昆代抄難覓之書，謂「《書經稗
疏》三本、《春秋家說序》一薄本，係托劉韞齋先生在京城文淵閣抄出者」（同
治四年八月十九日諭紀澤書），令其子速寄送刻，以見其備；再則刻匠、書板
皆細心經手，不惜巨資，邀集寫刻佳手前來安慶開雕，而書板俱選八分厚者，
以求其工；三則利用治軍忙迫之間隙，校閱書中之訛脫多處，以致其精；四

〔註46〕《雜著・筆記二十七則・禮》，頁358。
〔註47〕《清朝全史》（中華書局，台北，民國49年），〈對於曾國藩之評論〉，下二頁126。
〔註48〕同註5，卷一，〈與沈幼丹〉，頁65。

則致力學習與傳播船山著作，如廣贈《船山遺書》於友生、部屬，並與之交流閱讀學習之心得，以光大其學；五則撰寫〈王船山遺書序〉一文，揭示船山學術之大本，闡述其艱辛長遁，從事聖賢根本之學，以表彰其人。

　　滌生之高度推崇顧王之學者，乃藉以表彰聖哲之氣節、操守，謂顧王等人皆「碩德貞隱」，「而皆秉剛直之性，寸衷之所執，萬夫非之而不可動，三光晦、五嶽震而不可奪」（見〈陳仲鸞同年之父母七十壽序〉）；且以二賢之善繼孔孟內仁外禮、修己治人之聖教，深符於其所謂「經世之禮學」之旨趣：蓋欲弘揚顧王精博之學術、淑世之思想、剛健之精神、堅貞之品格，蘄能施用於經國治世、輔時濟民，而有以息天下之爭競、弭世亂於無形者也。

（二）注重人治

　　滌生政治思想之另一特徵，則為注重人治；即盼由在上位者以深厚之涵養、正大之目標，作眾人之表率，俾收潛移默化之效。其言曰：

> 風俗之厚薄美自乎？自乎一二人之心之所嚮而已。民之生，庸弱者戢戢皆是也。有一二賢且智者，則眾人君之而受命焉；尤智者，所君尤眾焉。此一二者之心向義，則眾人與之赴義；一二人者之心向利，則眾人與之赴利。眾人所趨，勢之所歸，雖有大力，莫之敢逆。故曰撓萬物者莫疾乎風。風俗之於人心，始於微而終乎不可禦者也。〔註49〕

可見其於端風正俗，極重政治及社會賢明領袖之作用，蘄能藉彼等之德望、風範，感化士民，以達成興頑立懦、轉移風俗之目的。此亦即其日記所云：「為人上者專重修身，以下之效之者速而且廣也」；「一省風氣，依乎督撫司道及首府數人。此外官紳，皆隨風俗為轉移者也」。〔註50〕故其要求領導者，須君道與師道合一，注重修身；處名利則謙遜淡泊，為公義則當仁不讓；勇於負責，不避勞怨，以身作則，修德化民，俾眾人聞風興起，齊挽頹世，共濟時艱也。

　　針對上述禮治、人治二端，何貽焜總結其義曰：

> 崇尚禮治，在維持是非之公；崇尚人治，在矯正貪污之弊；無一非從吏治人心上作拔本清源之計。故公之政治思想，雖大致不離儒家之範圍，亦自有時代之價值。〔註51〕

所言雖簡，而於滌生講求禮治、人治之宗旨與功能，及其最終歸本儒道，而

〔註49〕《詩文・原才》，頁 181～182。

〔註50〕同註3，頁 36。

〔註51〕同註17，頁 325。

具時代意義者；已略得其要。

（三）振刷人心

上述滌生之政治思想，以崇尚禮治與人治為主；而其具體之作為，則採精神與物質並重之原則。

針對當時吏治之敗壞，所導致之百姓疾苦，滌生以為「自五季以來，生靈塗炭，殆無逾於今日」。〔註52〕故當務之急，即從事政治之改革，剷除官邪，以解民倒懸，復民生機。故曰：「務須從吏治上痛下工夫，斯民庶得少蘇」。〔註53〕而政治之改革，則須先由精神之更新入手；欲破除歪風劣習，又須先由人心之振刷入手。滌生於士君子精神教育之重視與努力，實其一生成功立業之基礎：無論施政治民，或用人行事，皆本此原則以行也。

滌生面對當日「變亂是非」、「不黑不白不痛不癢之社會」，「姦偽相吞、變詐相角」、「君子愈讓，小人愈妄」、「人心陷溺，絕無廉恥」之風俗，至為痛恨、憤怒，故嘗思以矯枉過正、慷慨激烈之剛猛手段，痛擊人間之不公不義，摧毀人心之污染陷溺。其後乃知積習之牢固太深，惡勢力之阻礙至鉅，若欲重回公義社會、再返清明政治，惟有先從事精神教育，以蘄結合一批正人君子，共同奮鬥，始或略能扭轉風氣、漸收其效也。滌生甫任兩江總督不久，即致書胡林翼曰：

> 默觀天下大局，萬難挽回。侍與公之力所能勉者：引用一班正人，
>
> 培養幾個好官，以為種子。〔註54〕

世局已壞，萬事難為。其家書中亦曰：「默觀近日之吏治人心及各省之督撫將帥，天下似無戡定之理」（咸豐十年七月十二日致沅弟季弟書）；「仰觀天時，默察人事，此賊竟無能平之理」（同治元年十月十四日諭紀澤書）。滌生身為當事者，深知當日形勢之險惡，然並未灰心喪志，而以「知其不可而為之」之精神（《論語・憲問》），冀能為天崩地裂之時代，挽回若干生機。

滌生之精神教育，其內容主要為廉明、忠誠二端。茲敘述如下：

1、廉明之教

廉明乃為官者成功必具之要素，亦乃立身為人之大本所在。夫官吏之欲保其潔白及幹練，不貪不昏，不暴不虐；能依公理良心作主宰，勤懇辦事者，

〔註52〕同註5，卷二，〈覆馮魯川〉，頁22。
〔註53〕同註5，卷一，〈覆李次青〉，頁107。
〔註54〕同註5，卷二，〈覆胡宮保〉，頁69。

要不可無廉明之基本素養也。而廉明又與勤儉密不可分。故曰：「惟儉可以養廉，惟勤可以生明」；〔註55〕「勤廉二字，係爲政之本，平日必須於此二字認眞體會，俾案無片紙積留之牘，室無不可告人之錢，自有一種卓然自立之象」。〔註56〕能儉可以致廉，能勤可以生明。廉明二字，實爲居上位者正己化人之根本；蓋其一舉一動，一言一行，皆爲民衆所觀瞻，無論爲善、播惡，均影響殊巨。其可不愼歟！所謂「其身正，不令而行；其身不正，雖令不從」（《論語・子路》）。故吏治之良窳，政風之美惡，觀乎官吏之廉明能否，亦可知矣。道光二十八年六月十七日致澄弟沅弟季弟書曰：

> 不貪財，不失信，不自是，有此三者，自然鬼服神欽，到處人皆敬
> 重。……若三者有一，則不爲人所與矣。

「不貪財」，即「廉」之體現也；「不失信」，乃「誠」之體現也；「不自是」，則爲「明」之體現也。皆爲士君子自立立人、自達達人之道也。

滌生早歲即以氣節操守自勵，不欲同流合污，故曰：「自庚子到京以來，於今八年，不肯輕受人惠」（道光二十七年六月廿七日致澄弟沅弟季弟書）。居官，而不欲受人之惠，乃爲卓然能立之基石，然其事匪易，此則有待乎個人之能否堅守其原則者也。道光二十九年三月廿一日致諸弟書又曰：

> 予自三十歲以來，即以做官發財爲可恥，以宦囊積金遺子孫爲可羞
> 可恨，故私心立誓，總不靠做官發財以遺後人。

一言以蔽之，即居官以「不要錢」自期也。何璟奏其平生「清儉如寒素，廉俸盡充官中用，未嘗置一廛，田一區」。〔註57〕滌生可謂不負初志矣。

以上乃爲官者對清廉品格之堅持。至於蒞事之際，又非僅恃品格即可成功立業也，滌生曰：

> 大抵蒞事以明字爲第一要義。明有二：曰高明，曰精明。同一境，
> 而登山者獨見其遠，乘城者獨覺其曠，此高明之說也；同一物，而
> 臆度者不如權衡之審，目巧者不如尺度之確，此精明之說也。凡高
> 明者欲降心抑志，以遽趨於平實，顧不易易。若能事事求精，輕重
> 長短，一絲不差，則漸實矣。能實則漸平矣。〔註58〕

〔註55〕　《曾文正公全集・批牘・批廬江縣郭令稟》（文海出版社），頁 16660。
〔註56〕　同註 55，〈批太平縣知縣蔣山稟〉，頁 16665～16666。
〔註57〕　《清史列傳》（趙爾巽等撰）冊六，卷四十五：〈曾國藩〉，頁 23 上。
〔註58〕　同註 5，卷一，〈與吳翔岡〉，頁 67。

辦事乃憑才華本事，方克有所作爲，故宜先自勤於學習、接受磨練始，蓋「明」之工夫，非一蹴可幾也。所謂「居高位者，以知人、曉事二者爲職」。〔註59〕夫欲奏「知人」、「曉事」之效者，必先具備「明」之修爲也。「明」由「勤」生，故曰：「余於凡事，皆用困知勉行工夫」（同治五年正月十八日諭紀鴻書）；所謂「困知勉行」，不外痛下勤苦耐煩之工夫也。

　　成大事者，又非有強毅之氣不可；而「強字須從明字做出，然後始終不可屈撓」（同治二年七月十一日致沅弟書）。故以明強爲辦大事之要素，其鍛鍊之旨趣及其步驟，蓋得自《中庸》也。同治二年四月廿七日致沅弟書曰：

　　　　擔當大事，全在明強二字。《中庸》學、問、思、辨、行五者，其要歸於愚必明，柔必強。

博學、審問、愼思、明辨、篤行五者，均須有一「勤」字寓焉，勤則明漸生焉；其日進而不已，而才略漸生焉、器識漸閎焉，乃能漸致明強之境；而於「知人、曉事」二端，始有一步步之進境也。

　　滌生觀人之法，有二大端焉：一曰「有操守而無官氣」，二曰「多條理而少大言」。前者，以德爲本，要以作人須具「廉」之氣節爲主；後者，以才爲要，要以處事須用「明」之智慧爲尚。至其下手之要，則端自勤儉始，故其言曰：「勤儉二字，無論居家、居官，皆不可少」。〔註60〕勤儉二字，以之齊家，可致家道之悠久；以之施政，可致官員之廉明。嘗謂「平日教人，總以廉字爲立身之本」；〔註61〕「蒞事以明字爲第一要義」；「明之極而才略生焉」。〔註62〕廉明二字，無論對己對人，於家於國，皆爲滌生精神教育之大本，亦爲澄清吏治不可或缺之要素也。

2、忠誠之倡

　　滌生精神教育之內涵，除廉明外，又有忠誠。其言曰：

　　　　君子之道，莫大乎以忠誠爲天下倡。世之亂也，上下縱於亡等之欲。姦僞相吞，變詐相角，自圖其安而予人以至危。畏難避害，曾不肯捐絲粟之力以拯天下。得忠誠者起而倡之，克己以愛人，去僞而崇拙，躬履諸艱而不責人以同患。浩然捐生，如遠遊之還鄉，而無所

〔註59〕同註5，卷二，〈覆郭筠仙中丞〉，頁21。
〔註60〕同註5，卷二，〈唁王瑞臣〉，頁14～15。
〔註61〕《曾文正公全集・批牘・批漢陽許鎭槀》（世界書局），頁61。
〔註62〕同註61，〈批委辦豪城圩務桂令中行槀〉，頁41。

顧忌。由是眾人效其所爲，亦皆以苟活爲羞，以避事爲恥。嗚呼！
吾鄉數君子，所以鼓舞羣倫，歷九州而戡大亂，非拙且誠者之效與？
亦豈始事時所及料哉？〔註63〕

滌生一生以忠誠之道自勉勉人：中歲後組訓湘軍，不畏艱險，無懼犧牲，勇於任事，頗見其以天下爲己任之精神；力行克己、謙抑、去僞、不欺、崇拙，蘄能結合一班正人君子，引導模拙信實之風，以力矯「姦僞相吞、變詐相角」之亂世，及「不黑不白不痛不癢」之邪風。其他如誠正、拙誠、公誠、信誠、忠信等，均屬忠誠之範疇，要皆以「誠」字爲主眼也。滌生所倡之忠誠，可就自課、待人、處事三端以述之：

（1）自課方面：「誠」乃一切德業事功之原動力，成己成物之不二法門。滌生自早歲從事程朱之學，最重反省體察之工夫。同治二年七月廿一日致沅弟書曰：

> 吾輩居此高位，萬目所瞻。凡督撫是己非人，自滿自足者，千人一律。君子大過人處，只在虛心而已。

居高位而能「虛心」，是爲難能，是眞能誠矣。「虛」字亦有深意，滌生於「誠」、「虛」之旨及其間之關係，論之綦詳，其言曰：

> 人必中虛不著一物，而後能眞實無妄。蓋實者，不欺之謂也。人之所以欺人者，必心中別著一物，心中別有私見，不敢告人，而後造僞言以欺人：若心中了不著私物，又何必欺人哉？其所以自欺者，亦以心中別著私物也。所知在好德，而所私在好色，不能去好色之私，即不能不欺其好德之知矣。故誠者，不欺者也；不欺者，心無私者也。無私著者，至虛者也。是故天下之至誠，天下之至虛者也。
> 〔註64〕

心中能「虛」而不著私物，不存私見，而後能保其眞誠之面目，不致自欺欺人也。滌生於此頗用心力，謂「嘗抉剔平生之病源，養癰藏瘤，百孔雜出，而其要在不誠而已矣」。〔註65〕惟其能虛心省察，故能知深心之所私著之「物」而去之，能覺深心之所私著之「見」而袪之，由不誠而漸至於誠，此即《中庸》所謂「誠之者，人之道也」。

〔註63〕　《詩文・湘鄉昭忠祠記》，頁 144。
〔註64〕　《日記・問學》，頁 3～4。
〔註65〕　同註 5，卷一，〈覆賀耦庚中丞〉，頁 1。

（2）待人方面：「誠」既為成己成物之要素，故滌生除「一味向平實處用心」外，又力戒參用機變權詐，勾心鬥角：「縱人以巧詐來，我仍以渾含應之，以誠愚應之；久之，則人之意也消」（咸豐八年正月四夜致沅弟書）。惟「誠」可以挽救浮華，使歸於質樸；又可免於競用機詐，循環報復也。同治元年三月八日致沅弟書曰：

> 凡與人交際，當求其誠信之素孚；求其協助，當亮其力量所能為。
> 弟每求人，好開大口，尚不脫官場陋習。余本不敢開大口，而人亦
> 不能一一應付，但略亮我之誠實耳。

其重視以誠待人、力戒浮華之意，至為明顯。蓋以參用機權，最易壞人心術，引人猜疑不悅，久之，人人互不信任，巧詐交用，變亂將無已時矣。故滌生一再以拙誠倡，力主以誠實無私待人，謂「誠之極而感化見焉」、「惟誠可以化頑梗之民」（同治五年八月十日致澄弟書）。推誠以待人、虛己以處世，乃其所以能領導群倫、共濟時艱之重大因素也。

（3）行事方面：凡人臨事之際，方知修養之重要，方見修養之深淺。「大凡辦一事，其中常有曲折交互之處，一處不通，則處處皆窒矣」（同治二年八月二廿日致沅弟書）。故欲求辦事順遂，切當事理，亦須一心一意，有始有終，方克有濟，此亦忠誠之道也。咸豐七年十二月十四夜致沅弟書曰：

> 凡人作一事，便須全副精神注在此一事。首尾不懈，不可見異思遷，
> 做這樣想那樣，坐這山望那山。人而無恒，終身一無所成。

所言極簡切，作事無成，乃因無恒；作事不專，有頭無尾，即無恒也。稍後，滌生又引聖賢之言，以勸誡焉。咸豐八年正月十一日致沅弟書曰：

> 凡人為一事，以專而精，以紛而散。荀子稱「耳不兩聽而聰，目不
> 兩視而明」；莊子稱「用志不紛，乃凝於神」，皆至言也。

作事能全神貫注，持之以恒，不見異思遷，不因難而退，日久必可見效也。故曰：

> 凡辦一事，必有許多艱難波折。……吾輩總以誠心求之，虛心處之。
> 心誠則志專而氣足，千磨百折而不改其常度，終有順理成章之一日；
> 心虛則不動客氣，不挾私見，終可為人共亮。閣下秉質平和，自可
> 虛心徐入，委蛇以求其有當；更望於誠心二字，加以磨練，則無窒
> 不通矣。〔註66〕

〔註66〕同註5，卷二，〈與程尚齋〉，頁17。

辦事貴「誠」，遇事專神以赴之，不因受挫而易其度；又能「虛心」以運之，不動客氣，不挾私見：真積力久，必能突破窒礙，獲致成效也。

《中庸》曰：「誠者，天之道也；誠之者，人之道也」。誠者，天地宇宙運行之規律也，故宜爲人之所本。又曰：

> 誠者，物之終始，不誠無物。是故君子誠之爲貴。誠者，非自成己
> 而已也，所以成物也。

「誠」乃成己成物之道，萬事萬物，終始本末，莫不以誠爲主。滌生深察當時學術、政治之病根，乃因人心浮薄，風氣敗壞，要皆出於不誠之故也。嘗曰：

> 今之學者，言考據則持爲騁辯之柄；講經濟，則據爲獵名之津。言
> 之者不怍，信之者瞶耳，轉相欺謾，不以爲恥。至如仕途積習，益
> 尚虛文，奸弊所在，蹈之而不怪，知之而不言，彼此塗飾，聊以自
> 保，泄泄成風，阿同駭異。故每發狂議，謂今日而言治術，則莫若
> 綜核名實；今日而言學術，則莫若取篤實踐履之士。〔註67〕

滌生謂當日不論談經濟或論考據者，皆全無實心、遠離實務、不事實學、欠缺實行，一言以蔽之，可謂「今之學者爲人」，不外皆「干祿」、「干人」之輩。故由學風之敗壞，導致吏治之百病叢生。又曰：

> 今日百廢莫舉，千瘡並潰，無可收拾，獨賴此精忠耿耿之寸衷，與
> 斯民相對於骨嶽血淵之中，冀其塞絕橫流之人欲，以挽回厭亂之天
> 心，庶幾萬有一補！〔註68〕

面對滔滔濁世，惶惶人心，滌生不忍獨善遠引，遂毅然躬身入局，以拙誠對治不誠，以樸實挽救浮滑。其言曰：

> 一人肫誠，萬眾可感；一心堅定，天地可迴。〔註69〕

滌生之自勉勉人者在此。

（四）紓解民困

除精神上之徹底整飭，以蘄移風易俗、提振人心外；復須從事物質建設，以爲亂世之黎民安排生計，紓解民瘼。故云「治世之道，專以致賢養民爲主」；「凡養民以爲民，設官亦爲民也，官不愛民，余所痛恨」（咸豐十年七月三夜

〔註67〕同註5，卷一，〈覆賀耦庚中丞〉，頁1～2。
〔註68〕同註5，卷一，〈與江岷樵左季高〉，頁17。
〔註69〕同註61，〈批統帶江蘇撫標親軍總辦湘淮各營防剿事宜李令鶴章稟〉，頁14。

致沅弟季弟書）。無論「養民」、「愛民」，均不能徒托空言，畫餅充飢；務須探究民生問題，救災恤患，獎勵生產，使人民衣食無缺、生活安定，逐漸恢復社會安定、百姓生機，方爲當務之急。《中庸》之成己成物，未有偏重；滌生之治家注重耕讀，治世注重教養，實有深意焉。同治六年二月廿一日致沅弟書曰：

> 吾所過之處，千里蕭條，民不聊生。當亂世處大位而爲軍民之司命者，殆人生之不幸耳。弟信云「英氣爲之一沮」，若兄則不特氣沮而已，直覺無處不疚心，無日不懼禍也。

可見其對哀哀蒼生之深切悲懷，對其本人身居要職之強烈愧疚。道光以降，天災人禍，民不聊生，滌生早年即深憫人民之艱苦，而思以社倉法救濟貧民。同治初年，蘇皖鄂贛之交戰地帶，歷經十餘載之浩劫，地方糜爛不堪，人民輾轉流離，困苦至極。同治元年三月四日致澄弟書曰：

> 兵勇尚有米可食，皖南百姓則皆人食人肉矣。自三月初一日起設粥廳七處，以救飢民。大約每廳可活三千人，不無小補。

其後災情重大之區，均廣爲設置，直至撲滅太平軍，地方之生氣恢復時方止。故其治本之策，乃以振興農桑，使人民各得其所爲主。其《雜著・勸誡州縣四條》，其中最爲根本者，即「重農事以厚生」，其言曰：

> 軍興以來，士與工商，生計或未盡絕。惟農夫則無一人不苦，無一處不苦。農夫受苦太久，則必荒田不耕，軍無糧則必擾民，民無糧則必從賊，賊無糧則必變流賊，而大亂無了日矣。故今日之州縣，以重農爲第一要務。病商之錢可取，病農之錢不可取；薄斂以紓其力，減役以安其身。無牛之家，設法購買；有水之田，設法疏消。要使農夫稍有生聚之樂，庶不至逃徙一空！〔註70〕

其極力護持農事者，實爲培本固元之大計也。蓋中國古時爲農業社會，農民佔總人口之多數，重農厚生，可使百姓安居樂業，恢復其固有之生產力，則社會方可漸得安定矣。

以上論滌生之政治思想，以崇尚禮治、人治爲本；具體之作爲，則精神與物質並重，精神建設以廉明、忠誠爲倡，物質建設以重農厚生爲主。薛福成曾述之曰：

> 政治之要，莫先查吏。曾國藩之在江南，治軍治吏，本自聯爲一氣。

〔註70〕《雜著・勸誡州縣四條》，頁 436～437。

> 自軍務漸平，百務創舉。曾國藩焦思廣益，手定章程，期可行之經
> 久。勸農課桑，修文興教，振窮戢暴，獎廉去貪；不數年間，民氣
> 大蘇，而官場浮滑之習，亦為之一變。其在直隸，未及兩年，如清
> 積訟，減差徭，籌荒政，皆有實惠及民。前後舉劾屬吏兩疏，尤為
> 眾情所翕服。〔註71〕

所言滌生擔任江督、直督之施政，雖有不同之舉措，要亦不外振刷人心、紓
解民困之事，亦已涵蓋精神與物質二端矣。

三、移風易俗之要

滌生重視人才、發掘人才、造就人才、運用人才，蓋與欲澄清吏治者息
息相關，亦與思有以端正風俗者密不可分也。所謂「風俗之厚薄奚自乎？自
乎一二人之心之所嚮而已」；「風氣無常，隨人事而變遷」。其〈陳仲鸞同年之
父母七十壽序〉文中亦曰：

> 人固視其所習：朝有媮惰之老，則羣下相習於詭隨；家有骨鯁之長，
>
> 則子弟相習於矩矱。倡而為風，效而成俗，罪一身之為利害也。

可見風俗之轉移，與上位者關係之密切。而滌生所謂之人才，乃須具備廉明
之修為，忠誠之志節，有條理而肯任事，少大言而能為國為民盡力者。有此
等人才之為恃，方能進而澄清吏治，以收弊絕風清之效。滌生於同治十年六
月廿七日致澄弟沅弟書中，嘗痛切指出：

> 凡吏治之最忌者，在不分皂白，使賢者寒心，不肖者無忌憚。若犯
>
> 此症，則百病叢生，不可救藥。

吏治之不修，萬難有任何作為，更將嚴重破壞良好風氣。洵能培養一批有為
有守之人才，用於為政、治民，以身作則，廉明為用，解困紓難，「修己以安
人」，「修己以安百姓」（《論語‧憲問》），則能逐漸穩定人心，恢復社會秩序。
久而久之，必能使風俗漸趨端厚、人心日返純樸也。滌生所頒〈直隸清訟事
宜十條〉中，其末條論「獎借人才、變易風俗」曰：

> 嚴懲訟棍，邪氣雖除而正氣不伸，則風俗仍難挽回。風俗之美惡，
>
> 主持在縣官，轉移則在紳士。欲厚風俗，不得不培養人才。古者鄉
>
> 大夫賓興賢能，考其六德、六行、六藝而登進之，後世風教日窳，

〔註71〕同註15，頁85～86。

所謂六德者，不可得而見矣。至於六行，曰孝友睦姻任卹。孝友則宗族敬服，睦姻則親黨敬服，今世未嘗無此等人也；任則出力以救急，卹則出財以濟窮，今世亦未嘗無此等人也。六藝曰禮樂射御書數，今世取士，用文字詩賦經策，其事雖異，其名曰藝則一也。今之牧令，即古鄉大夫之職，本有興賢舉能之責。本部堂分立三科，以求賢士：凡孝友為宗族所信，睦姻為親黨所信者，是為有德之科；凡出力以擔當難事，出財以襄成善舉者，是為有才之科；凡工於文字詩賦，長於經解策論者，是為有學之科。……每州每縣皆有數人，為大吏所知，則正氣可以漸伸，奸宄因而斂迹，此雖與清訟無涉，而端本善俗，尤在於此。用一方之賢士，化一方之莠民，芳草成林，荊棘不除而自悴；鸞鳳在境，鴟梟不逐而自逃。〔註72〕

此謂居高位者能時時以勵人才、厚風俗為職志，獎善以除惡，興教以化俗，與人為善，取諸人以為善，有善必取，有才必求，必能使人才蔚起，氣節重振；矧滌生以其深厚之學識，志行不苟，廉明自期，一切之言行舉動，足以為法，故能鼓動斯世之善機，略回天地之生機也。而於求賢之途徑，分為有德、有才、有學三科，實簡要可行，蓋凡士民之有一行之善、一技之長者，均有以自見；故天下志士賢人，聞風相引而偕至，無懷才不遇、埋沒草澤之憾，遂使「君子道長，小人道消」，〔註73〕養成一批有為有守之正人君子，齊心共赴時艱，再釀厚淳風俗，所謂「芳草成林，荊棘不鋤而自悴；鸞鳳在境，鴟梟不逐而自逃」；必能使正氣漸伸，姦宄斂迹，洵乃淑世濟人之根本大計也。

滌生修己治人之道，育成賢吏之效，移風易俗之功，輔時濟民之業，其弟子薛福成論之曰：

至其始終不變，而持之有恒者，則惟曰以克己為體，以進賢為用，二者足以盡之矣。大凡克己之功未至，則本原不立，始為學術之差，繼為事業之累，其端甚微，其效立見。……其在軍在官，勤以率下，則無間昕宵；儉以奉身，則不殊寒素，久為眾所共見。其素所自勖而勖人者：每遇一事，尤以畏難取巧為深戒，雖禍患在前，謗議在後，亦毅然赴之而不顧。與人共事，論功則推以讓人，任勞則引為己責，盛德所感，始為部曲化之，繼而同僚諒之，終則各省從而慕

〔註72〕《雜著·直隸清訟事宜十條》，頁451～452。
〔註73〕《周易本義》（朱熹撰，五洲出版社，台北，民國73年）〈泰卦〉，頁28下。

效之。所以轉移風氣者在此，所以宏濟艱難者在此。〔註74〕

頗足以表彰其「克己」之精神，此乃身居高位者成功之要素也：勤儉爲尚，不畏艱難，不取巧、不攬功，毅然以赴患難；並能留意人才，培育人才，樂於進賢、用賢。咸同期間，由於滌生以忠誠爲天下倡，引領風氣：實事求是，知人善任；爲國舉才，不遺餘力。眞積力久，終能結合一批志同道合之正人君子，群策群力，共濟時艱，而見移風易俗之效，略轉滔滔時變，大局不致遽頹；此處當日舉世動蕩、人心崩壞之際，內外交迫、危急存亡之秋，已爲極難獲致之成就矣。

第三節　練兵之方

曾國藩之主張建立新軍，務從選將、選兵、編制、訓練各方面，改弦更張，一新氣象者；實因綠營正規軍之暮氣深重，腐朽不堪，已毫無作戰能力。滌生在京時於清軍之種種弊病，已有深切認識；當日軍隊之情狀，或「以千百械鬥爲常」，或「以勾結盜賊爲業」，或「吸食鴉片，聚開賭場」；「大抵無事則游手恣睢，有事則雇無賴之人代充。見賊則望風奔潰，賊去則殺民以邀功」。〔註75〕是無軍隊猶愈於有軍隊也。軍紀可謂敗壞至極，而猶有更嚴重之弊病者，即最乏協同作戰之精神：蓋因將卒均係臨時調拔，統帥由朝廷臨時任命，「東調一百，西撥五十，將與將不和，卒與卒不習」，〔註76〕於是軍心渙散，臨陣難以統一指揮，往往敗不相救，各自奔命；且「乘敗仗之時，兵勇搶劫糧臺，此近年最壞風氣」（咸豐五年三月廿六日致諸弟書）。如此屢怯卑劣之軍隊，「偏善妒功忌能，懦於禦賊，而勇於擾民，仁心以媚殺己之逆賊，而狠心以仇勝己之兵勇」。〔註77〕足見正規軍已連根腐爛、百病叢生，毫無出戰能力，萬難有所作爲。故何貽焜評之曰：

敗不相救之結果，在予敵人各個擊破，以致全軍覆沒。妒功嫉能之

結果，則內樹仇怨，功敗垂成，徒爲親者所痛，讎者所快。〔註78〕

凡此皆肇因惡習之積重難返，及缺乏嚴格之軍事訓練也。

〔註74〕同註15，頁89～90。
〔註75〕《曾文正公全集・奏稿》（世界書局）卷一，〈議汰兵疏〉，頁10。
〔註76〕《曾國藩全集・書信》（嶽麓書社）一，〈與彭洋中曾毓芳〉，頁223。
〔註77〕同註5，卷一，〈與王璞山〉，頁21。
〔註78〕同註17，〈軍事學識〉，頁373。

關於惡習之積重難返者，滌生指出：

> 國家養綠營兵五十餘萬，二百年來，所費何可勝計？今大難之起，
> 無一兵足供一割之用。實以官氣太重，心竅太多，漓樸散醇，眞意
> 蕩然。〔註79〕

國家耗費鉅資以養兵，而毫無戰力者；即因軍中已盡喪樸實之風，沾染太多
劣習，致使軍紀敗壞，品德墮落。

關於缺乏嚴格之軍事訓練者，實爲清軍諸多弊病之總因，滌生論曰：

> 軍興以來，官兵之退怯遷延，望風先潰，勝不相讓，敗不相救。種
> 種惡習，……推究其故，總由平日毫無訓練，技藝生疏，心虛膽怯
> 所致。〔註80〕

言未戰先怯、惡習深重者，皆因欠缺嚴格訓練之故也。滌生乃有心之人，故
在京時，已探討實學，注意實務，再窺諸軍興以降，清軍狼狽敗亡之情狀，
更得以印證其所學，故能觀察深刻、推論確切。

針對當日清軍積弊深重、毫無戰力之實況，若欲撥亂反治，解民倒懸，
惟有改弦易轍，整軍經武，培養呼吸相顧、痛癢相關之新軍，作戰時則赴湯
蹈火，在所不惜，敗能相救，勝能讓功。如此方足以血戰強敵，奪其魂魄。
滌生論曰：

> 今日將欲滅賊，必先諸將一心，萬眾一氣，而後可以言戰。而以今
> 日營伍之習氣，與今日調遣之成法，雖聖者不能使之一心一氣；自
> 非別樹一幟，改絃更張，斷不能辦此賊也。鄙意欲練鄉勇萬人，概
> 求吾黨質直而曉軍事之君子將之，以忠義之義爲主，而輔之以訓練
> 之勤，相激相劘，以庶幾於所謂諸將一心、萬眾一氣者，或可馳驅
> 中原，漸望澄清。〔註81〕

湘軍之成爲一支有思想、有紀律、有幹才之勁旅，乃因滌生之艱苦經營及細
心調教。其練兵要徑如下：

一、思想教育

滌生本爲書生，以孔孟程朱爲其思想之根本。湘軍初亦以書生爲幹部，

〔註79〕同註5，卷一，〈覆李次青〉，頁103。
〔註80〕同註75，《奏稿·會奏特參副將清德摺》卷一，頁24。
〔註81〕同註5，卷一，〈與王璞山〉，頁22。

平日講求義理，作「居敬」、「存誠」之修養工夫；用於治軍，則抒發血誠，
提倡忠義，有爲有守，識膽兼備，絕非常人心目中之文弱書生也。然當時腐
化、驕慢之官僚將士，對書生領兵則冷眼旁觀，時加菲薄、欺侮。滌生不以
爲然，蓋書生之有志氣者，經由風霜磨練，一番考驗之後，即能增長才識、
膽略，成就有爲之將才。咸豐八年四月九日致沅弟書曰：

> 願吾弟兢兢業業，日愼一日，到底不懈……。精神愈用則愈出，不可
> 因身體素弱過於保惜；智慧愈苦而愈明，不可因境遇偶拂遽爾摧沮。
> 此次軍務，如楊、彭、二李、次青輩皆係磨煉出來，即潤翁、羅翁亦
> 大有長進，幾於一日千里。……弟當趁此增番識見，力求長進也。

所舉胡林翼、羅澤南、楊岳斌、彭玉麟、李續賓、李續宜、李元度及其弟國
荃，除楊氏外，皆出身文弱之士，與兵事無涉；逮其領軍治兵，則無不志氣
奮發、堅苦卓絕，或致統帥，或爲名將，功業之成就，絕非綠營之職業軍人
可比。《孟子·盡心上》曰：「待文王而後興者，凡民也；若夫豪傑之士，雖
無文王猶興」。有志之士，不論出身，不自受限，歷經磨練、遍嘗風霜之餘，
膽識可養，才略能生，自能有爲也。有別於腐朽卑劣之清軍，滌生於湘軍之
思想教育，著力極深，以蘄別開生面，另啓新機也。

（一）克勤工夫

滌生於帶兵之道，有其獨特之處。其練兵，首重思想之訓練，力行克勤
之教及仁禮兼施之道。滌生練兵，先自勤字工夫下手。咸豐八年正月十四日
致沅弟書曰：

> 治軍總須腳踏實地，克勤小物，乃可日起而有功。

凡事踏實，絕不忽略小事細節；以早起爲例，主帥倡之，則全軍隨之早起。
咸豐九年六月四日致澄弟書曰：

> 吾去年住營盤，各營皆畏愼早起。自臘月二十七移寓公館，至撫州
> 亦住公館，早間稍晏，各營皆隨而漸晏。未有主帥晏而將弁能早者
> 也，猶之一家之中，未有家長晏而子弟能早者也。

早起乃克勤之不二法門。此於治身、治家、治軍、治國，道理不二，若能早
起，則富生機矣。故滌生終身以早起爲倡，且能以身作則，其弟子薛福成述
之曰：

> 在軍在官，夙夜未嘗少懈。雖風瀟雨晦、疾病憂鬱之時，率以雞鳴

而起，夜分始息，蓋數十年如一日也。〔註82〕

實則，滌生之於修身、養生、齊家、治軍、施政各端，均重早起。早起，即克勤工夫之基本要求也。其日記曰：

> 治軍之道，以勤字為先。身勤則強，佚則病；家勤則興，懶則衰；國勤則治，怠則亂；軍勤則勝，惰則敗。惰者，暮氣也，常常提其朝氣為要。〔註83〕

練兵如同養生、齊家、治國，非勤不濟。軍中最重氣勢、最重紀律，勤則富有朝氣，惰則暮氣沈沈，此乃勝敗興衰之幾也。嘗曰：

> 約束弁兵，則以勤字為本。刻刻教督，是曰口勤；處處查察，是曰腳勤；事事體恤，是曰心勤。有此三端，自能與弁兵聯絡一氣。〔註84〕

以口勤、腳勤、心勤並重，可謂面面俱到矣。又謂「練勇之道，必須營官晝夜從事，乃可漸幾於熟；如雞伏卵，如鑪鍊丹，未宜須臾稍離」。〔註85〕無時無地，以勤為念，乃滌生治軍之重大特色。

（二）仁禮兼施

滌生於思想教育方面，特重仁禮兼施、恩威並濟之道。仁者，與推己愛人相關，故重恩；禮者，與紀律嚴明相關，故重威。滌生論之曰：

> 帶勇之法，用恩莫如用仁，用威莫如用禮。仁者，即所謂欲立立人、欲達達人也。待弁勇如待子弟之心，常望其成立、望其發達，則人知恩矣。禮者，即所謂無眾寡、無小大、無敢慢，泰而不驕也；正其衣冠，尊其瞻視，儼然人望而畏之，威而不猛也。持之以敬，臨之以莊，無形無聲之際，常有懍然難犯之象，則人知威矣。守斯二者，雖蠻貊之邦行矣，何兵勇之不可治哉？〔註86〕

用仁，即於常存推己及人之心外；復須充塞仁愛之心。用禮，除銀錢不苟、莅事明快外（按：通於前一節之〈廉明之教〉）；復須常保軍中嚴肅之氣。此乃仁禮兼施、恩威並濟之道也。《孟子‧離婁下》曰：

> 君子所以異於人者，以其存心也。君子以仁存心，以禮存心。仁者

〔註82〕同註15，頁90。
〔註83〕《日記‧軍謀》，頁40。
〔註84〕同註61，〈批漢陽許鎮稟〉，頁61。
〔註85〕同註5，卷一，〈覆劉霞仙〉，頁34。
〔註86〕同註83，頁42。

愛人，有禮者敬人。愛人者，人恒愛之；敬人者，人恒敬之。

「以仁存心，以禮存心」，乃滌生用兵之中心理念，亦其治軍獨特、成功之處；同時，其中寓有思想戰之精義，李國祁申其義曰：

> 目睹太平軍以宗教信仰作爲思想教育，使士卒視死如歸，而爲對抗
> 起見，力創以儒家思想及衛道精神，予湘軍以嚴格思想訓練，又何
> 嘗不是將儒家思想用之於兵學？〔註87〕

滌生以儒學結合兵學，特重對將士之思想訓練，可謂別出心裁，而有異於其他兵家者也。

何以「用仁」？因軍營乃軍人之第二家庭，故官長對待兵士，須如家長之對子弟，講求仁愛，獎育提攜，盼其有所作爲，願其皆能發達自立；且於兵勇間亦以仁愛爲倡，培養同袍兄弟之情。因平日上下意志一致，思想相通，彼此和睦相親，感情堅固；戰時必較能齊力一心，彼此照應，勇敢赴敵。軍事雖以戰勝弱敵爲要務，然遇特殊狀況，亦當體諒之，如謂「嚴治失守者之罪，亦須分別城中有兵無兵耳」（咸豐十一年四月廿九日致沅弟書）。亦是用仁之義也。

何以「用禮」？軍事非同兒戲，行軍作戰乃生死存亡之大事，故特須保有嚴肅之氣。所謂「待勇不可太寬，平日規矩，宜更整嚴，庶臨陣時勇心知畏，不敢違令」。〔註88〕即於軍中講求規矩、紀律，並能嚴格執行，則平日不致擾民，戰時亦知不違軍令。故曰：

> 行軍當以嚴爲主，臨陣紀律不嚴，則無以作勇敢之氣；平日營規不
> 嚴，則無以儆騷擾之風。〔註89〕

紀律不嚴，則軍氣浮動渙散，難有作爲，故滌生曾云：「氣浮而不歛，兵家之所忌也」（咸豐八年正月四夜致沅弟書）。軍中能保其嚴肅之氣，方可氣歛而勁，不浮不躁，庶幾臨陣嚴整勇敢，平時不擾百姓也。

「用仁」之道，即指推己愛人、獎育造就，以培養全軍意志一致、相互關照之精神。「用禮」之道，即指講求軍紀嚴明整齊，以維持全軍嚴肅之氣也。

（三）戒驕戒惰

滌生曰：「帶兵之道，勤恕廉明四字，缺一不可也」。〔註90〕此其與練兵

〔註87〕《近代史研究所集刊》第15期：〈道咸同時期我國的經世致用思想〉，頁42。
〔註88〕同註5，卷一，〈與唐桂生〉，頁136。
〔註89〕同註61，〈批傅參將家桂棻〉，頁21。
〔註90〕同註83，頁42。

相涉者，已述之於上；乃就其積極面之思想教育而言。另於消極面，則誡以勿驕、勿惰爲主。滌生於其愛將李元度兵敗後，感慨良深。咸豐十年九月廿二日致沅弟書曰：

> 弟軍中諸將有驕氣否？弟日內默省，傲氣少平得幾分否？天下古今之庸人，皆以一惰字致敗；天下古今之才人，皆以一傲字致敗。

次二日又致沅弟季弟書曰：

> 昨日徽州未敗之前，次青心中不免自是之見；既敗之後，余益加猛省。大約軍事之敗，非傲即惰，二者必居其一。

驕（傲）、惰二者，乃軍事失敗之源。將士驕惰，實爲當時綠營最大之病根，滌生知之極深，斥之最力；故於己方之將士之驕惰與否，亦察之甚緊，防之綦嚴也。

欲使全軍生氣勃發，不染惡習，惟有力戒驕惰二字。滌生於此亦活用孔子之說，其言曰：

> 軍事有驕氣、惰氣，皆敗氣也。孔子之「臨事而懼」，則絕驕之源；「好謀而成」，則絕惰之源。無時不謀，無事不謀，自無惰時矣。〔註91〕

此將「臨事而懼，好謀而成」二語，用於軍事，極其精要。孔子之此二語，亦實爲滌生平生待人處世之所本也。兵凶戰危，關係國家、個人之生死存亡，尤須善體孔子之言也。又曰：

> 用兵久則驕惰自生，驕惰則未有不敗者。勤字所以醫惰，愼字所以醫驕。此二字之先，須有一誠字以立之本。……庶幾免於大戾，免於大敗。〔註92〕

「臨時而懼」，即用愼之工夫，可免墮驕氣；「好謀而成」，即用勤之工夫，可免墮惰氣；而二者又以誠意貫之。此乃滌生結合儒家、兵家思想，用以戒驕戒惰之不二法門也。

滌生以克勤工夫，以防驕惰之生；用仁，通於推己愛人之義；用禮，通於廉正嚴明之教。則勤恕廉明四者具備矣也。

二、有訓有練

軍人以保民爲職，以能戰爲尙，此皆恃乎平日嚴格之訓練；咸豐七年十

〔註91〕同註83，頁42。
〔註92〕同註5，卷一，〈與李申夫〉，頁97。

一月廿五日致沅弟書，嘗舉例詳論曰：

> 打仗之道，在圍城之外，節太短，勢太促，無埋伏，無變化，只有
> 隊伍整齊，站得堅穩而已。欲靈機應變、出奇制勝，必須離城甚遠，
> 乃可隨時制宜。凡平原曠野開仗與深山窮谷開仗，其道迥別。去吉
> 城四十里，凡援賊可來之路，須令哨長、隊長輪流前往該處看明地
> 勢，小徑小溪、一丘一洼細細看明，各令詳述於弟之前，或令繪圖
> 呈上。萬一有出隊迎戰之時，則各哨隊皆已了然於心。古人憂「學
> 之不講」，又曰「明辨之」，余以爲訓練兵勇，亦須常講常辨也。

此將孔子《論語》「學之不講」之憂，與《中庸》「明辨之」之工夫合言，將
經典中之爲學、修養之道，移以說明其治軍訓練之道；時滌生丁憂在家，而
其於戰場之狀況極其注意，於兵學之要旨亦深入研究，故能言之有物，以爲
其弟治軍作戰之參酌也。

　　在滌生之心目中，訓與練有極清楚之分野，並宜有細心之考察，嚴謹之
辨析。其〈勸誡營官四條〉，將訓與練之要點，作明確之解析，其第三條「勤
訓練以禦寇」曰：

> 訓有二端：一曰訓營規，二曰訓家規。練有二端：一曰練技藝，二
> 曰練陣法。點名、演操、巡更、放哨，此將領教兵勇之營規也。禁
> 嫖賭、戒游惰、愼語言、敬尊長，此父兄教子弟之家規也。爲營官
> 者，待兵勇如子弟，使人人學好，個個成名，則眾勇感之矣。練技
> 藝者，刀矛能保身，能刺人；鎗礮能命中，能及遠。練陣法者，進
> 則同進，站則同站，登山不亂，越水不雜，總不外一熟字。技藝極
> 熟，則一人可敵數十人；陣法極熟，則千萬人可使如一人。〔註93〕

訓與練本爲相輔相成之道，因兩者之工作各有所司，其所側重者亦有不同，
此乃滌生另組新軍、以禦強敵之必要舉措也。

（一）訓之要點

　　訓者，以心理建設爲主。首先須能愛民、保民、不擾民。咸豐十年四月
廿二日致沅弟書曰：

> 兵猶火也，弗戢自焚，古人洵不余欺。弟在軍中，望常以愛民誠懇
> 之意、理學迂闊之語，時時與弁兵說及，庶勝則可以立功，敗亦不

〔註93〕《雜著・勸誡營官四條》，頁438。

至造孽。……吾自三年初招勇時，即以愛民爲第一義。

欲愛民，須以不擾害百姓爲先，庶免招兵勇不如賊匪之譏，是乃民心向背之幾也。故滌生最感痛恨者，即毫無紀律之軍隊，其言云：

> 恐民心一去，不可挽回，誓欲練成一派，秋毫無犯，以挽民心而塞民口；每逢三八操演，集諸勇而教之，反復開說至千百語，但令其無擾百姓。……每次與諸弁講說一時數刻之久，雖不敢云說法點頑石之頭，亦誠欲以苦口滴杜鵑之血。練者其名，訓者其實；聽者甚逸，講者甚勞。……蓋欲感動一二，冀其不擾百姓，以雪兵勇不如賊匪之恥，而稍變武弁漫無紀律之態。〔註94〕

除會操外，滌生極重訓話之事，力勸全軍嚴守紀律，愛護百姓；其訓練之教本，即淺白有韻之〈愛民歌〉，每日均逐字逐句，宣講剖析，久而久之，湘軍之紀律雖未必能秋毫無犯，要自非昔日之綠營可比也。

除愛民之訓外，復要求平日品行端良，戰時紀律嚴明。即以作人、打仗二端之爲訓也。其言謂：

> 訓有二：訓打仗之法，訓作人之道。訓打仗則專尚嚴明，須令臨陣之際，兵勇畏主將之法令，甚於畏賊之砲子。訓作人則全要肫誠，如父母教子，有殷殷望其成立之意，庶人人易於感動。〔註95〕

前者須恃乎平日嚴格之營規，庶幾將帥著有威信，士兵遵守紀律，臨陣方有可爲。後者要求將帥之於士兵，如同父兄之於子弟，仁愛慈祥，冀其有成；且以身作則，爲士兵之表率，方足以影響其言行。故曰：

> 切不可使他因擾民而壞品行，因嫖賭、洋煙而壞身體。個個學好，人人成材，則兵勇感恩，兵勇之父母妻子亦感恩矣。〔註96〕

亦即引領士兵向善，教育人人成材；此則有賴主事者之潔身自愛，一片誠心，與人爲善，方能感動人心也。

（二）練之重心

練者，以軍技教育爲主。一則要求技藝精湛，臨陣驍勇、威猛，「一人可敵數十人」；二則要求陣法純熟，戰時不亂不雜，「千萬人可使如一人」。爲使兵勇之軍技精湛、純熟，滌生手訂〈初定營規〉、〈營規〉、〈紮營之規〉、〈行

〔註94〕同註5，卷一，〈與張石卿制軍〉，頁24～25。
〔註95〕同註61，〈批統領韓京營全軍韓參將進春稟〉，頁16。
〔註96〕同註5，卷一，〈與朱雲崖〉，頁136。

軍之規〉、〈稽查之規〉及〈曉諭新募鄉勇〉，對紮營、開仗、行軍、守夜、軍器、稽查等項，均有詳明、具體之要求也。

有訓有練，甚或訓重於練；要以團結軍隊之情誼、陶冶士卒之品行、強化軍民之關係、提升戰鬥之技能爲主，乃滌生治兵之重大特色。其用心固可嘉、出發點亦正確，至其本人是否完全貫徹其所言、將士是否全心完成其要求、部隊是否確能愛民與保民，則宜再探究者也。

三、將士選拔

諺云：「兵隨將轉」、「強將無弱兵」。故治軍必先求將。而大亂之世、動蕩之秋，將才實一時不易驟得，故宜先講求得才之道。咸豐七年十二月十四夜致沅弟書曰：

> 帶勇之法，以體察人才爲第一，整頓營規、講求戰守次之。

可見滌生以得人爲用兵行軍之第一要義，故極其講求如何識拔將帥之才。

（一）將材條件

將帥乃軍中之領導者，一言一行，動見觀瞻。身爲將帥者，若能以勤律己，以恕待人，以廉率下，以明蒞事；可謂處處自我要求，以身作則，如此有爲有守之人，必能振作士氣，服人之心，而收上下意志一致之效，臨陣較能戰勝弱敵也。故滌生於物色將才時，頗懸有相當之標準。咸豐七年十月廿七夜致沅弟書曰：

> 凡將才有四大端：一曰知人善任，二曰善覘敵情，三曰臨陣膽識峍有膽，迪厚有膽有識，四曰營務整齊。吾所見諸將於三者略得梗概，至於善覘敵情，則絕無其人。古之覘敵者，不特知賊首之性情技倆，而並知某賊與某賊不和，某賊與僞主不協。今則不見此等好手矣。賢弟當於此四大端下工夫，而即以此四大端察同僚及麾下之人才。第一、第二端不可求之於弁目散勇中，第三、第四端則弁弁中亦未始無材也。

又曰：

> 帶勇之人，第一要才堪治民，第二要不怕死，第三要不急急名利，第四要耐受辛苦。治民之才，不外公、明、勤三字。不公不明，則諸勇必不悅服；不勤，則營務細鉅，皆廢弛不治；故第一要務在此。不怕死，則臨陣當先，士卒乃可效命；故次之。爲名利而出者，保

舉稍遲則怨，稍不如意則怨，與同輩爭薪水，與士卒爭毫釐；故又
次之。身體羸弱者，過勞則病；精神乏短者，久用則散；故又次之。
四者似過於求備，而苟闕其一，則萬不可以帶勇。故弟嘗謂帶勇須
智深勇沈之士，文經武緯之才。數月以來，夢想以求之，焚香以禱
之，蓋無須臾或忘諸懷。大抵有忠義血性，則四者相從以俱至；無
忠義血性，則貌似四者，終不可恃。〔註97〕

最優秀之將帥，自以「智深勇沈之士，文經武緯之才」為上選。滌生所論列
之諸條件雖均重要，然欲求全責備，則天下必將無有可用之人；降格以求，
最基本之條件，則要以「血性為主，廉明為用。三者缺一，若失軒輊，終不
能行一步也」。〔註98〕有忠義血性，則其他諸條件均可相從俱至；持身清廉、
蒞事明達，則必能振作士氣而服人之心。前者乃天生之稟賦，後者則可由力
學養以養成。滌生曰：

為將之道，謀勇不可以強幾，廉明二字則可學而幾也。弁勇之於本
營將領，他事尚不深求，惟銀錢之潔否，保舉之當否，則眾目耽耽，
以此相伺；眾口嘖嘖，以此相譏。惟自處於廉，公私出入款項，使
閨營共見共聞，清潔之行，已早有以服弁勇之心；而於小款小賞，
又常常從寬，使在下者恒得沾潤膏澤，則惠足使人矣。明之一字，
第一在臨陣之際，看明某弁係衝鋒陷陣，某弁係隨後助勢，某弁廻
合力堵，某弁見危先避，一一看明，而又證之以平日辦事之勤惰虛
實，逐細考核，久之，雖一勇一夫之長短賢否，皆有以識其大略，
則漸幾於明矣。得廉明二字為之基，則智信仁勇諸美德，可以積累
而漸臻。若不從此二字下手，則諸德亦茫無把握。〔註99〕

此於廉明二字之精義，已闡發深切；而其致力處，亦明示無遺。再簡而言之：
以銀錢不苟率人，可服人以德行；以蒞事明達治軍，可服人以才略。故以忠
義血性輔之廉明二端，乃是滌生選拔將才之基本條件。取才有其原則，育才
又能得當，則將才可漸育而成矣。

（二）將士揀擇

滌生於理想將材之諸條件，既已述之如前。又以兵事無常，「當先求人而

〔註97〕同註76，《書信・與彭洋中曾毓芳》一，頁224～225。
〔註98〕同註76，《書信・與彭洋中》一，頁248。
〔註99〕同註55，〈批吳廷華稟〉，頁16220～16221。

後立法，求人以統領爲最難」，〔註100〕故隨時須揀選將材，以應急求，講求之道亦須靈活多元，或行權宜之計。嘗曰：

> 大抵揀選將材，必求智略深遠之人；又須號令嚴明，能耐勞苦。三者兼全，乃爲上選。〔註101〕

除此三端，又特重個性質樸沈穩、言語有條有理之人。咸豐十一年四月八日致沅弟書曰：

> 楊鎮南之不足恃，余於其平日之說話知之。渠說話最無條理，凡說話不中事理，不擔斤兩者，其下必不服。故《說文》君字、后字從口，言在上位者，出口號令，足以服眾也。

滌生相人識人，最重其說話有無條理，此亦與智略之深淺及號令之能否嚴明息息相關，故列之爲識人選材之時，宜特加留意警覺之要點。同治元年六月廿三日致沅弟書曰：

> 大約選將以打仗堅忍爲第一義，而說話宜有條理，利心不可太濃，兩者亦第二義也。

此以打仗堅忍爲揀別將才之首選，蓋當兵凶戰危之際、生死存亡之秋，能否堅毅不屈、百折不撓，力戰到底，方爲最高原則，故此以打仗堅忍爲首要之考慮也。又曰：

> 將領之浮滑者，一遇危險之際，其神情之飛動，足以搖惑軍心；其言語之圓滑，足以淆亂是非。故楚軍歷不喜用善說話之將，非僅弟一人也。……專從危難之際，默察樸拙之人，則幾矣。〔註102〕

所謂「打仗堅忍」，即「耐受辛苦」、具「臨陣膽識」，要以忠義血性爲之基；所謂「利心不可太濃」，即「廉」之體現；「說話宜有條理」，即「明」之體現。可見滌生之揀選將材，要亦衡以「血性爲主、廉明爲用」之義也。平時則察其言行，戰時則覘其膽識，乃其選將之具體措施也。然處非常時期，亟須用將之際，勢必難再求全責備，故當有其特別考慮，以行權宜之計也。滌生平定太平天國之後，仍時有乏才之歎，謂「余所見將才傑出者極少，但有志氣，即可予以美名而獎成之」（同治五年九月九日諭紀澤紀鴻書）。此則惟以「有志」爲懸而教之，即其所謂「宏獎以育才」之義也。蓋以將才極少，

〔註100〕同註5，卷一，〈覆胡宮保〉，頁70。
〔註101〕同註5，卷二，〈覆恭親王桂親王〉，頁2。
〔註102〕同註5，卷一，〈覆姚秋浦〉，頁140。

却復亟須帶兵之人，故見有向上之志而才具平凡者，則可勉其爲忠爲勤爲廉爲明，激發其自尊心，鍛鍊其能力，培養其膽識，使被獎者漸得歷練、漸具信心，而才略漸生焉，即可進趨成才之路，而有爲之人、帶兵之才，亦漸育而成矣。

有將無兵，亦難成事。至於選兵，亦有講求，其標準具見於滌生所著〈營規〉之中：「募格：須擇技藝嫻熟、年輕力壯、樸實而有農夫土氣者爲上；其油頭滑面，有市井氣者，有衙門氣者，概不收用」。〔註103〕滌生喜用山僻、鄉村之人，取其富獷悍、樸拙之氣也；不用水鄉、城市之人，以其多浮滑、游惰之習也。

四、治事原理

軍務乃極龐雜之事，滌生所訂軍制中，行營之組織設有八所：曰文案所、內銀錢所、外銀錢所、軍械用、火器所、偵探所、發審所、採編所，治理一切事務，足見營務之繁重、董理之不易，及需才數量之大、種類之多。舉凡參謀、文書、軍事、軍需、財務、軍械、搜索、偵察、軍法、後勤補給等等，均須善用人才，以司其事；而加以經分綸合，使諸務皆井井有條者，乃主事者應具之能力。咸豐七年十月四日致沅弟書曰：

> 古之成大事者，規模遠大與綜理密微二者，闕一不可。弟之綜理密微，精力較勝於我。軍中器械，其略精者，宜另立一簿，親自記注，擇人而授之。古人以鎧仗鮮明爲威敵之要務，恒以取勝。劉峙衡於火器亦勤於修整，刀矛則全不講究。余曾派褚景昌赴河南採買白蠟桿子，又辦腰刀分賞各將弁，人頗愛重。弟試留心此事，亦綜理之一端也。至規模宜大，弟亦講求及之。但講闊大者，最易混入散漫一路；遇事顢頇，毫無條理，雖大亦奚足貴？等差不紊，行之可久，斯則器局宏大，無有流弊者耳。

軍事上之「規模遠大」，即軍事計劃之愼謀遠慮，務使戰略正大明確，精準掌握大方向之發展；而「綜理密微」，即指軍務之分工整理，人人各盡其職，使各部門發揮功能，處處咸宜，不致成軍事行動之絆腳石。然「登高必自卑，行遠必自邇」（《中庸》），故「遠大」乃由「密微」生出：遠大者，即凡事從

〔註103〕《雜著・營規・招募之規》，頁463。

大處著眼，慮事深遠也；密微者，即凡事從小處著手，行事細密也：以之把定方向，堅執目標，不散漫，不顢頇，有條有理，齊整紮實，立下良善規模，方可行之久遠，而養成能守能戰之勁旅也。滌生復論之曰：

> 近來軍中閱歷有年，益知天下事當於大處著眼，小處下手。陸氏但稱「先立乎其大者」，若不輔以朱子「銖積寸累」工夫，則下梢全無把握。故國藩治軍，屏去一切高深神奇之說，專就粗淺纖悉處致力。
>
> 雖坐是不克大有功效，然為鈍拙計，則猶守約之方也。〔註104〕

為避免好高鶩遠，不切實際，須用銖積寸累之工夫，以漸致遠大。嘗云「凡天下庶事百技，皆先立定規模，後求精熟」。〔註105〕所謂「求精熟」者，即從細小處下手，從粗淺纖悉處致力也。

　　由於軍務龐雜繁冗，欲求執簡馭繁，以收事半功倍之效，滌生主張由樹人及立法二端著手。其言曰：

> 營務處之道，一在樹人，一則立法。有心人不以不能戰勝攻取為恥，而以不能樹人、立法為恥。樹人之道有二：一曰知人善任，一曰陶鎔造就。〔註106〕

法規既已明確訂定，復得一批幹才承辦諸事，則人人適才適所，營務之整齊可期，而有助於軍中之紀律嚴明及支援軍事行動之奏效也。

　　以上敘述滌生練兵之要道。思想上，講求勤恕廉明，以勤字為先，用仁用禮，恩威並濟。訓練上，心理建設與軍技教育兼顧，要不外於保民、愛民、不擾民及能戰、敢戰之旨。又嘗謂「居高位者以知人、曉事二者為職」，其言可適用於政治領袖，亦可適用於軍事統帥。「知人」，以求將為當務之急，要以「血性為主，廉明為用」；並言「辦大事者，以多選替手為第一義」（同治元年四月十二日致沅弟書）：既見其拔才之見識、育才之用心，亦知其行事之切要、眼光之深遠；是得「知人」之趣也。而治事者，則懸以規模遠大與綜理密微二義：強調「大處著眼，小處下手」，嘗言「吾輩辦事，動作百年之想」（同治三年八月五日致沅弟書），此即所謂「規模遠大」；而其全副工夫則為「腳踏實地，克勤小物」（咸豐八年正月十四日致沅弟書），此即所謂「綜理密微」：慮事深遠、行事細密二者兼顧並重；是為「曉事」之旨也。

〔註104〕同註5，卷一，頁82～83。
〔註105〕同註9，頁17。
〔註106〕同註83，頁42。

第四節　用兵之法

滌生自稱乃「教練之才，非戰陣之才也。……人貴自知，不敢不確陳其短耳」。〔註107〕並謂「行軍非余所長，兵貴奇而余太平，兵貴詐而余太直」（咸豐十一年三月十三日諭紀澤紀鴻書）；兵事詭詐多變，每以出奇致勝，平直之性者確有其限。同年四月十三日致沅弟書：

> 歷年以來，凡圍攻最要緊之處，余親身到場，每至挫失，屢試屢驗。
> 余偏不信，三月攻徽，又試往一行，果又驗矣。

人貴有自知之明，然既已投身軍旅，亦惟有結合實務，用心研究兵學。實則因其長期之對敵經驗，及對古代兵學之勤研苦究，遂亦總結若干用兵原則，頗具參考之價值；蓋因掌控大局，擘畫戰略方針，實際調遣部署，雖未必親自臨陣，而成敗利鈍瞭然於胸，絕非紙上談兵者可得比擬也。滌生之訓練湘軍，展現其經分綸合之才幹；而其所揭示之行軍用兵之道，亦顯示其慎謀能斷之韜略。其所以謙謹自抑者，蓋作戰乃瞬息萬變、生死存亡之大事，勝敗利鈍之幾，極難逆睹者也。茲述用兵之法於下：

一、明審主客、靈活應變

戰爭中雙方之主客，須有分辨，而用兵之際，則須靈活應變，以致勝為首務，故有先發制人或後發制人之異也。

（一）區分主客、靈活互用

滌生用兵，極重主客之分際。咸豐十一年六月廿三日致沅弟書曰：

> 江西建昌之賊與興國、義寧等股會合，蔓延太廣。閩汀股匪，散布撫、建、廣三府境內，並圍玉山縣城，無人去剿，餉源竭矣。多公函寄還。渠每主先出隊尋賊，余每主待賊來撲我，所見不同。古之用兵者，於主、客二字最審也。

由於太平軍非同正規軍，部卒悉由各地裏脅而來，數量龐大，動止不定：或行縱焱忽，使官軍疲於奔命；或堅守城壘，使官軍難於攻擊；或突圍而出，使官軍防不勝防。在數量上，湘軍遠少於太平軍，故滌生用兵之重主客之辨，乃據事實之所需以施為也。關於主客，滌生論之曰：

> 守城者為主，攻者為客；守營壘者為主，攻者為客；中途相遇，先

〔註107〕同註5，卷二，〈覆胡宮保〉，頁54。

至戰地者爲主，後至者爲客；兩軍相持，先吶喊放鎗者爲客，後吶
喊放鎗者爲主；兩人持矛相格鬥，先動手戳第一下者爲客，後動手
即格開而即戳者爲主。〔註108〕

此於主客之道，辨之最詳、析之最明，蓋其長期臨敵之所得也。以濠溝作戰
爲例，咸豐八年四月十七日致沅弟書曰：

初五日，城賊猛撲，憑壕對擊，堅忍不出，最爲合法。凡撲人之墻，
撲人之濠，撲者客也，應者主也。我若越濠而應之，則是反主爲客，
所謂致於人者也。我不越濠，則我常爲主，所謂致人而不致於人也。
穩守穩打，彼自意興索然。峙衡好越濠擊賊，吾常不以爲然。凡此
等處，悉心推求，皆有一定之理。迪安善戰，其得訣在不輕進不輕
退六字。弟以類求之可也。

「穩守穩打」，即沈著冷靜，固守陣地，伺機予以敵人猛擊，則可免於「致於
人」也。此雖似防禦爲重，實則於防禦之中，仍寓攻擊之意也。

（二）以主待客、謀定後動

滌生之極重主客，主張我常爲主，以主待客、以靜待動、以逸待勞、後
發制人，如此方可「致人而不致於人」。其〈陸軍得勝歌〉曰：「他吶喊來我
不喊，他放鎗來我不放，他若撲來我不動，待他疲了再接仗」。〔註109〕足見其
戰術大略。又告誡部屬曰：

若非賊圍柏溪營盤，朱軍不可輕易出隊。凡出隊，有宜速者，有宜
遲者。宜速者，我去尋賊，先發制人者也；宜遲者，賊來尋我，以
主待客者也。主氣常靜，客氣常動。客氣先盛而後衰，主氣先微而
後壯。故善用兵者，最喜爲主，不喜作客。〔註110〕

以主待客，乃爲蓄養兵氣，保存實力，謀定後動，後發制人者也。

滌生之所以採取「攻勢防禦」者，實全因當日敵我情勢及時代條件限制
之故，蔡鍔論曰：

曾胡論兵極重主客之見，祇知守則爲主之利，不知守反爲客之害，
蓋因其時所對之敵，並非節制之師、精練之卒，且其人數常倍於我，
且兵器未如今日之發達，又無騎、礮兩兵之編制，耳目不靈，攻擊

〔註108〕《雜著・筆記二十七則・兵》，頁385。
〔註109〕《雜著・陸軍得勝歌》，頁428。
〔註110〕同註5，卷一，〈覆劉馨室〉，頁130。

力復甚薄弱，故每拘泥於地形地物，攻擊精神末由奮興，故戰術偏
重於攻擊防禦，蓋亦因時制宜之法。〔註111〕

此針對曾胡用兵之條件立言，如太平軍之組成性質、雙方兵力之懸殊及當日
兵器與軍事編製之限制等，所論頗為扼要。

二、區分奇正、穩中求變

《孫子·勢篇》曰：「凡戰者，以正合，以奇勝」。奇正之義，眾說紛然：
「有以聚為正、分為奇，有以前向為正、後却為奇，有以先出合戰為正、後
出為奇，有以受之於君為正、將所自出為正。而曹公新書則以旁擊為奇，是
向正中者為正矣」。〔註112〕「奇正」，即指軍事作戰之變化與常法，每隨情勢
之改變而改變，並無一成不變之定義也。

（一）奇正互用、知機為尚

滌生於奇正用兵之道，研究綦詳，時移勢易，不同時代、不同形式之戰
爭，亦有不同之對應之道；針對當日之戰事，滌生有其獨到之體會：

中間排隊迎敵為正兵；左右兩旁抄出為奇兵。屯宿重兵，堅紮老營，
與敵相持者為正兵；分出遊兵，飄忽無常，伺隙狙擊者為奇兵。意
有專向，吾所恃以禦寇者為正兵；多張疑陣，示人以不可測者為奇
兵。旌旗鮮明，使敵不敢犯者為正兵；羸馬瘁卒，偃旗息鼓，本強
而故示以弱者為奇兵。建旗鳴鼓，屹然不輕動者為正兵；佯敗佯退，
設伏而誘敵者為奇兵。〔註113〕

其間之變化與轉換，洵為「奇正相生，如循環之無端，孰能窮之」（〈勢篇〉）？
兵勢變化無常，何以肆應，亦需知機，如謂：

老營處孤危之地，則小隊出奇之師，貴少不貴多，貴變不貴常，古
人謂之狙擊，明人書之雕剿。設小隊稍有疏失，而老營仍一塵不驚，
斯為盡善。老營則安如泰山，小隊則動如脫兔。〔註114〕

處於孤危之際，欲出奇制勝，須小心從事，靈活用兵，奇正互用以求生，而

〔註111〕同註26，第十二章〈戰守〉，頁204。
〔註112〕《草廬經略·正兵》（無名氏撰，黎明文化事業公司，台北，民國75年），頁
107。
〔註113〕同註83，頁24。
〔註114〕同註61，〈批統領湘勇張道運蘭橐〉，頁8。

要以堅固陣營、保全正兵為主也。

（二）穩中求變、不拘成規

滌生雖詳於奇正互用之說，然頗講求穩紮穩打，不肯輕用險著、奇謀。咸豐八年正月四夜致沅弟書，附有對聯，以指示用兵之大要，其言曰：

> 打仗不慌不忙，先求穩當，次求變化；辦事無聲無臭，既要精到，又要簡捷。

此為其治軍行事之主要原則。又曰：

> 大抵平日非至穩之兵，必不可輕用險著；平日非至正之道，必不可輕用奇謀。然則，穩也，正也，人事之力行於平日者也；險也，奇也，天機之湊泊於臨時者也。〔註115〕

兵機瞬息萬變，不可方物，要以在沈穩中求變化為主。惟其用兵講求穩當，故力戒浪戰。咸豐七年十月十五日致沅弟書曰：

> 凡與賊相持日久，最戒浪戰。兵勇以浪戰而玩，玩則疲；賊匪以浪戰而猾，猾則巧。以我之疲，敵賊之巧，終不免有受害之一日。故余昔在營中誡諸將曰：「寧可數月不開一仗，不可開仗而毫無安排算計」。

咸豐十年十月五日致沅弟書曰：

> 賊初來之日，不必出隊與戰，但在營內靜看，看其強弱虛實，看得千準萬準，可打則出營打仗，不可打則始終堅守營盤，或有幾分把握。聞迪庵於六年八月在武昌擊石逆援賊，即堅守靜待之法。每日黎明，賊來撲營，堅守不動，直至申酉間始出擊之，故無日不勝。

謀定後戰，切勿躁急用事、浪戰蠻攻，徒傷兵力，無補於事也。此即所謂「不求奇功，但求穩著」（同治三年四月五日致沅弟書）。然求穩乃極難之事，或有甚於審機者也。咸豐九年三月八日致澄弟沅弟季弟書曰：

> 今年軍事，沅弟織言「穩紮穩打，機動則發」，良為至論。然機字殊不易審，穩字尤不易到。

欲求臨陣穩靜，實有恃乎平日之嚴格訓練，此滌生所以強調「治軍之道，以勤字為先」也。

滌生雖主「先求穩當，次求變化」；然戰場之狀況變化莫測，須視敵我雙

〔註115〕同註5，卷一，〈覆胡宮保〉，頁117。

方之態勢，隨時改變對敵之法。故滌生亦重視虛實之相合互用，以爲示形誘敵之要道。其言曰：

> 凡用兵之道，本強而故示敵以弱者，多勝；本弱而故示敵以強者，多敗。〔註116〕

此爲用兵之基本原則，然此原則，敵方亦能用之；故當臨陣之際，則復須靈活應變。故曰：

> 兵法最忌形見勢絀四字。常宜隱隱約約，虛虛實實，使賊不能盡窺我之底蘊。若人數單薄，尤宜知此訣。若常紮一處，人力太單，日久則形見矣；我之形既盡被賊黨覷破，則勢絀矣。此大忌也。必須變動不測，時進時退，時虛時實，時示怯弱，時示強壯，有神龍矯變之狀。老湘營昔日之妙處，全在乎此。〔註117〕

欲免形見勢絀之弊，須視戰場之變化，因時制宜，無固定之方略，無不變之戰術；靜如處女，動如狡兔，變化莫測，爲敵人所難料，方可致人而不致於人，以收自立不敗之效也。

三、知己知彼、務實用兵

《孫子・謀攻篇》曰：「知己知彼，百戰不殆；不知彼而知己，一勝一敗；不知彼不知己，每戰必敗」。則於己彼民心之向背，兵力之強弱，技藝之長短，士氣之盛衰，皆不可不知也。滌生提出「審力」二字，即言知己知彼之工夫也。同治元年九月廿四日致沅弟書曰：

> 審機審勢，猶在其後，第一先貴審力。審力者，知己知彼之切實工夫也。弟當初以孤軍進雨花臺，於審力工夫微欠。自賊到後，壹意苦守，其好處又全在審力二字，更望將此二字直做到底。古人云「兵驕必敗」，老子云「兩軍相對，哀者勝矣」。不審力，則所謂驕也；審力而不自足，即老子之所謂哀也。

詳於審力，則知己知彼，而絕去驕惰之情。滌生平生之行事，極重「臨事而懼，好謀而成」；且自課以「虛心實力，勤苦謹愼」（同治三年三月十二日致沅弟書）。皆強調「審力」之工夫也。

〔註116〕同註83，頁41。
〔註117〕同註61，〈批統領湘勇張道運蘭稟〉，頁2。

（一）知　己

由於湘軍乃滌生一手調教，故於己方之強弱虛實，言之深切。故於湘軍之將士有以下之評論：

> 吾楚水陸諸軍士卒，多不耐苦，大是短處；將帥亦皆熙熙愛人，少英
> 斷肅殺之氣。來書謂羅李晚節，皆失之寬，正不獨羅李然也。〔註118〕

此自整體之概況，以言湘軍將士之缺失；而於個別將領，亦能觀察鑑審，以知其長短，如咸豐七年十二月六日致沅弟書曰：

> 李迪庵用兵得一暇字訣。不特其平日從容整理，即其臨陣，亦回翔
> 審慎，定靜安慮。弟理繁之才勝於迪庵，惟臨敵恐不能如其鎮靜。

能知諸將治軍行事、處世為人之特點，方能衡量全局，進行正確調度，避其短而用其長，量才位置，令其盡展其能，獲致最大成果。又其咸豐十一年二月廿二日致沅弟季弟書指出：「霆軍長處甚多，而短處正坐少一靜字」，深悉猛將鮑超軍隊之實情，方能用長棄短。又曰：

> 湘勇佳處有二：一則性質尚馴，可以理喻情感；一則齊心相顧，不
> 肯輕棄伴侶。其不佳處亦有二：一則鄉思極切，無長征久戰之志；
> 一則體質薄脆，不耐勞苦，動多疾病。〔註119〕

對於士卒天生之弱點，知之甚稔，此則確為較難著力者也。湘人素有倔強之稱，湘軍之軍事行動其後更遍及全國；然觀其所言，湘軍兵士原無特異之處，易思鄉則無雄猛鬥志，體質弱則難耐艱苦。而當日欲戰勝強敵者，竟非恃湘軍不可，足見滌生之訓練新軍，成就勁旅，確有其獨到之處；且於湘軍之思想教育，亦已奏效，故能合力作戰，相互照顧。

復因深悉太平軍不擅水戰，故於陸師之外，苦心創建水師。咸豐四年閏七月十四日致諸弟書曰：

> 大抵賊於水戰一事，極為無能。渠所用者民船，每放一炮，全身震
> 破，所擄者水手皆不願在賊中久住。又以所擄之百姓，令其勉強打
> 槳，勉強扶舵，皆非其所素習。……惟賊中所擅長制勝者，在漁划
> 百餘號。每戰四出圍繞，迷目驚心，此次余亦辦得小漁划百二十號，
> 行走如飛。以後我軍見賊小划，或不致驚慌耳。

針對敵軍水戰之長短強弱，觀察深刻，若能施以因應變化，對治其慣技，即

〔註118〕同註5，卷一，〈覆左季高〉，頁67。
〔註119〕同註5，卷一，〈覆劉霞仙〉，頁35。

可制人而不制於人。又曰：

> 今之長龍舢板，其初式本於廣東。惟楚軍立法較密，紀律特嚴；楊
> 彭部下，風氣素正，多出廉恥之將，遂爾遠勝粵東水師之舊。〔註120〕

此論水師之紀律森嚴，將士素質優良。然歷時略久，水師之風氣已大劣於昔，
故當知其長短，咸豐十一年九月廿六日致沅弟書曰：

> 水師向本驕傲，又得數次小勝，則全是矜情躁氣；偶然小挫，則怯
> 態畢露。運漕一帶，港汊紛歧，一有不慎，則草木皆兵；弟欲調度
> 水師，無但取其長而忘其短，總以看明支河小汊爲第一義。

此言水師已染驕矜之氣，有欠沈穩；故宜有所警惕，取其長亦當知其短，慎
用爲尚。

（二）知　彼

滌生對湘軍水陸師之優劣長短，固知之甚明；其於太平軍之情況，亦極
注意搜集情資，詳加分析，故於敵情亦能熟悉。對敵方水師之有所觀察，咸
豐六年十二月廿七日致沅弟書曰：

> 改民船爲戰船，是賊匪向來慣技。自前年水師舢板出，遂遠勝賊改
> 之船。弟營若距水次太遠，似不必兼習炮船，恐用之不熟，或反資
> 敵也。

太平軍之水師已掌握其概況，固不足畏；而其陸師則不易對付，綜合若干慘
痛之經驗，滌生已頗熟悉對方之技倆，同函又曰：

> 與此賊戰有兩難禦者：一則以多人張虛聲，紅衣黃旗，漫山彌谷，動
> 輒二萬三四萬不等，季洪岳州之敗，梧岡漳樹之挫，皆爲人多所震眩
> 也；一則以久戰伺暇隙，我進則彼退，我退則彼又進，頑鈍詭詐，揉
> 來揉去，若生手遇之，或有破綻可伺，則彼必乘隙而入，次青在撫州
> 諸戰是也。二者皆難於拒禦。所幸多則不悍，悍則不多，蓋賊多則中
> 有裹脅之人，彼亦有生手，彼亦有破綻，吾轉得乘隙而入矣。

此於敵軍之作戰手法，分析綦詳，雖於敵方之技倆不易拒禦，然因已知其作
戰手法，故亦能冷靜以對，不致慌張失措，且能伺隙反擊也。

搜集敵情、正確研判，乃是掌握敵方行動、決定進止之要務，故當安慶
爭奪戰之艱危時期，滌生告其弟謂「此時以嚴斷文報爲第一義」（咸豐十一年

〔註120〕同註5，卷二，〈覆毛寄雲制軍〉，頁15。

二月二十日致沅弟季書），一則根據所搜情資，嚴密分析眞僞，正確判斷情勢，以作調整佈署，如同年四月廿八日致沅弟書曰：

> 今日搜獲僞文十六件，……其中最關鍵二端：一則狗賊赴桐城，專避鮑軍之鋒，言鮑回南岸，即至安慶尋戰；一則池州空虛危急，人少水大，極易攻取。兄閱僞文，知兩岸之賊全副精神俱在怀、桐。兄前言節後調鮑軍回南岸，看來竟不可遽調也。……

此言根據情資所作之重新考量，變化調整。二則以防中敵方詭計，誤判情勢，爲敵所乘，爲正確研判情勢，故要求其弟詳蒐敵情，如同年五月一日致沅弟書曰：

> 韋志浚深明敵情，究竟現在之僞輔王名楊輔清者，即七麻子否？其與金陵洪首逆尚是貌合神離否？少荃信忠、侍、璋、玕諸王皆與狗逆不合，外畏之而中恨之，確否？現竄鄱陽之劉官方與黃老虎孰強孰弱？四眼狗手下之人，以何人爲最悍？四年羅大綱在湖口，身邊有洋鬼子三人，現狗逆、侍逆身邊皆有洋鬼子，係用錢雇無足輕重之鬼乎？抑實與夷中大員說明乎？一一詳詢見復。

足見其迫切需要蒐集大量敵情，作爲判斷敵我雙方實力、實情之依據，以供更周延、穩當之決策參考。

此外，對敵軍驍將之特點，皆搜集材料詳加研判，其於忠王李秀成、英王陳玉成之戰術，均有獨到之觀察。如同治元年六月十日致沅弟季弟書曰：

> 僞忠王前年十月在羊棧嶺，去年春在在建昌等處，均不甚悍，專講避實擊虛。弟所部新勇太多，總以「不出濠浪戰」五字爲主。

又曰：

> 四眼狗之長技有二：一則善於日暮收隊時，殺回馬鎗；一則播散謠言，誘人攻他，他得反客爲主。閣下昨日見賊不出，即不進擊賊巢，不受狗賊之誘，可謂有識。〔註121〕

此於敵軍將帥之用兵，有其深入之觀察；能識敵方之虛實及其戰術之特點，方能因應制敵、毋受其害也。

（三）務實用兵

由於滌生洞悉彼此之實力及用兵之道，復以熟研兵法，具備長期作戰之

〔註121〕同註5，卷一，〈覆多禮堂都護〉，頁92。

閱歷。故其行軍用兵，主張按真實狀況，靈活變通，不可拘泥於史書之所記。嘗曰：

> 軍事是極質之事，廿三史除班馬外，皆文人以意為之，不知甲仗為何物，戰陣為何事？浮詞偽語，隨意編造，斷不可信。僕於《通鑑》中之不可信者，皆用筆識出矣。退菴若編輯廿三史成書，為治軍之藍本，則門徑已差，難與圖功。閣下與之至交，須勸之盡棄故紙，專從事於點名、看操、查牆子諸事也。〔註122〕

不主因循舊法，拘泥古書記載，而以重視實務、嚴格訓練，提升實力、強化戰技，方為當務之急。如咸豐十一年四月廿一日致沅弟書曰：

> 弟寄胡公信，欲成縈三安鋪，與多合勢。且待端陽後，鮑至南岸時再說不遲。凡軍事做一節說一節，若預說幾層，到後來往往不符。

戰事乃極詭異多變之事，滌生以其謹慎之性，故亦不喜高奇之論，而重以研判實況為主，步步為營，以因應形勢之變化。同治元年九月十五日致沅弟書曰：

> 去年三月十四日左季帥在樂平之戰，全在善於蓄勢審機。……兵無常法，弟不可泥左之法以為法，拘左之機以為機，然亦可資參採。

他人之長，可資酌採，而切勿拘泥。且於古人論兵成法，亦須謹慎視之，不可過於迷信、執著也。嘗稱：

> 於古人論兵成法，亦千百中而無什一之合。私心既深自愧歉，又因此頗疑古人之書，皆裝飾成文，而不可盡信。敝部如塔羅李鮑，外間有文人敘其戰績，已與當時實事，迥不相符。竊疑古書亦復爾爾。〔註123〕

凡此皆見其用兵務實、而又不主故常之意，宜據實際情況與素有經驗作判斷，方較穩當可靠，即所謂「盡信書不如無書」也。

滌生用兵，以務實為尚，不喜空談臆測、隨意揣度。咸豐七年十月十日致沅弟書曰：

> 逸齋知人之明特具隻眼，豪俠之骨，瑩澈之識，於弟必相契合。但軍事以得之閱歷者為貴，如其能來，亦不宜遽主戰事。

即使有才識者，亦須觀察、磨練，不得令其立即用事，及實際領軍作戰。其

〔註122〕同註5，卷二，〈覆李次青〉，頁68。
〔註123〕同註5，卷二，〈復尹杏農〉，頁86。

行軍用兵，又極重閱歷，咸豐十一年三月廿五日致沅弟季弟書曰：

> 大凡人之自詡智識，多由閱歷太少。如沅弟屢勸我移營東流，以為萬全之策，而不知我在東流，若建德失陷，任賊竄入饒州、浮、景，我不能屏蔽，面上太下不去，是一難也；我居高位，又竊虛名，夷目必加倍欺凌，是二難也。沅弟但知其利，不知其害。此自詡智識，由於閱歷少也。季弟近日料徽州之必克，料左軍之必敗，不憑目擊，但憑臆斷，此自詡智識，由於閱歷少也。沅弟服狗逆善於尋間而入，而不知城賊數萬，命懸呼吸，日日將官兵營盤一一看透，毫髮畢露，僅留菱湖中段為城賊一線生路。沅弟不知為城賊之蓄謀久計，而認為狗賊之突來急計，是亦閱歷少也。季弟急於出濠搦戰，但料賊黨之未必真悍，而不知官軍之大不可恃，是亦閱歷少也。

不同之地位，有不同之高度，角度有其差異，處事亦有差異，研判全局、調度佈置，亦有不同考量；切不可惟見其利、未見其害，惟謹於小者、而失其大者也。

故滌生治軍用兵，力主深入瞭解敵我之長短、虛實、強弱，並由實際作戰之經驗法則中，歸納軍事之規律；亦即由豐富之閱歷中，自行發展用兵禦敵之法也。

四、大處著眼、審機審勢

滌生主張天下事當從「大處著眼，小處下手」。軍事上之「大處著眼」，即指主事者，須具戰略之眼光。所謂「一馬之奔，無一毛而不動；一舟之覆，無一物而不沈」（咸豐十年三月十九日致澄弟沅弟書）。故用兵貴能審察形勢，量度緩急，不可貪求速效及近利，以免因小失大，貽害大局也。

（一）大處著眼

用兵宜棄小節，而務其大者；若斤斤於細節之深入剖晰，恐有小得而大失、見近不見遠之弊。咸豐十一年五月十三日致沅弟書曰：

> 弟論兵事，宜從大處分清界限，不宜從小處剖晰微茫。

不顧全局，祇圖近功，為滌生所不贊成；並以當年清將向榮之例，指示其用兵得失之關鍵，足見其胸中自有主張。同治二年五月四日致沅弟書曰：

> 咸豐三、四、五年，向帥在金陵，兵不滿三萬，餉亦奇絀。向軍與

金陵悍賊相持，而又分兵援廬州，援寧國；打鎮江，打蕪湖；中外
皆稱向兵為天下勁旅，而余不甚以為然者，其不能從大處落墨、空
處著筆也。

同年六月十二日致沅弟書曰：

軍事悉如奕棋，各路失勢，一隅雖勝無益也。

此乃主張用兵宜通觀全局，掌握關鍵；向榮之最終落敗，即因欠缺整體之戰
略，分散精力，多處作戰，未能由大處、空處著眼也。

所謂大處著眼，其用於實際之戰事者，要以切忌分散兵力為主。《孫子》
主張「我專而敵分」（〈虛實篇〉），則我方可因優勢勝敵；蓋因「我專為一，
敵合為十，是以十攻其一也，則我眾而敵寡」（〈虛實篇〉）。滌生主張凡軍事
行動，宜集中兵力，自我作主。己方固不可分散兵力，亦須防範敵方分我兵
力之詭計。咸豐十一年三月三十日致沅弟書曰：

分兵極難，若無得力統將，分之則兩損。鮑公素不肯分兵，余亦素
不肯分兵，且屢囑鮑公不可分兵，又深知鮑部下僅宋國永一人不可
須臾離鮑左右，此外別無可當一路者，即決計不強之分兵，令其全
軍援懷。

此強調分兵宜慎其事，不可輕試；其中亦是防患敵方分化之詭計也。同年五
月二日致沅弟書曰：

賊思解安慶之圍，各處竄擾，無非欲分我兵力耳。吾任憑各處糜爛，
仍不分安慶兵力，鮑軍亦不調開矣。

此言不可中敵分我兵力之計，務須以保全大局為考慮。蓋安慶乃兵家必爭之
地，關乎天下之大局，不宜因小失大，故須集中兵力，全力以赴也。

在自我作主方面，因戰場瞬息萬變，情況難以逆測，惟恃獨立作戰，堅
守陣地，或有生機，其他均不可靠也。咸豐七年十月十日致沅弟書曰：

進兵須由自己作主，不可因他人之言而受其限制。非特進兵為然，
即尋常出隊開仗，亦不可受牽制。

同治元年九月十三日致沅弟季弟書曰：

凡危急之時，祇有在己者靠得住，其在人者，皆不可靠。恃之以守，
恐其臨急而先亂；恃之以戰，恐其猛進而驟退。

專靠自己，不受他人牽制，尤以危急存亡之際，不致為人所誤：乃最穩當之
用兵原則。然此亦當慎選將帥，嚴訓部伍，故謂「用兵亦宜有簡練之營，有

純熟之將領，陣法不可貪多而無實」（同治元年十月十七日致沅弟書）；惟有堅忍不撓、訓練有素之將士，置諸艱危之戰事中，方有自我做主、獨當一面之能耐也。

（二）審機審勢

滌生用兵專從大處著眼，照顧全局而不計小利，規劃長策而不圖近功，故主張集中兵力，獨立作主。然於臨陣作戰時，復須審機審勢，靈活變化，故曰：「行兵最貴機局生活」（同治元年九月廿一日致沅弟書）；「用兵以審勢爲第一要義」（同治元年三月廿七日致沅弟書）。均強調掌握機勢之重要，實乃將帥用兵必備之能力。三月廿七日書中又曰：

> 主進兵金陵之早遲，亦由弟自行審察機勢。機已靈活，勢已酣足，
> 早進可也；否則不如遲進。與其頓兵城下，由他處有變而退兵，不
> 如在四處盤旋作勢，爲一擊必中之計，兄不遙制也。

即指須先詳審機勢，適時進兵，全力一擊，則可收出奇制勝之效。所謂「我有日增之象，賊處已竭之勢，則我操勝算矣」（同治元年九月十九日致沅弟書）。若機勢尚未審明，不可輕舉妄動，務須待機蓄勢，以免爲敵所乘也。

五、蓄不竭之氣、留有餘之力

滌生之論文藝，最重氣勢；其於行軍用兵，則主蓄不竭之氣，並能適當節宣也。又主多用活兵，少用呆兵，謂用兵宜布游擊之師也。

（一）善蓄氣勢

用兵之道，最重氣勢、生氣、朝氣，宜有源源不竭之氣之爲尚，然亦須蓄之有方。咸豐四年九月十三日致諸弟書曰：

> 軍事純視氣之盛衰，不盡關人力也。

同治元年九月九日致沅弟季弟書曰：

> 縮十營近西頭，此法甚好，何爲遲疑不決？凡用兵最重氣勢二字。
> 此次弟以二萬人駐於該地，太不得勢。兵勇之力，須常留其有餘，
> 乃能養其銳氣。縮地約守，亦所以蓄氣也。

兵事之強弱，端視乎氣之盛衰。「兵勝在氣勝，士能負氣而不能自司其氣，氣有消有長，在司氣者治之何如耳」。〔註124〕司氣者，即將帥也。欲兵氣常盛而

〔註124〕同註112，《草廬經略・治氣》卷四，頁101。

不衰，端靠將帥之善能蓄養節宣，以保其常新不竭也。

兵者，凶事也。氣勢宜盛，復須沈穩歛聚，保其憂危之情，特忌流於輕浮放逸、歡悅散漫也。咸豐七年十月廿七日致沅弟書曰：

> 吉安此時兵勢頗盛。軍營雖以人多爲貴，而有時亦以人多爲累。凡軍氣宜聚不宜散，宜憂危不宜悅豫。人多則悅豫，而氣漸散矣。營雖多而可恃者，惟在一二營；人雖多而可恃者，惟在一二人。如木然，根好株好而後枝葉有所托；如屋然，柱好樑好而後椽瓦有所麗。……遇小敵時，則枝葉之茂、椽瓦之美，盡可了事；遇大敵時，全靠根株培得穩，柱樑立得固，斷不可徒靠人數之多、氣勢之盛。

咸豐八年正月四日致沅弟書曰：

> 帶勇總以能打仗爲第一義。現在久頓堅城之下，無仗可打，亦是悶事。如可移紮水東，當有一二大仗開。第弟營之勇，銳氣有餘，沈毅不足，氣浮而不歛，兵家之所忌也。偶作一對聯箴弟曰：「打仗不慌不忙，先求穩當，次求變化；辦事無聲無臭，既要精到，又要簡捷」。賢弟若能行此數語，則爲阿兄爭氣多矣。

滌生用兵貴精不貴多，蓋易於蓄氣，緊急時能收穩固不亂之效也。所謂「氣歛局緊四字，凡用兵處處皆然」（同治元年九月十一日致沅弟書）。亦是軍氣須沈毅嗇歛之意也。

軍氣旺盛，固可用之，然不可驅之太猛太急；氣盛而輕用之，必有迅速衰竭之患，不可不防；反之，對氣勢旺盛之敵軍，亦須暫避其鋒，不可硬攖其銳。凡此皆恃乎將帥能否善覘敵情，及有無沈穩愼靜之涵養也。同治元年九月三十日致沅弟書曰：

> 弟堅持不浪戰之義，甚是甚是。凡行兵須蓄不竭之氣，留有餘之力，《左傳》所稱再衰、三竭，必敗之道也。弟營現雖士氣百倍，而不肯浪戰，正所謂留有餘之力也。孤軍駐雨花臺，後無退路，勢則竭矣。吾欲弟於賊退後，趁勢追賊，由東壩進溧陽、宜興，所謂蓄不竭之勢也。

如何善蓄不竭之氣，以保銳氣，須以不浪戰爲尚；而又要求其弟於敵退之後，能趁勢追之，則可免於頓兵太久，有氣竭之患也。滌生復由歷史名將獲致啓示，以爲「用氣」之參酌也。其言曰：

> 銳氣暗損，最爲兵家所忌。夫戰，勇氣也，再而衰，三而竭。國藩

於此數語，常常體驗。大約用兵無他謬巧，常存有餘不盡之氣而已。
孫仲謀之攻合肥，受創於張遼；諸葛武侯之攻陳倉，受創於郝昭，
皆初氣過銳，漸就衰竭之故。惟荀罃之拔偪陽，氣已竭而忽振；陸
抗之拔西陵，預料城之不能遽下，而蓄養銳氣，先備外援，以待內
之自傲，此善於用氣者也。〔註125〕

此以史上用兵之例，謂須善蓄不竭之氣，留有餘不盡之力，一則以防己軍之士
氣衰竭，一則以待敵軍之自敝自損。咸豐十一年二月廿二日致沅弟季弟書曰：

希庵既已南渡，狗逆必回救安慶，風馳雨驟，經過黃梅、宿松均不
停留，直由石牌以下集賢關，此意計中事也。凡軍太速，氣太銳，
其中必有不整不齊之處，惟有一靜字可以勝之。不出隊，不喊吶，
槍砲不能命中者，不許亂放一聲，穩住一二日，則大局已定。

同年七月十九日致沅弟書曰：

援賊十六日入關，未攻我後濠而去。十七日又入關，因雨而去。如
連三日不能逞其凶焰，則賊氣沮而我軍穩矣，望弟慎靜待之。

當安慶包圍戰中，太平軍大舉回援，猛撲湘軍。滌生諭其弟以慎靜處之，俟
其氣沮力衰，破綻現之，再圖而謀之。此即所謂「與巨寇戰，總須避其銳氣，
擊其惰歸，乃為善爾」（同治元年九月十五日致沅弟書）。

（二）多用活兵

用兵為蓄不竭之氣，復宜刷除舊氣，新氣斯生。為使兵氣常新不衰，滌
生又主多用活兵，少用呆兵；退而求其次，亦當半呆半活交用。以此振提朝
氣、銳氣、生氣，防範暮氣、驕氣、惰氣之生也。此即大處著眼，靈活用兵、
不主故常之意也。安慶爭奪戰時期，滌生之調兵遣將，常有活兵之佈署，如
咸豐十一年四月廿六日致沅弟書曰：

余意以鮑援勤瑞州、武寧、義寧，以成軍還希公以謀黃州，或作北
岸上游之活兵。希在北，鮑有南，上游有兩支活兵，局勢必振，胡
帥之憂必少紓，病亦必少減。下游又嫌單薄，然江湖水漲若此，弟
軍專守前後濠，當不致有疏失。

此因當時下游水災，水勢盛浩，所布兵力雖嫌單弱，然若堅守戰濠，亦尚可
不失；故於上游之南北兩岸，配置兩支活兵，而使全局一振，以作更靈活之

〔註125〕同註5，卷一，〈與李次青〉，頁56。

運轉布置也。

金陵圍困戰時間，情勢更爲險惡，兵力益形單薄，然滌生亦主彈性調整，變化因應，以全大局。同治元年十月十三日致沅弟書曰：

> 古人用兵，最重變化不測四字，弟行軍太少變化。此次余苦口言之，望弟與季弟度行之。即日退紮金柱、蕪湖，分五千人至灣沚西河助剿，所以救鮑，即所救張，即所以保全局而救阿兄也。……凡行軍言退，萬眾不願，此次弟爲救鮑而退，與尋常之退逈不相同，可以告麾下將士，亮余苦心耳。弟若決不肯退，則請撥王可陞一助春霆可乎？

曾國荃用兵作戰，每死命咬住敵人，一意防堵，故有曾鐵桶之號。不知因應變化，靈活調度，亦能敗壞大局。當日之形勢危殆，時有崩壞之虞，令滌生憂灼不已。同函中析之曰：

> 本日接春霆來信，賊在西河堅紮墻壘，霆軍進剿，未能撼動。吾觀霆軍之布置散漫，主意慌亂，人心離怨，恐此次必難支持。而其病者、死者比他軍獨多，似亦冥冥中有主之者。鮑、張果有挫失，則蕪湖、三山等處必十分吃緊，弟在下游斷難久站，不如趁金陵賊退之時、鮑軍未敗之先，以追爲退，以東西梁山、蕪湖、金柱、運漕、無爲爲弟軍之基業，然後相機再進。庶爲可戰可守、可伸可縮之軍。

當時其內心之憂慮、悲觀，已至極點，故謂「余日內憂灼憤鬱，寸心如焚，不復細思大事」（同上函）；情勢之隨時崩裂，亦已作最壞打算，「但求全局不遽決裂，余能速死，而不爲法世所痛罵，則幸矣」（同日諭紀澤書）：均可見一斑。其弟之不願分兵支援鮑軍，固因戰局艱困、難以輕易言退，然恐亦懼其耗損己力；蓋因戰略眼光不足，或囿於本位主義者也。實則，大局一壞，則全盤皆輸，一方亦難獨撐也；時滌生身爲主帥，務須通盤考慮，兼顧各方形勢，故苦勸其弟暫退金柱、蕪湖之師，以援鮑軍，救人即所以自救，自救即所以保全大局也；因深知其弟或頑固不理，故最後退求其次，請其另撥軍力以援鮑軍亦可也。次日致沅弟書又曰：

> 總之，用兵之道，全軍爲上，保城池次之。弟自行默度，應如何而後保全本軍。如不退而後能全軍，不退可也；如必退而後能全軍，退可也。

爲保全本軍，固全大局，則須重用兵之靈活變化，及適時之調度因應，不可失之於呆滯；軍中消息甚微，或進或退，或攻或守，端視將帥之臨機應變也。

其前一再令其胞弟退兵救鮑，至次日，其態度即有所調整，足見軍情之變化多端、詭譎難測也。同月二十日致沅弟書曰：

> 弟在軍已久，閱事頗多，以後宜多用活兵，少用呆兵，多用輕兵，
> 少用重兵。進退開合，變化不測，活兵也；屯宿一處，師老人頑，
> 呆兵也；多用大炮輜重，文員太眾，車船難齊，重兵也；器械輕靈，
> 馬馱輜重，不用車船轎夫，飆馳電擊，輕兵也。弟軍積習已深，今
> 欲全改爲活兵、輕兵，勢必不能，姑且改爲半活半呆、半輕半重，
> 亦有更戰互休之時。望弟力變大計，以金陵、金柱爲呆兵、重兵，
> 而以進剿東壩、二溧爲活兵、輕兵，庶有濟乎！

同治二年三月十八日致沅弟書曰：

> 弟統二萬餘人，必須分出一支活兵在外。半活半呆，半剿半守，更
> 番互換，乃能保常新之氣。

當進圍金陵時，因城池廣大堅固，以湘軍之有限兵力，攻守至難，故滌生一再致書乃弟國荃，主張不速攻、不硬打，不主動開仗，不求多攻多佔及合圍全城，以免徒耗戰力，無裨大局。所謂「軍務之要，亦有二語：曰堅守已得之地，多籌游擊之師而已」（同月廿九日致沅弟書）；「弟統三萬人，不籌出一支結實可靠之活兵在外縱橫馳擊，而專以合圍攻堅爲念，似非善計」（同年五月四日致沅弟書）；「多用活兵，少求速效」（五月五日致沅弟書）。皆主集中兵力、堅守陣地，復能多籌游擊之師、多用活兵，以振軍機，以保新氣，庶幾我有不竭之氣，而敵乏可乘之機也。

　　以上敍述滌生用兵之法，共計五端。滌生雖自謙「非戰陣之才」，然於用兵之事，實頗熟諳。首先須於主客、奇正之道，詳加分辨，交互運用，謂「忽主忽客，忽正忽奇，變動無定時，轉移無定勢，能一一區而別之，則於用兵之道，思過半矣」。〔註126〕同時於彼此之強弱、虛實、長短，亦頗能瞭然於胸；然後務實用兵，不拘泥於古今成法。此外，主張從大處著眼，務其大者，不可貪圖小利、近功，以免因小失大，貽害全局；故每主集中兵力，自我作主，審機審勢，靈活用兵。又以軍氣壯盛，固爲戰勝弱敵之要素，然不宜輕率用之，而致氣衰力盡之弊，此則有恃乎將帥之蓄養節宣，以保常新不竭之氣，留有餘綿綿之力；並宜善布游擊之師，多用活兵、毋求速效也。凡此皆見其於用兵之法，實具卓識，能見其大，能慎其微。然若綜合其實際用兵之

─────────────

〔註126〕同註83，頁24。

要則，則不外以下數語：「先爲不可勝，然後伺間抵隙，以待敵之可勝。無好小利，無求速效」（咸豐七年十二月廿七日致沅弟書）。再約而言之，即所謂「先求穩當，次求變化」也。滌生之用兵行軍，每每沈毅愼靜，相機戰守，步步爲營，節節進擊，此固與其本人之個性有關，實亦因當時湘軍與太平軍之數量懸殊，敵軍兵力浩大，行動迅疾詭異，爲求萬全計，乃因時制宜，而取反客爲主、穩紮穩打及不輕進、不浪戰之原則也。

曾國藩本爲純粹文人，平日勤讀古書、愛好詩文，既未專研政治，亦未專攻兵學。然其入仕後，因目睹世變日亟，國事日壞，風氣澆薄，百姓疾苦，不忍獨善其身，乃將觸角伸延至家國天下，研討實務、實學，思索問題之所在，尋覓解決之方案。其後挺身入局，力挽狂瀾，文治武功，影響殊鉅。滌生功業之成就，固與其優秀之天賦及勤奮之學習相關；然尤要者，乃其本人既具倔強堅忍之意志，復抱匡時濟世之理想，故能歷經千錘百鍊而不撓，遭遇險阻橫逆而不懈，本諸困知勉行、自強不息之義，從而養成一代領導人物之器識，及治人、治事、治政、治軍之能力。故以上由政治及軍事二端，計分四節以述其經世之術焉。

第七章　結　論

　　曾國藩之家書，數量龐大，題材多方，由個人之修身、養生、爲學、研藝，推而至家國天下，舉凡家道、家務、家教、事親、勉弟、諭子，以及時局、世道、風俗、人心、朝政、吏治、軍情、宦務等等，莫不涉及。由於文筆清晰暢達，內容深入淺出，見識廣博獨到，堪爲家庭教育、治學作人、經綸世務之借鏡。本書於滌生家書與其治學觀、文藝論、修養之方、齊家之道、經世之術五者，既已析論其義於前；今復就其家書整體之內涵，略抒其中之要義焉。

　　其一，體現華夏文化之特色：滌生之思想以儒學爲主，又能汲取道、墨、法家之學說，融以其困思勉行之閱歷所得，而靈活運用於實務之中。平生最重家中孝友倫紀之維繫，以爲此即是學也；而無論修身齊家或經綸世務，則莫不力倡勤儉，蓋乃廉明之所出，可謂言簡而意深焉。其於修己治人之道，忠誠血性之爲倡，故於不尙譎詐、不貴權術者，亦能知所踐行焉；而於克己、慎獨、勤儉、廉明、敬恕、改過、謙抑諸德，皆求其兢兢以赴，躬行實踐。至於功名得失之際，則晚歲每欲守以平淡之懷；當世變日亟、國族危難、風氣澆薄、生靈塗炭之時，則亦能耐煩承擔，不避艱辛。凡此主張及作爲，皆能體現華夏文化之部分精華，而頗爲其家書所融攝焉。尤以滌生終身之於家庭，其致書之勤勞、督教之嚴明、用意之深遠、態度之懇切，具見其護持家道之苦心、關照家人之厚摯、通達世務之智慧、自我要求之不苟。故於其齊家之道一端，有關護持家道、化導子弟之理念與方法，實爲其家書中最具特色與價值者也。

　　其二，彰明教育平正之精神：滌生於家書中，論及治軍治政、治家治人，

無不以修飭己身爲大本；蓋己之不正，焉能正人？故最重以身作則，樹立榜樣，以爲子弟、屬員、人民之表率，並蘄能培植賢良子弟、有用之才也。因其尚能端己而後正人，修己而後治人，故略能引領一代之風氣，塞絕橫流之人欲，使舉世稍返樸實忠誠之風。其在家，則爲一家之師表，循循善誘、反復叮嚀，揭櫫理念、樹立規範，斯有佳子弟之代出焉；其在國，則以融貫君相師儒之責自任，作育人才，不遺餘力，量才位置，以盡其能，故群才畢至，而有以共赴時艱、移風易俗焉。蓋其本諸「與人爲善」、「取人爲善」之旨趣，宏獎勤教，懇摯勸勉，故著成效，並播影響；尤於齊家之道一端，確具深心、遠識，實無愧於「誨人不倦」、「爲之不厭」之旨，而尚可資今日家庭教育之省思焉。其思想開明，觀念通達，避用壓迫之方式、專制之手段，而善依各別之背景、材質、程度、志氣、個性等，因材施教，循序以進；且不尚臆度、空談，每以其平生爲學研藝、進德修業、待人處世之經歷與體驗，不論成敗、得失，坦然呈現人前，而使對方感受其情之懇摯、其理之確切，而受啓迪於無形之中也。滌生雖不以教育家名，而實具教育家之理念及胸襟焉。

　　其三，顯示爲學研藝之見識：滌生入仕後，即以進德、修業並重爲首務。其修業方面，常指點子弟以治學之宗旨及要領，並時而陳述其學術之創獲與主張，故對其本人學術思想之研究，頗有裨益。而其中又以對詩、文、書法理論之敘述、技法之闡抒，最爲詳明、切實，蓋不僅爲其平生興趣之所在、啓迪子弟之重心，亦爲其長期困勉實踐之心得、親切有味而鮮有空言者也。而自其家書之所載，亦得以窺其學術思想衍變之軌迹：如由早歲之專尚義理及嗜好詩文，而忽略考據之學，其後漸趨義理、詞章與考據並重，謂惟以精湛之小學訓詁基礎，方克研治周秦兩漢之典籍，及創作詞義古茂、用字精確之文章也。又以早立淑世之志、究心實務，其後復身居湘軍領袖及總督大任十餘載，其弟國荃時亦高居將帥、巡撫之位，故其往來之大量家書，其中處理當日軍政大事之經歷，既已促使滌生之論學，終以義理、詞章、考據、經濟四者並重爲歸焉；復因其中保有極多珍貴之史料，而足資研究其經世思想之用也。凡此於曾氏家書之中，頗可得見其醞釀變化之歷程，及其思索研求之軌迹，均可供探討其本人平生之學及近代學術文化之參酌也。

　　以上所舉之三端，惟是針對曾國藩家書有關爲學、研藝及修、齊、治、平之主張，略作歸納其要義，非謂其已完全踐履其所言也。然曾氏之家書，大皆本其長期進德修業及經綸世務之所得；吾人閱覽之餘，固可見其進德之

知過能改之品格，修業之有志有恒之精神，行事之冷靜沈達之特質，爲官之負責清廉之操守，理家之平正深遠之眼光，持世之成己成物之襟期：具見其勤勉之精神、獨到之閱歷、深閎之見識，而足資來者安身立命、經綸世務之參酌。然其中或亦可見其游疑矛盾之態度，冷酷殘忍之心跡，及其言行之自相乖違、見識之或有舛誤者，亦不免現於世人之前；或皆與其本人性格、時代限制之相關，而爲吾人研究分析宜所知。

　　曾國藩家書之內涵龐雜，涉及不同主題，可資探討者極多，拙著僅就其大處略行爬梳歸納，實未足以言周延之深究；既已述其爲學、研藝以及修、齊、治、平之旨趣，復略總其要義以殿焉。

參引書目

一、曾國藩著作及相關書籍

1. 《曾文正公（國藩）全集》，曾國藩撰，文海出版社，台北，民國 63 年。

2. 《曾文正公全集》，曾國藩撰，世界書局，台北，民國 74 年。

3. 《曾國藩全集》，曾國藩撰，嶽麓書社，長沙，民國 75 年。

4. 《曾國藩家書》，曾國藩撰，黎明文化事業公司，台北，民國 76 年。

5. 《唐浩明評點曾國藩家書》，唐浩明評點，嶽麓書社，長沙，民國 91 年。

6. 《唐浩明評點曾國藩奏摺》，唐浩明評點，嶽麓書社，長沙，民國 97 年。

7. 《曾國藩往來家書全編》，鍾叔河評點，中央編譯出版社，北京，民國 100 年。

8. 《曾國藩文選》，涂小馬、崔泳準選評，蘇州大學出版社，蘇州，民國 90 年。

9. 《帷幄文章——曾國藩文選》，朱東安選注，百花文藝出版社，民國 91 年。

10. 《曾國藩詩文集》，王澧華校點，上海古籍出版社，上海，民國 94 年。

11. 《曾國藩詩文精選》，唐浩明編選，湖南人民出版社，長沙，民國 95 年。

12. 《曾文正公手寫日記》，曾國藩撰，學生書局，台北，民國 54 年。

13. 《湘鄉曾氏文獻》，曾國藩等撰，學生書局，台北，民國 54 年。

14. 《經史百家雜鈔》，曾國藩選纂，世界書局，台北，民國 71 年。

15. 《經史百家雜鈔今注》，曾國藩選纂，西南師大出版社，重慶，民國 84 年。

16. 《經史百家簡編》，曾國藩選纂，湖南文藝出版社，長沙，民國 84 年。

17. 《古文四象》，曾國藩選纂，中國書店，北京，民國 99 年。

18. 《十八家詩鈔》，曾國藩選纂，文源書局，台北，民國 75 年。

19. 《三名臣書牘》，何天柱選輯，北一出版社，台南，民國 63 年。

20. 《曾氏三代家書》，曾麟書等撰，嶽麓書社，長沙，民國 91 年。

21. 《曾胡治兵語錄》，蔡鍔析評，黎明文化事業公司，台北，民國 76 年。

22. 《曾胡左兵法》，王之平撰，武陵出版社，台北，民國 73 年。

23. 《曾國藩兵法》，普穎華編撰，昭文社，台北，民國 85 年。

24. 《姚曾論文精要類徵》，朱任生編著，商務印書館，台北，民國 77 年。

25. 《曾文正全書析粹》，朱任生編著，國立編譯館，台北，民國 81 年。

26. 《曾國藩的思想與言行》，石永貴編撰，東大圖書公司，台北，民國 86 年。

27. 《曾文正公（國藩）事略》，王定安撰，文海出版社，台北，民國 63 年。

28. 《曾國藩評傳》，何貽焜編著，正中書局，台北，民國 26 年。

29. 《曾國藩之生平與事業》，蔣星德編著，商務印書館，台北，民國 36 年。

30. 《曾國藩》，李少陵編著，大業書局，台北，民國 44 年。

31. 《曾國藩傳》，蕭一山撰，中華文化出版事業委員會，台北，民國 44 年。

32. 《曾國藩》，何烈撰，商務印書館，台北，民國 76 年。

33. 《曾國藩本傳》，馬東玉撰，遼寧古籍出版社，瀋陽，民國 86 年。

34. 《曾國藩傳》，朱東安撰，百花文藝出版社，天津，民國 92 年。

35. 《曾國藩傳》，梁紹輝撰，南京大學出版社，南京，民國 95 年。

36. 《曠世名相曾國藩》，池子華撰，安徽人民出版社，合肥，民國 97 年。

37. 《內聖外王：解讀一代儒宗曾國藩》，曾琦雲撰，中國電影出版社，北京，民國 98 年。

38. 《正反曾國藩》，蕭一山、唐浩明等撰，東方出版社，北京，民國 100 年。

39. 《曾國藩》，謝世誠撰，南京大學出版社，南京，民國 100 年。

40. 《曾國藩傳》，（美）黑爾撰，王紀卿譯，湖南文藝出版社，長沙，民國 100 年。

41. 《曾國藩平亂要旨》，陳啓天撰，商務印書館，台北，民國 56 年。

42. 《曾國藩治學方法》，胡哲敷撰，中華書局，台北，民國 72 年。

43. 《曾國藩家書的榜樣》，張溉撰，浩瀚出版社，台北，民國 72 年。

44. 《曾國藩的幕僚群》，姜穆編纂，黎明文化事業公司，台北，民國 76 年。

45. 《曾國藩和他的幕僚》，史林編撰，中國言實出版社，北京，民國 92 年。

46. 《曾國藩與他的精英們》，成曉軍撰，團結出版社，北京，民國 98 年。

47. 《曾國藩教子經》，史林、仲紅編撰，中華聯合工商出版社，北京，民國

90 年。

48. 《曾國藩成功人生 33 個楷模》，吳江、袁敏琴等撰，中國華僑出版社，
北京，民國 91 年。

49. 《曾國藩養生秘訣》，曾昌永點評，當代世界出版社，北京，民國 97 年。

50. 《曾紀澤本傳》，張立眞撰，遼寧古籍出版社，瀋陽，民國 86 年。

51. 《曾國藩集團與晚清政局》，朱東安撰，華文出版社，北京，民國 92 年。

52. 《曾國藩思想簡編》，章繼光撰，湖南人民出版社，長沙，民國 77 年。

53. 《曾國藩讀書生涯》，羅益群撰，長江文藝出版社，武漢，民國 87 年。

54. 《百年家族──曾國藩》，董叢林撰，河北教育出版社，石家莊，民國
89 年。

55. 《曾國藩與湖湘文化》，田澍著，湖南大學出版社，長沙，民國 93 年。

56. 《原來曾國藩》，牛貫傑撰，重慶出版社，重慶，民國 95 年。

57. 《曾國藩家族》，成曉軍、唐兆梅撰，重慶出版社，重慶，民國 95 年。

58. 《曾國藩與中國近代文化》，成曉軍撰，重慶出版社，重慶，民國 95 年。

59. 《曾國藩與近代中國》，王繼平、李大釗主編，嶽麓書社，長沙，民國
96 年。

60. 《曾國藩文學研究》，張靜撰，嶽麓書社，長沙，民國 97 年。

61. 《曾國藩研究》各輯，王繼平主編，湘潭大學出版社，湘潭，民國 95 年
起。

二、經史部

1. 《周易正義》，孔穎達正義，藝文印書館，台北，民國 78 年。

2. 《周易集註》（上、下），來知德撰，夏學出版社，台北，民國 75 年。

3. 《四書集說》（上、下），安井衡會註，廣文書局，台北，民國 66 年。

4. 《四書章句集註》，朱熹撰，鵝湖出版社，台北，民國 73 年。

5. 《論語集釋》（上、下），程樹德撰，中華書局，北京，民國 95 年。

6. 《論語新解》，錢穆撰，東大圖書公司，台北，民國 77 年。

7. 《左傳會箋》（上、下），竹添光鴻撰，鳳凰出版社，台北，民國 66 年。

8. 《禮記集解》，孫希旦撰，蘭臺書局，台北，民國 63 年。

9. 《史記》，司馬懿撰，鼎文書局，台北，民國 64 年。

10. 《漢書》，班固撰，中華書局，北京，民國 76 年。

11. 《南史》，李延壽撰，中華書局，民國 55 年。

12. 《清史稿》，楊家駱校本，鼎文書局，台北，民國 70 年。

13. 《清史列傳》，趙爾巽等撰，中華書局，北京，民國 66 年。

14. 《清朝全史》，稻葉君山撰，但燾譯，中華書局，台北，民國 49 年。

15. 《清代通史》，蕭一山撰，商務印書館，台北，民國 74 年。

16. 《清史》，蕭一山撰，文化大學出版社，台北，民國 77 年。

17. 《清史講義》，孟森撰，中華書局，北京，民國 99 年。

18. 《國史大綱》，錢穆撰，商務印書館，台北，民國 65 年。

19. 《國史新論》，錢穆撰，三聯書店，北京，民國 90 年。

20. 《呂著中國通史》，呂思勉撰，華東師大出版社，上海，民國 94 年。

21. 《近代中國史綱》，郭廷以撰，藍燈文化事業公司，台北，民國 81 年。

22. 《中國近代史概要》，蕭一山撰，三民書局，台北，民國 73 年。

23. 《中國近代史研究》，蔣廷黻撰，里仁書局，台北，民國 71 年。

24. 《中國近代史大綱》，沈雲龍撰，文海出版社，台北，民國 73 年。

25. 《劍橋中國史：晚清篇》，張玉法主譯，南天書局，台北，民國 76 年。

26. 《呂著中國近代史》，呂思勉撰，華東師範大學出版社，上海，民國 86 年。

27. 《洋務運動史》，夏東元撰，華東師大出版社，上海，民國 85 年。

28. 《近代史新論》，夏東元撰，華東師大出版社，上海，民國 99 年。

29. 《近代中國社會的新陳代謝》，陳旭麓撰，上海人民出版社，上海，民國 81 年。

30. 《中國的近代轉型與傳統制約》，楊天宏撰，貴州人民出版社，貴陽，民國 89 年。

31. 《中國哲學史》，勞思光撰，友聯出版社，香港，民國 69 年。

32. 《中國哲學史》，周世輔撰，三民書局，台北，民國 75 年。

33. 《中國哲學史新編》，馮友蘭撰，藍燈文化事業公司，台北，民國 80 年。

34. 《中國經學史》，吳雁南主編，福建人民出版社，福州，民國 94 年。

35. 《近代經學與政治》，湯志鈞撰，中華書局，北京，民國 84 年。

36. 《清代思想史綱》，譚丕模撰，開明書店，台北，民國 36 年。

37. 《清代思想史》，陸寶千撰，廣文書局，台北，民國 72 年。

38. 《清儒學案》，徐世昌等撰，世界書局，台北，民國 55 年。

39. 《中國儒學史》近代卷，張耀南撰，北京大學出版社，北京，民國 100 年。

40. 《清代學術概論》，梁啟超撰，水牛出版社，台北，民國 60 年。

41. 《中國近三百年學術史》，錢穆撰，商務印書館，台北，民國 65 年。

42. 《中國近三百年學術史》，梁啟超撰，華正書局，台北，民國 76 年。

43. 《清代學術史研究》，胡楚生撰，學生書局，台北，民國 77 年。

44. 《近百年湖南學風·湘學略》，錢基博·李肖聃撰，嶽麓書社，長沙，民國 74 年。

45. 《近百年湖南學風·經學通志》，錢基博撰，中國人民出版社，北京，民國 93 年。

46. 《中國教育源流》，嚴元章撰，三聯書店，北京，民國 82 年。

47. 《中國古代幼兒教育史》，陳漢才撰，廣東高等教育出版社，廣州，民國 87 年。

48. 《中國家訓史》，徐少錦、陳延斌撰，陝西人民出版社，西安，民國 92 年。

49. 《中國家訓史論稿》，朱明勛撰，巴蜀書社，成都，民國 97 年。

50. 《傳統家訓思想通論》，王長今撰，吉林人民出版社，長春，民國 95 年。

51. 《中國十九世紀思想史》，韋政通撰，三民書局，台北，民國 80 年。

52. 《中國近代思想史論》，王爾敏撰，社會科學文獻出版社，北京，民國 92 年。

53. 《晚清大變局中的思潮與人物》，袁偉時撰，海天出版社，深圳，民國 92 年

54. 《中國現代思想散論》，袁偉時撰，上海中國書店，上海，民國 97 年。

55. 《中國政治思想史》，蕭公權撰，聯經出版事業公司，台北，民國 79 年。

56. 《中國歷代政治得失》，錢穆撰，東大圖書公司，台北，民國 75 年。

57. 《晚清政治思想史論》，王爾敏撰，廣西師大出版社，桂林，民國 94 年。

58. 《中國治國思想史》，張國撰，新華社，北京，民國 81 年。

59. 《中國實學思想史》，葛榮晉主編，社會科學文獻出版社，北京，民國 83 年。

60. 《明清實學簡史》，陳鼓應等主編，社會科學文獻出版社，北京，民國 83 年。

61. 《中國古代德治思想與文士文學》，周虹等撰，文化藝術出版社，北京，民國 95 年。

62. 《中國改革史（先秦——清末）》，漆俠主編，河北教育出版社，石家莊，民國 86 年。

63. 《思想家的治國之道》，崔永東主編，中國法政大學出版社，北京，民國 96 年。

64. 《中國文化史》，柳詒徵撰，正中書局，台北，民國 72 年。

65. 《中國文史哲匯通》，譚家健撰，齊魯書社，濟南，民國 98 年。

66. 《湘軍史料四種》，王闓運等撰，嶽麓書社，長沙，民國 97 年。

67. 《湘軍兵志》，羅爾綱撰，中華書局，北京，民國 73 年。

68. 《湘軍——成就書生勳業的民兵》，李志茗撰，上海古籍出版社，上海，民國 96 年。

69. 《清季軍事史論集》，王爾敏撰，聯經出版事業公司，台北，民國 74 年。

70. 《中國軍事思想史》，魏汝霖、劉仲平撰，黎明文化事業公司，台北，民國 68 年。

71. 《中國軍事教育史》，李震撰，中央文物供應社，台北，民國 70 年。

72. 《中國歷代名將及其用兵思想》，魏汝霖撰，中央文物供應社，台北，民國 70 年。

73. 《中國近代軍事思想》，田震亞撰，商務印書館，台北，民國 80 年。

74. 《中國近代現代史論集》（第五篇　湘軍與淮軍），鄭再樵等撰，商務印書館，台北，民國 74 年。

75. 《湘軍集團與晚清湖南》，王繼平撰，中國社會科學出版社，北京，民國 91 年。

76. 《義理與事功之間的徊徨：曾國藩、李鴻章及其時代》，楊國強撰，三聯書店，北京，民 97 年。

77. 《湘淮人物與晚清社會》，中國社會科學院編，社會科學文獻出版社，北京，民國 100 年。

78. 《柏堂師友言行記》，方宗誠撰，文海出版社，台北，民國 63 年。

79. 《中興將帥列傳》，朱孔彰撰，文海出版社，台北，民國 63 年。

80. 《同光風雲錄》，邵鏡人撰，鼎文書局，台北，民國 67 年。

81. 《晚清宮廷實紀》，吳相湘撰，正中書局，台北，民國 77 年。

82. 《西學東漸記》，容閎撰，廣文書局，台北，民國 70 年。

83. 《崇德老人紀念冊》（附崇德老人自訂年譜），聶其杰輯，文海出版社，台北，民國 63 年。

84. 《中國文學史》，葉慶炳撰，弘道文化事業公司，台北，民國 69 年。

85. 《中國文學發展史》，劉大杰撰，華正書局，台北，民國 69 年。

86. 《中國文學思想史》，（日）青木正兒撰，孟慶文譯，春風文藝出版社，瀋陽，民國 74 年。

87. 《中國文學史》，錢基博撰，中華書局，北京，民國 82 年。

88. 《中國文學通史》，張炯、鄧紹基、樊駿主編，華藝出版社，北京，民國 86 年。

89. 《現代中國文學史》，錢基博撰，中國人民出版社，北京，民國 93 年。

90. 《中國近代文學發展史》，郭延禮撰，高等教育出版社，北京，民國 93 年。

91. 《中國近代文學之變遷/最近三十年中國文學史》，陳子展撰，上海古籍出版社，上海，民國 89 年。

92. 《中國近代美學思想史》，盧善慶撰，華東師大出版社，上海，民國 80 年。

93. 《中國散文史》，陳柱撰，商務印書館，台北，民國 76 年。

94. 《中國散文史》，劉一沾、石旭紅撰，文津出版社，台北，民國 83 年。

95. 《中國散文史綱》，劉衍撰，湖南教育出版社，長沙，民國 83 年。

96. 《中國文章學史》，周振甫撰，中國文聯出版公司，北京，民國 83 年。

97. 《中國散文發展史》，張夢新主編，杭州大學出版社，杭州，民國 87 年。

98. 《中國古代散文史》，陳玉剛撰，人民出版社，北京，民國 87 年。

99. 《中國散文史》，郭預衡撰，上海古籍出版社，上海，民國 89 年。

100. 《中國古代散文藝術史論》，熊禮匯撰，湖北人民出版社，武漢，民國 94 年。

101. 《中國古代散文史稿》，譚家健撰，重慶出版社，重慶，民國 95 年。

102. 《清初散文論稿》，張修齡撰，復旦大學出版社，上海，民國 99 年。

103. 《中國散文美學》，吳小林撰，里仁書局，台北，民國 84 年。

104. 《中國文章論》，（日）佐藤一郎撰，上海古籍出版社，上海，民國 85 年。

105. 《近四百年中國文學思潮史》，陳伯海主編，東方出版中心，上海，民國 86 年。

106. 《中國文學批評史綱》，朱東潤撰，開明書店，台北，民國 35 年。

107. 《中國文學批評史》，郭紹虞撰，唯一書業中心，台北，民國 64 年。

108. 《中國古代文論史》，賴力行撰，湖南師大出版社，長沙，民國 98 年。

109. 《清代文學評論史》，（日）青木正兒撰，陳淑女譯，開明書店，台北，民國 57 年。

110. 《明清文學批評》，張健撰，國家出版社，台北，民國 71 年。

111. 《清代文學批評史》，鄔國平、王鎮遠撰，上海古籍出版社，上海，民國 84 年。

112. 《近代文學批評史》，黃霖撰，上海古籍出版社，上海，民國 82 年。

113. 《明清文法理論研究》，陸德海撰，上海古籍出版社，上海，民國 96 年。

114. 《中國文化碰撞與近代文學》，郭延禮撰，山東教育出版社，濟南，民國 88 年。

115. 《中國文學的變革——由古典走向現代》，郭延禮撰，齊魯書社，濟南，

民國 96 年。

116. 《明清散文流派論》，熊禮滙撰，武漢大學出版社，武漢，民國 93 年。

117. 《桐城文派學述》，尤信雄撰，文津出版社，台北，民國 78 年。

118. 《桐城派》，王鎮遠撰，群玉堂出版公司，台北，民國 80 年。

119. 《桐城文派述論》，吳孟復撰，安徽教育出版社，合肥，民國 81 年。

120. 《桐城文派》，王獻永撰，中華書局，北京，民國 81 年。

121. 《陽湖文派研究》，曹虹撰，中華書局，北京，民國 82 年。

122. 《桐城派研究》，周中明撰，遼寧大學出版社，瀋陽，民國 88 年。

123. 《清代文壇盟主桐城派》，楊懷志、潘忠榮主編，安徽人民出版社，合肥，民國 91 年。

124. 《桐城派文學思想研究》，趙建章撰，北京圖書館出版社，北京，民國 92 年。

125. 《姚鼐與乾嘉學派》，王達敏撰，學苑出版社，北京，民國 96 年。

126. 《桐城派與明清學術文化》，徐成志、江小角主編，安徽大學出版社，合肥，民國 97 年。

127. 《桐城派學術文化》，梅向東、李波編撰，合肥工業大學出版社，合肥，民國 99 年。

128. 《太平天國史稿》，羅爾綱撰，文海出版社，台北，民國 63 年。

129. 《中國近代史上的關鍵人物》，莊練撰，四季出版事業公司，台北，民國 68 年。

三、子　部

1. 《老子》，王弼注，廣文書局，台北，民國 68 年。

2. 《莊子》，郭象注，廣文書局，台北，民國 68 年。

3. 《孫子十家注》，曹操等撰，廣文書局，台北，民國 68 年。

4. 《荀子》，楊倞注，廣文書局，台北，民國 68 年。

5. 《尸子》，汪繼培注，廣文書局，台北，民國 68 年。

6. 《管子》，房玄齡注，廣文書局，台北，民國 68 年。

7. 《呂氏春秋》，高誘注，廣文書局，台北，民國 68 年。

8. 《老子探義》，王弼注，廣文書局，台北，民國 68 年。

9. 《法言・潛夫論》，揚雄・王符撰，華夏出版社，北京，民國 917 年。

10. 《諸葛亮文譯注》，梁玉文等撰，巴蜀書社，民國 77 年。

11. 《周張全集》，周敦頤・張載撰，（日）中文出版社，京都，民國 70 年。

12. 《二程集》，程顥・程頤撰，漢京文化事業公司，台北，民國 72 年。

13. 《朱文公文集》，朱熹撰，商務印書館，台北，不著。

14. 《朱子語類大全》，朱熹撰，黎靖德編，中文出版社，京都，民國 62 年。

15. 《象山全集》，陸九淵撰，中華書局，台北，民國 59 年。

16. 《近思錄》，朱熹編‧張伯行集解，商務印書館，台北，民國 65 年。

17. 《王陽明全書》，王守仁撰，正中書局，台北，民國 44 年。

18. 《王陽明全集》，王守仁撰，上海古籍出版社，上海，民國 95 年。

19. 《王陽明傳習錄詳註集評》，陳榮捷撰，學生書局，台北，民國 72 年。

20. 《草廬經略》，無名氏，黎明文化事業公司，台北，民國 75 年。

21. 《日知錄》，顧炎武撰，唯一書業中心，台南，民國 62 年。

22. 《檢論》，章炳麟撰，廣文書局，台北，民國 59 年。

23. 《十力語要》，熊十力撰，洪氏出版社，台北，民國 64 年。

24. 《嶽麓書院名人傳》，陳谷嘉撰，湖南大學出版社，長沙，民國 84 年。

25. 《湘學原道錄》，朱漢民撰，中國社會科學出版社，北京，民國 91 年。

26. 《千年講壇——嶽麓書院歷代大師講學錄》，朱漢民主編，湖南大學出版社，長沙，民國 92 年。

四、集　部

1. 《陶淵明集》，逯欽立校注，里仁書局，台北，民國 69 年。

2. 《陶淵明詩箋證稿》，王叔岷撰，中華書局，北京，民國 96 年。

3. 《杜詩錢注》，錢謙益箋注，世界書局，台北，民國 54 年。

4. 《杜詩鏡詮》，楊倫箋注，華正書局，台北，民國 70 年。

5. 《韓昌黎詩繫年集釋》，錢仲聯集釋，上海古籍出版社，上海，民國 87 年。

6. 《韓昌黎文集校注》，馬其昶校注，漢京文化事業公司，台北，民國 72 年。

7. 《李紳詩注》，王旋伯注，上海古籍出版社，上海，民國 74 年。

8. 《張居正集》，張居正撰，荊楚書社，武漢，民國 76 年。

9. 《亭林詩文集》，顧炎武撰，中華書局，台北，不著。

10. 《顧亭林文集》，顧炎武撰，三民書局，台北，民國 89 年。

11. 《薑齋文集》，王夫之撰，三民書局，台北，民國 87 年。

12. 《方苞文選》，劉季高注，黃山書社，合肥，民國 76 年。

13. 《劉大櫆文選》，吳孟復選注，黃山書社，合肥，民國 74 年。

14. 《姚鼐文選》，周中明選注，蘇州大學出版，蘇州，民國 90 年。

15. 《惜抱軒詩文集》，姚鼐撰，上海古籍出版社，上海，民國 97 年。

16. 《中復堂全集》，姚瑩撰，文海出版社，台北，民國 63 年。

17. 《默觚——魏源集》，魏源撰、趙麗霞選注，遼寧人民出版社，瀋陽，民國 83 年。

18. 《栢梘山房詩文集》，梅曾亮撰，上海古籍出版社，上海，民國 84 年。

19. 《梅曾亮文選》，王鎮遠選注，華東師大出版社，上海，民國 81 年。

20. 《唐鑒集》，唐鑒撰，嶽麓書社，長沙，民國 99 年。

21. 《郭嵩燾文集》，郭嵩燾撰，嶽麓書社，長沙，民國 73 年。

22. 《養晦堂文・詩集》，劉蓉撰，文海出版社，台北，民國 63 年。

23. 《曾紀澤集》，曾紀澤撰，嶽麓書社，長沙，民國 97 年。

24. 《張裕釗詩文集》，上海古籍出版社，上海，民國 96 年。

25. 《庸菴文編》，薛福成撰，文海出版社，台北，民國 63 年。

26. 《拙尊園叢稿》，黎庶昌撰，文海出版社，台北，民國 63 年。

27. 《桐城吳先生（汝綸）文・詩集》，吳闓生編，文海出版社，民國 63 年。

28. 《吳汝綸全集》，吳汝綸撰，黃山書社，合肥，民國 91 年。

29. 《清代文集別錄》，張舜徽撰，華中師大出版社，武漢，民國 93 年。

30. 《愛晚廬隨筆》，張舜徽撰，華中師大出版社，武漢，民國 94 年。

31. 《一士類稿甲乙編・一士譚薈》，徐一士撰，文海出版社，台北，民國 63 年。

32. 《曾胡譚薈・凌霄一士隨筆》，徐凌霄・一士撰，文海出版社，台北，民國 63 年。

33. 《文選》，蕭統編纂，李善注，正中書局，台北，民 61 年。

34. 《古文辭類纂評註》，姚鼐纂，王文濡評註，中華書局，台北，民國 56 年。

35. 《古文辭類纂評註》，姚鼐纂，吳孟復、蔣立甫評注，安徽教育出版社，合肥，民國 84 年。

36. 《古文詞略》，梅曾亮編，世界書局，台北，民國 53 年。

37. 《古文經典》，錢仲聯主編，上海書店，上海，民國 88 年。

38. 《續古文辭類纂評註》，王先謙纂，黃山書社，合肥，民國 81 年。

39. 《續古文辭類纂評註》，黎庶昌纂，世界書局，台北，民國 71 年。

40. 《新古文辭類纂》，蔣瑞藻輯，中華書局，台北，民國 56 年。

41. 《唐宋八大家散文總集》，郭預衡主編，河北人民出版社，民國 84 年。

42. 《先秦文舉要》，高步瀛選注，中華書局，北京，民國 80 年。

43. 《兩漢文舉要》，高步瀛選注，中華書局，北京，民國 79 年。

44. 《魏晉文舉要》，高步瀛選注，中華書局，北京，民國 78 年。

45. 《南北朝文舉要》，高步瀛選注，中華書局，北京，民國 87 年。

46. 《唐宋文舉要》，高步瀛選注，漢京文化事業公司，台北，民國 73 年。

47. 《明清八大家文鈔》，王文濡編，上海古籍出版社，上海，民國 97 年。

48. 《清文評註讀本》，王文濡編，老古出版社，台北，民國 68 年。

49. 《續古文觀止評注》，王文濡編、施明智評注，浙江大學出版社，杭州，民國 92 年。

50. 《評註文法津梁》，宋文蔚編撰，復文圖書出版社，高雄，民國 82 年。

51. 《散文寫作藝術指要》，周振甫、徐明鞏主編，東方出版社，北京，民國 86 年。

52. 《中國文學論集》，徐復觀撰，學生書局，台北，民國 72 年。

53. 《中國古代文論研究論文集》，中國人大古代文論資料編選組編，上海古籍出版社，上海，民國 78 年。

54. 《中國文學論集》，朱東潤撰，中華書局，北京，民國 82 年。

55. 《二十世紀中國文學論文精粹——散文賦卷》，王鍾陵主編，河北教育出版社，石家莊，民國 90 年。

56. 《中國古代散文研究論辯》，易鑫鼎撰，百花洲文藝出版社，南昌，民國 95 年。

57. 《照隅室古典文學論集》，郭紹虞撰，上海古籍出版社，上海，民國 98 年。

58. 《中國近代文論類編》，賈文昭編，黃山書社，合肥，民國 80 年。

59. 《桐城派文論選》，賈文昭編撰，中華書局，北京，民國 97 年。

60. 《文心雕龍》，劉勰撰，杜天縻注，北一出版社，台南，民國 63 年。

61. 《歷代文話》，王水照編，復旦大學出版社，上海，民國 96 年。

62. 《中國近代文學論著精選》，郭紹虞、羅根澤主編，華正書局，台北，民國 71 年。

63. 《歷代名人短楠》，曹鵾雛編著，正中書局，台北，民國 58 年。

64. 《歷代名人書札》，吳曾祺編纂，商務印書館，台北，民國 59 年。

65. 《歷代名人家書》，孔臧等撰，學生書局，台北，民國 65 年。

66. 《歷代名賢處世家書》，徐益棠編，遠東圖書公司，台北，民國 74 年。

67. 《歷代家訓選注》，史孝魚主編，華東師大出版社，上海，77 年。

68. 《歷代書信選》，朱靖華·麻守中選注，中國青年出版社，民國 78 年。

69. 《中國家訓大全》，徐少錦、陳延斌編，中國廣播電視出版，北京，民國 82 年。

70. 《中國家訓精華》，謝寶耿編，上海社會科學院出版社，上海，民國 86 年。

71. 《父子宰相家訓》，張英、張廷玉撰，安徽人民出版社，合肥，民國 88 年。

72. 《清代十大名人家書》，襟霞閣主編，嶽麓書社，長沙，民國 88 年。

73. 《康熙教子庭訓格言》，唐漢譯注，中國社會科學出版社，北京，民國 93 年。

五、其　他

1. 《中國文學論叢》，錢穆撰，東大圖書公司，台北，民國 80 年。

2. 《散文創作藝術》，佘樹森撰，北京大學出版社，北京，民國 75 年。

3. 《中國散文藝術論》，李正西撰，貫雅文化公司，台北，民國 80 年。

4. 《中國古代文學創作論》，張少康撰，文史哲出版社，台北，民國 80 年。

5. 《中國古代創作學》，王凱、張會恩主編，中國人大出版社，北京，民國 81 年。

6. 《散文創作與欣賞》，祝德純撰，中國社會科學出版社，北京，民國 91 年。

7. 《散文美學論稿》，張智輝撰，中國社會科學出版社，北京，民國 93 年。

8. 《文章風格例話》，周振甫撰，復旦大學出版社，上海，民國 94 年。

9. 《中國古代文學原理》，樊德三撰，光明日報出版社，北京，民國 80 年。

10. 《中國散文學通論》，朱世英等撰，安徽教育出版社，合肥，民國 84 年。

11. 《文氣論詮》，張靜二撰，五南圖書出版公司，台北，民國 83 年。

12. 《散文技巧》，李光連撰，洪葉文化公司，台北，民國 85 年。

13. 《散文鑑賞藝術探微》，馮永敏撰，文史哲出版社，台北，民國 87 年。

14. 《中國藝術散文論稿》，張國俊撰，中國社會科學出版社，北京，民國 93 年。

15. 《周振甫講古代文論》，周振甫撰，江蘇教育出版社，南京，民國 94 年。

16. 《周振甫講古代散文》，周振甫撰，江蘇教育出版社，南京，民國 94 年。

17. 《國文學》，姚永樸撰，廣文書局，台北，民國 51 年。

18. 《文學研究法》，姚永樸撰，黃山書社，合肥，民國 78 年。

19. 《漢文典注釋》，來裕恂撰，高維國、張格注釋，南開大學出版社，天津，民國 82 年。

20. 《戊午暑期國文講義匯刊》，錢基博等撰，廣西師大出版社，桂林，民國 99 年。

21. 《涵芬樓文談》，吳曾祺撰，金城出版社，北京，民國 100 年。

22. 《湖湘學派與嶽麓書院》，朱漢民撰，教育文化出版社，北京，民國 80 年。

23. 《近代湖湘文化概論》，鄭焱撰，湖南師大出版社，長沙，民國 85 年。

24. 《湖湘學術與文化研究》，朱漢民主編，長沙，民國 99 年。

25. 《清代湘學研究》，朱漢民主編，嶽麓書社，長沙，民國 99 年。

26. 《中國文化精神》，錢穆撰，三民書局，台北，民國 62 年。

27. 《中國歷史精神》，錢穆撰，東大圖書公司，台北，民國 65 年。

28. 《中國學術通義》，錢穆撰，學生書局，台北，民國 73 年。

29. 《中國政治得失》，錢穆撰，東大圖書公司，台北，民國 75 年。

30. 《現代中國學術論衡》，錢穆撰，東大圖書公司，台北，民國 79 年。

31. 《中國文化之精神價值》，唐君毅撰，正中書局，台北，民國 63 年。

32. 《孔子學說》，陳大齊撰，正中書局，台北，民國 58 年。

33. 《孔孟荀學說》，陳大齊撰，商務印書館，台北，民國 76 年。

34. 《現代儒學的回顧與展望》，余英時撰，三聯書店，北京，民國 94 年。

35. 《儒學與實學及其現代價值》，張樹驊、宋煥新主編，齊魯書社，濟南，民國 96 年。

36. 《學籥》，錢穆撰，三民書局，台北，民國 58 年。

37. 《古代閱讀論》，曾祥芹、張維坤、黃果泉編撰，大象出版社，民國 91 年。

38. 《國學典籍閱讀要義》，吳孟復撰，中國書店，北京，民國 97 年。

39. 《中華文化精神的探索》，李威熊撰，黎明文化事業公司，台北，民國 74 年。

40. 《中國倫理思想研究》，張岱年撰，貫雅文化事業公司，台北，民國 80 年。

41. 《中國家訓》，陳捷先主編，聯經出版事業公司，台北，民國 76 年。

42. 《歷代用人的奧秘》，楚刃等撰，中州古籍出版社，鄭州，79 年。

43. 《東方的黎明——中國文化走向近代的歷程》，馮天瑜主編，巴蜀書社，成都，民國 77 年。

44. 《曾國藩文學理論述評》，莊雅洲撰，《師大國文研究所集刊》第 17 期，民國 62 年。

45. 《湘鄉曾氏研究》，李榮泰撰，《台大文史叢刊》（81），民國 78 年。

46. 〈曾文正公與中國文化〉，郭斌龢撰，《天津大公報》民國 21 年 11 月 7 日。

47. 〈論桐城派〉，李詳撰，《國粹學報》49 期。

48. 《思齊集‧曾國藩的學術與事業》〉，王恢撰，學生書局，台北。

49. 〈曾國藩平亂要旨‧曾國藩在中國學術史上的地位〉，陳啓天撰，商務印書館，台北。

50. 〈曾國藩的讀書要旨〉，蔣勵材撰，《湖南文獻》七卷 3 期。

51. 〈近代湖南人性格試釋〉，張朋園撰，《近代史研究所集刊》6 期。

52. 〈從日記書札中探討曾國藩之內心世界與自強思想〉，王聿均撰，《中研院清季自強運動研討會論文集》下冊。

53. 〈曾國藩的中庸之道〉，呂實強撰，《中研院清季自強運動研討會論文集》下冊。

54. 〈從曾國藩和魏源的經世思想看同光新政〉，駱雪倫撰，《大陸雜誌》三六卷 1 期。